거울 앞에서 너무 많은 시간을 보냈다

거울 앞에서
너무
많은 시간을
보냈다

러네이 엥겔른 지음
김문주 옮김

웅진 지식하우스

축구선수 박지성은 훈남으로 불린다. 외모와 상관없이 아시아인으로서 누구도 따를 수 없는 업적을 쌓은 덕이다. 반면 골프선수 박인비는 세계 어느 선수도 이루지 못할 업적을 쌓았지만, 여전히 그녀의 우승 기사엔 "살 좀 빼자"와 같은 외모 비하성 댓글이 달린다. 어린 여자아이부터 나이 든 여성에 이르기까지 수많은 여성에게 외모 강박과 위험한 성형수술을 당연시하는 이유가 바로 여기에 있다. 우리와 이 세상이 여성의 성공과 행복의 결정 요인을 '아름다움'으로 정해놓은 것이다. 그렇다면 과연 예쁜 외모가 행복하고 성공한 삶을 가져다 줄까? 그렇지 않을 것이다. 왜냐하면 우리는 여성을 한 인간으로서가 아닌 성적 대상으로 바라보는 사회에서 살고 있기 때문이다. 외모 강박은 또 다른 외모 강박을 낳을 뿐, 승자는 존재하지 않는다. "저 넓은 세상에는 봐야 할 것이 아주 많다. 해야 할 일이 아주 많다." 저자의 이 말을 마음에 새긴다면, 조금은 더 행복해질 수 있지 않을까.
_ **서민**(단국대학교 기생충학과 교수)

다섯 살짜리 소녀 가운데 40퍼센트는 날씬해졌으면 좋겠다고 말한다. 여성이 세상에 나와 숨을 쉬는 순간부터 외모가 존재와 가치를 규정한다. 신체 이미지와 심리를 연구해온 저자는 세상이 그런 믿음을 만든 것이라고 단언한다. 여성은 외모에 너무 많은 시간과 돈을 투자하며 어떻게 보이는지 신경 쓰느라 정작 해야 할 일을 할 에너지는 모자란다. 이런 기울어진 운동장에서 벗어나기 위해 이제 거울에서 고개를 돌려야 한다고 저자는 말한다.

평소 외모가 삶의 걸림돌이라 여긴 모든 이에게 권하고 싶다.
_ **하지현**(정신과 전문의, 건국대학교 정신의학과 교수)

저자는 예리한 분석을 통해 외모 강박이 연령과 인종, 배경을 막론하고 모든 여성에게 미치는 충격적인 영향력을 고발하고 있다. 직접 우리에게 대화를 거는 듯 매력적인 이 책은 우리에게 여러 생각할 거리를 던진다. 특히나 심리학과 문화, 미디어, 젠더 연구에 관심 있는 이들을 포함해 모든 독자의 마음을 사로잡을 것이다.
_ **북리스트**(Booklist)

철저한 연구와 이를 뒷받침하는 다양한 연령대의 여성의 개인적인 이야기는 거의 모든 여성이 매일 직면하는 딜레마를 효과적으로 전달한다. 그리고 저자의 견고한 발상은 여성이 몸매에 상관없이 자신을 긍정적으로 생각하도록 돕는다.
_ **커커스 리뷰**(Kirkus Reviews)

이 책은 신체 이미지의 흐름을 주도해온 주동 세력을 날려버릴 책이다. 꽤 도발적이다. 그리고 우리에게 꼭 필요한 책이다.
_ 미국 페미니즘 잡지 《**리벨리어스 매거진**(Rebellious Magazine)》

저자는 소녀와 여성을 대상으로 한 연구와 인터뷰를 진행하고 그 결과를 토대로 여성의 외모에 대한 집착이 사회 전반에 퍼진 마음의 병에서 비롯됐다고 주장한다. 그리고 마음의 병을 일으키는 주범으로 SNS와 미디어를 지목하고 있다.

_ 시사잡지 《퍼시픽 스탠다드(Pacific Standard)》

소녀들은 자신이 어떤 존재인지보다 자신이 어떻게 보이는지가 더 중요하다고 배운다. 저자는 여성이 자각하지 못한 외모 강박의 다양한 증상을 파헤치고 진단한다. 그리고 치료의 가능성을 제시한다.

_ 페기 오렌스타인(Peggy Orenstein, 『아무도 대답해주지 않은 질문들』의 저자)

정보의 보고… 매우 쉽게 읽힌다.

_《엘르(Elle)》

감동적이다.

_ 라이프스타일 잡지 《퓨어와우(PureWow)》

나는 세상을 호령하겠다는 의지를 불태우곤 한다
이런, 그 전에
눈썹 좀 다듬고
아, 다리도 좀 면도하고
모공도 깨끗이, 얼굴 색 좀 보정하고
그리고 가슴에 뽕도 좀 넣고 머리도 빗고……

_ **시완 클라크**(Siwan Clark), 「겨드랑이의 노래(The Armpit Song)」 중

3 미디어는 외모 강박을 부추긴다

4 외모 강박과 싸우는 방식

5 어떻게 외모 강박과 싸울 것인가

일러두기

1. 저자의 주는 미주로, 옮긴이의 주는 본문에 작은 글씨로 표시했다.

2. 한국어판으로 출간된 책은 한국어판 제목을 썼다.

프롤로그

거의 20여 년 전 나는 처음으로 대학에서 '여성 심리학'을 가르쳤다. 수업을 듣는 어린 여학생들과 점점 가까워지면서, 이들에게 감탄하는 한편 걱정도 됐다. 이들은 지성과 인내 그리고 유머를 갖추고 다양한 아이디어를 끊임없이 받아들이는 열린 자세를 보여주었다.

그러나 이 재능 있는 여성들이 짊어지고 있는 걱정에 나는 몹시 놀랐다. 그중에는 물론 학점과 취업, 연애와 같은 고민도 있었다. 그러나 이들은 몸무게, 피부, 옷, 머릿결을 걱정하느라 너무 많은 시간을 쏟고 있었다.

어느 날 한 학생이 그저 "집 밖에 나가기엔 너무 못생긴" 기분이라 그날 수업에 결석할 수밖에 없었다고 고백했다. 다른 여학생들은 전혀 놀라는 기색도 없이 고개를 끄덕였다. 자신의 외모에 신경 쓰는 여성이라면 응당 그래야 한다고 확고히 믿었기 때문이다. 다른 여학생들은 그 학생에게 전혀 못생기지 않았다는 의무감 섞인 위로의 말을 건네면서 부드럽게 어깨를 토닥였다.

최근엔 미국 남부의 작은 대학교에서 교수직을 맡고 있는 한 친구를 만났다. 이 친구는 대학생들을 인솔해 해외로 봉사활동을 떠났던 이야기를 들려주었다. 봉사활동의 장소인 어느 열대 지역으로 출발하기 2주 전, 친구는 학생들에게 봉사하러 떠날 준비가 됐는지 자신을 되돌아보는 글을 써보라는 과제를 냈다. 그 그룹에 속한 일곱 명의 여학생 중 다섯이 아직 준비가 되지 않았다고 썼다. 그 이유는 다이어트를 끝내지 못했기 때문이라고 했다. 이들은 봉사활동보다 자신의 외모를 더 걱정하는 듯했다. 함께 봉사활동을 떠나는 남학생들은 누구도 자신의 몸이 "준비가 덜 됐다"라고 쓰지 않았다. 이 이야기에 나는 한동안 입을 다물 수가 없었다.

"말도 안 돼." 나는 믿고 싶지 않았다.

"진짜야. 일곱 중 다섯이 그랬다니까." 그가 말했다.

"그래서 너는 뭐라고 코멘트를 썼어? 그런 글에는 어떤 피드백을 줘야 하는 거지?" 내가 물었다.

친구는 처음에 뭐라고 써야 할지 망설였지만 그 봉사 지역의 문화는 포용적이라서 일방적인 잣대를 들이대지 않을 것이라는 말로 그 다섯 명을 안심시켰다고 한다. 그 말이 과연 그들에게 위안을 줬을까. 나는 의심스러웠다. 우리는 여행을 떠나더라도 원래 우리가 속한 문화를 떨쳐버리지 못한다. 여학생들이 그런 글을 썼던 것은 다름 아닌 우리의 문화 때문이었다.

오늘날 수많은 여성이 여러 영역에서 능력을 존중받기 위해 전투적으로 노력한다. 그러나 여성은 여전히 거울 앞에서 무너진다. 가끔은 외모를 완전히 바꿀 수만 있다면 모든 것을 즉각 내려놓을 생각도 있는 것처럼 보인다.

과연 우리는 거울에 비친 자신의 모습 때문에 결석한 학생이나 날씬하지 않다는 이유로 봉사활동을 떠날 준비가 되지 않았다고 생각한 학생과 다를까. 우리는 못생겨 보인다는 이유로 학교나 회사를 결석하지는 않을지도 모른다. 물론 온종일 위축되어 시계만 쳐다보겠지만.

우리는 얼마나 자주 늘어난 몸무게나 얼굴에 새로 생긴 주름에 대한 불만을 털어놓으며 서로 친해지는가. 왜 나는 내가 가장 존경하는 멘토가 나이 든 목이 "너무 흉측해서" 스카프를 맨다고 이야기했을 때, 그 말에 의문을 표하지 못했을까. 왜 내 여성 동료들은 아직도 교수 인기 평가 웹 사이트에서 '섹시함'을 나타내는 칠리고추의 개수에 집착할까.

그 이유는 아마도 우리가 이미 거울을 내면화했기 때문일지도 모른다. 우리는 거울에서 멀어질 수 없는 것이다.

지난 15년간 나는 아름다움과 신체 이미지에 대한 소녀와 여성의 투쟁에 관해 연구해왔다. 가끔 내가 가르쳤던 첫 학생들을 회상할 때면, 어느 날 문득 자신이 전혀 매력적이지 않다는 느낌이 들어 방 밖으로 나갈 수 없었다던 여학생을 떠올린다. 나는 그 여학생이 비정상적이었다고 생각하지 않는다. 또한, 그녀가 미쳤거나 몹시 허영심이 넘쳤다고 생각하지 않는다. 그저 그녀가 고통받았다고 생각한다. 그녀는 외모 강박을 느끼고 있었던 것이다.

우리는 많은 여성이 외모 강박과 싸우고 있다는 사실에 놀라서는 안 된다. 왜냐하면 우리가 여성의 가장 중요한 임무는 아름다움이라고 강요하는 문화를 만들었기 때문이다. 그리고 여성들이 절대 도달할 수 없는 아름다움의 표준을 주입했다. 동시에 아름다움에 관해 걱정하는 여성을 속물이라고 비난하고 그녀들의 걱정을 싸잡아 무시하고는 "모든 사람은 그 자체로 아름답다"라고 이야기하며 자신의 모습 그대로를 받아들이라고 책망했다.

나는 여성과 아름다움을 향한 메시지 공해를 극복할 방법을 제시하고자 이 책을 썼다. 오늘날의 여성과 그들을 걱정하는 사람들에게는 아름다움의 역할을 정직하고도 도전적으로 평가할 자격이 있다. 그리고 외모 강박적인 문화에 어떻게 반기를 들지 과학적으로 건강한 조언을 받을 자격이 있다.

과학적 연구에 더해 나는 외모 강박을 극복하기 위한 나름의 방식을 만들어가고 있는 여러 여성의 이야기를 나누려 한다. 이들은 다양한 배경을 지녔지만, 그렇다고 모든 여성을 대표하는 것은 아니다. 그들은 그저 이야기를 나눌 의향이 있는 여성들이다.

대부분의 인터뷰 대상자들은 프라이버시를 지키기 위해 가명과 가짜 신상 정보를 사용했다. 가명은 처음 나올 때 별표(*)로 표시된다. 이야기를 분명하게 전달하기 위한 편집과 신상 보호를 위한 조작 이외에 인터뷰 대상자들의 말은 그대로 인용했다.

이 책에 담긴 여성들의 이야기 중 적어도 하나는 당신의 마음에 닿기 바란다. 우리는 모두 다른 사람이지만 같은 길 위에 서 있다. 우리보다 앞서 걷고 있는 이들의 이야기는 강력한 길잡이가 되어줄 것이다. 그리고 우리가 서로를 보듬으며 살아가야 한다는 사실을 다시금 일깨워줄 것이다.

외모 강박

1

_____외모 강박은 아프다.
외모 강박은 수많은 여성을 괴롭히며
우울증과 분노를 키운다. _____
또한 여성의 _____
소중한 돈과 시간과 에너지를 _____
_____앗아간다.

나는

예뻐질

까요

소녀들과 이야기하다 보면 가끔 어른들이 흔히 하는 질문을 던지게 된다. 너는 커서 뭐가 되고 싶니? 그리고 그들의 다채로운 대답을 듣는 것은 즐거운 일이다. 선생님이요. 과학자요. 우주 비행사요. 수의사요. 화가요. 대통령이요. 그러나 소녀들이 어떤 삶을 꿈꾸든 저 너머에는 정말 되고 싶은 두 가지가 있다. 바로 날씬해지는 것과 예뻐지는 것이다.

소녀들은 아주 어렸을 때부터 이상적인 몸에 대해 생각하기 시작한다. 5세의 여자아이 중 34퍼센트가 '가끔은' 의도적으로 음식을 적게 먹는다. 이 중 28퍼센트는 자신의 몸이 TV나 영화에 나오는 여자들 같았으면 좋겠다고 말한다.[1] 쉽게 말해 몸을 움직이는 법을 겨우 배우기 시작한 소녀들이 벌써 자신의 몸이 어떻게 보일지를 걱정하고 신체 사이즈를 줄이려고 노력한다는 것이다.

리Leigh*는 호기심 많고 명랑한 일곱 살 소녀다. 리는 이 책을 위해 인터뷰하기로 한 엄마와 함께 내 사무실을 찾았다. 리는 자신도 인터뷰하고 싶다고 하여 우리는 먼저 이야기를 나누었다. 리의 엄마는 리의 대답에 영향을 미치지 않기 위해 뒤편으로 물러나 앉았다.

"리." 나는 물었다. "아름다운 여자는 어떤 모습인지 생각해봤니? 정말 예쁜 여자 말이야. 어떤 모습인지 머릿속으로 떠올릴 수 있겠어?"

리는 잠시 눈을 가늘게 뜨더니 고개를 끄덕였다.

"긴 생머리를 하고 화장을 진하게 했어요. 그리고 하이힐을 신었죠. 날씬해요. 팔과 다리는 가늘고요."

리는 마치 배우 오디션에 참가할 자격 요건을 읽는 것 같았다. 이 상상 속의 여인이 얼마나 말라야 하는지 자세히 묘사하던 리는 잠시 이야기를 멈췄다.

"머리 크기는 어느 정도 되어야 하는지 잘 모르겠어요." 리는 눈썹을 찌푸리며 말했다.

슬프기도 하고 동시에 귀엽기도 한 순간이었다. 여성의 머리 크기를 어떻게 표현해야 할지 몰라서 당황하는 리의 모습은 귀여웠다. 그리고 슬펐다. 리는 벌써 여성의 아름다움을 여러 치수를 통해 정확히 담아낼 수 있다고 믿고 있었다.

나는 리에게 여자는 예뻐야 하는지 물었다.

"칭찬도 더 많이 듣고 선물도 더 많이 받을 수 있으니까요."

소녀들은 성장하는 과정에서 이미 더 예뻐지고 싶은 욕망을 머릿속 가득히 채운다. 내가 어렸을 적에도 마찬가지였다. 내가 다섯 살 때 우리 할아버지와 할머니는 나를 플로리다에 있는 놀이공원인 사이프러스 가든스에 데려갔다. 그곳에는 아름다운 꽃뿐만 아니라 남부 미녀처럼 옷을 입고 공원을 돌아다니는 젊고 매력적인 여성 직원들로 가득했다. 미녀들은 양산을 들고 프릴이 잔뜩 달린 풍성한 파스텔 색깔의 드레스를 입고 있었다. 당시의 나는 예쁘게 꾸미고 돌아다니는 여성을 왜 고용했는지, 그리고 남부 미녀에 걸맞은 남부 미남은 왜 없는지를 궁금해하기엔 너무 어렸다. 심지어 그녀들이 왜 모두 젊고 마른 백인인지를 묻기엔 너무 어렸다.

이후 시대는 바뀌었지만 아름다움에 대한 문화적 강박은 여전히 남아 있고 그 기준은 더 높아졌다. 내 사촌은 최근 여섯 살짜리 딸을 데리고 디즈니랜드에 다녀왔다. 아이는 신데렐라와 백설공주를 보고 불평을 늘어놓았다고 한다.

"저 사람들은 진짜 공주가 아니에요. 공주처럼 드레스를 입은 그냥 사람이라고요. 얼굴이 빻았잖아요."

내 사촌은 '빻았다'는 말이 글자 그대로 얼굴이 짓이겨졌다는 의미일 것이라고 생각했다. 그러다 이내 요즘 젊은이들이 '빻았다'는 말을 '못생겼다'의 동의어로 쓴다는 것을 알게 됐다.

"그런 말은 어디서 배웠니?" 내 사촌이 물었다.

"유튜브요." 아이는 어깨를 으쓱하며 씩 웃었다.

오늘날 소녀들은 아름다움이 여성의 숙제일 뿐 아니라 아름다움의 기준이 거의 완벽에 가깝다는 것을 배우면서 자란다. 그 결과 공주 흉내를 내라고 고용된 여성들조차 "애개개, 별론데."라는 평가를 받는다.

다행히 리는 이런 말도 안 되는 기준을 알면서도 자신의 외모에 만족하는 것처럼 보였다.

"리, 누군가가 '리는 어떻게 생겼어?'라고 물으면 뭐라고 대답할래?" 나는 물었다.

리는 얼굴을 잠시 찡그리고 "음." 하고 시간을 끌더니 대답했다.

"글쎄요, 너무 크지도 않고 작지도 않다고요. 저는 딱 일곱 살만큼 커요. 그리고 머리는 빨갛고 곱슬곱슬해요. 눈은 초록색이고요. 그리고 오늘은 남색 드레스에 하늘색 구두를 신었어요."

"잘 이야기했어. 그럼, 누군가 리의 몸은 어떻게 생겼냐고 물어보면 어떨까?"

리는 이번에는 거침없이 대답했다.

"제 팔은 가늘고 다리에는 근육이 많아요. 그리고 배는 보통이에요."

"네 몸이 마음에 드니?" 나는 물었다.

리는 고개를 끄덕이면서 즐겁게 대답했다.

"저는 잘 달리고 여기저기 뛰어다녀요. 높은 곳에도 올라가고 점프도 많이 해요. 그리고 나는 수영도 하죠. 발차기를 하면 다리가 튼튼해져요."

"어떤 게 더 중요한 거 같니? 몸을 잘 움직이는 거랑 몸이 예뻐 보이는 것 중에 말이야."

"몸을 잘 움직이는 거요." 리는 망설이지 않고 대답했다. 뒤편에 앉아 있던 리의 엄마는 안도의 눈빛으로 미소를 지었다.

"앞으로도 그렇게 느낄 거라고 생각하니?" 나는 물었다.

"글쎄요, 잘 모르겠어요." 리는 약간 멈칫하더니 대답했다.

나는 리가 험난한 청소년기에 접어들면 어떻게 생각할지 궁금하다. 그때가 되면 리가 자신을 있는 그대로 받아들이지 않게 될 가능성이 높다는 사실을 떠올리고 싶지 않다. 그와 관련해 반갑지 않은 통계가 있다. 젊은 여성 중 90퍼센트가 자신의 몸에서 마음에 들지 않는 부위가 있다고 대답했다. 그리고 약 50퍼센트는 자신의 몸에 대해서 '전반적으로 부정적 평가'를 드러냈다. 이는 수많은 10대 소녀가 거울 속의 자신에게 느끼는 실망감과 밀접하게 연계되어 있다.[2]

외 모 강 박

몇 년간 아름다움에 대한 여성의 투쟁을 연구하면서 나는 자신의 신체를 받아들이기 위해 분투해야 하는 소녀와 여성이 미국에만 있는 것은 아니라고 확신했다. 이들은 허영심에 젖은 소수가 아니다. 우리의 딸, 자매, 학생, 친구, 파트너, 한마디로 우리가 사랑하는 이들이다. 그리고 우리 미래의 지도자들이다. 그녀들은 자신이 언제쯤 충분히 아름다워질지 질리도록 의문을 품는다. 외모 강박에 시달리고 있는 것이다.

외모 강박은 여성이 거울에 비친 모습에 너무 많은 정서적 에너지를 쏟을 때 생긴다. 거울 속의 모습은 인생의 다른 측면을 바라볼 때보다 그녀를 더 힘들게 한다. 외모 강박은 놀라우리만큼 이른 나이에 시작된다. 소녀는 다른 사람의 눈을 즐겁게 해주는 것이야말로 세상의 기본적인 법칙이라고 배운다. 외모 강박이라고 하면 젊은 여성을 떠올리지만 사실 모든 연령의 여성이 외모 강박을 갖고 있다. 단순히 나이를 먹는다고 사라지는 것이 아니다. 굳은 의지와 인내를 가져야 떨쳐낼 수 있는 것이다.

여성이 무엇을 하고, 무엇을 말하고, 무엇이 될 수 있는지와는 상관없이 여성의 외모에만 초점을 맞추는 문화가 외모 강박을 키운다. 그리고 우리가 보는 이미지, 자신이나 다른 여성을 묘사하는 언어를 통해 강화된다. 또한 여성에게 외모로 모욕을 주는 사람들이 외모 강박을 부추긴다. 물론 능력이 아닌 외모로만 칭찬하는 사람들도 마찬가지다.

외모 강박은 아프다. 외모 강박은 수많은 여성에게 우울증과 분노를 유발한다. 뿐만 아니라 여성의 시간과 돈, 에너지를 앗아간다. 그리고 꿈과 삶에서 점점 더 멀어지게 한다. 세상을 마주하는 대신 계속 거울을 마주하게 한다.

외모 강박은 공식적인 병이 아니다. 엑스레이를 찍어도, 피검사를 해도 나오지 않는다. 그러나 다른 여러 질병과 마찬가지로 파괴적인 증상을 보인다. 급증하는 섭식 장애와 성형수술 등 명백한 증상이 있다. 그리고 조금 미묘한 증상도 있다. 예를 들어 SNS에 올릴 완벽한 셀카를 만드는 데 들이는 시간과 에너지 같은 것이다. 외모 강박은 의사나 심리학자가 진단 내릴 수 있는 병이 아닐지도 모른다. 그러나 우리는 모두 이 병을 알고 있다.

만일 당신이 여성이라면 외모 강박이 있을 가능성이 높다. 지금 모습이 뭔가 만족스럽지 않아서 중요한 이벤트에 참석하는 대신 그냥 집에 있어야겠다고 생각해본 적이 있다면 그게 바로 외모 강박이다. 다른 여성의 몸과 자신의 몸을 비교하느라 회의에 집중하지 못했다면 그게 바로 외모 강박이다. 시간과 돈이 부족한데도 우리 문화가 요구하는 이상적인 미美에 가까워지기 위해 자신을 채찍질하고 있다면 모두 외모 강박 탓이다.

우리 문화 곳곳에서 외모 강박의 신호를 찾을 수 있다. 외모 강박의 문화는 세계적으로 중요한 문제보다 한 여배우의 누드 셀카에 더 많은 관심을 쏟게 한다. 또한 본론과는 상관없이 기승전 '여성의 외모'인 기사를 양산한다. 이 문화는 소녀에게 과학이나 수학보다 화장법을 배우는 것이 더 중요하다고 가르친다. 만약 당신이 외모 강박과 싸우고 있다면 자신을 탓하지 마라. 아픈 문화가 아픈 사람들을 만드는 것이니까.

거 울 의 폭 정

SNS를 통해 인터뷰 대상자들과 접촉하면서 나는 알테미스Artemis*의 연락처를 그녀의 언니로부터 받았다. 알테미스의 언니는 알테미스가 내가 찾던 완벽한 인터뷰 대상자일 것이라고 했다. 외모 강박의 문화 속에서 여성으로 성장한다는 것은 외모에 대해 생각해보는 것만으로도 둔치를 얻어맞은 듯 고통스러울 수 있다는 뜻이다. 고등학교 졸업반인 열일곱 살의 알테미스는 그 고통이 무엇인지를 얼마 전에 깨달았다. 알테미스는 남아시아 혈통을 지녔지만 부모님이 모두 미국에서 태어났기 때문에 자신의 인종을 '그저 미국인'으로 구분 짓는다.

알테미스와는 전화 인터뷰를 약속했다. 나는 8월의 어느 오후 알테미스의 집으로 전화를 걸었다.

"언니는 알테미스가 신체 이미지에 관해 인터뷰하기에 알맞은 사람이라고 하던데, 그 이유가 뭘까?" 나는 물었다.

알테미스는 빈정거리는 말투로 대답했다. "글쎄요, 전 그냥 아무 생각이 없는데요." 그녀는 웃으면서도 질문에 대한 답을 즉각 내놓지 않았다. 알테미스는 인터뷰가 진행되는 동안에도 전신거울 앞에 서서 외모에 대한 수많은 걱정거리를 늘어놓고 확인했다. 나는 이 건강한 10대 소녀가 자신의 외모를 보며 불행하다고 생각하는 이유를 알아내려고 노력했다.

7학년 때 알테미스는 몸이 어떻게 보이는지가 중요하다는 현실을 처음으로 깨달았다고 한다. 언니가 알테미스에게 원피스를 한 벌 물려줬는데, 소매가 없고 짧은 원피스였다. 알테미스는 그 옷을 걸치고 거울 앞에 섰다.

"저는 그 옷을 입은 제가 예뻐 보이지 않는다고 생각했어요. 왜냐하면 안 예뻤거든요. 그 옷을 입기엔 너무 뚱뚱했어요."

알테미스는 "어휴." 하고 날카로운 한숨과 함께 이야기를 멈췄다.

인터뷰 내내 알테미스는 여러 번 한숨을 쉬었다. 그리고 뭔가 비극적인 이야기를 하고는 웃었다. 나는 이 웃음이 어디까지 진짜인지 헷갈렸다.

원피스 사건 이후 알테미스는 왜 자신이 '다른 모든 사람'처럼 날씬하지 않은지 생각하느라 점점 더 많은 시간을 보내게 됐다. 인터뷰 중에 그녀는 그때의 사진을 다시 들여다보고는 자신이 전혀 뚱뚱하지 않았음을 깨달았다. 그 당시엔 '거인처럼 덩치가 크다'고 확신했

외모 강박

지만 말이다.

우리는 거울을 볼 때 있는 그대로의 현실을 보지 않는다. 대신, 몇 년간에 걸쳐 주입된 문화, 친구와 가족으로부터 들은 말, 그리고 내적인 고민에 의해 형성된 모습을 본다. 알테미스는 자신의 인식이 왜곡됐음을 아는 듯했다. 그러나 신체 사이즈를 재보라는 나의 부탁을 무례하다고 여겼다. 그녀는 자신이 뚱뚱하다는 것을 어떻게 알 수 있었을까. 아마도 알테미스는 인터넷에서 자신과 비슷한 체형을 지닌 누군가가 뚱뚱하다고 비난받는 모습을 수없이 봤을 것이다.

앞으로 우리는 자신의 외모가 나쁘지 않다는 믿음을 갖기 위해 일상적으로 사투를 벌이는 소녀와 여성을 만나볼 것이다. 외모 강박은 여성에게 완벽한 몸을 추구하게 하며 거식증과 폭식증의 경계에서 위태롭게 방황하게 한다. 다이어트에 대한 알테미스의 태도와 행동도 그녀를 위험 지대에 몰아넣고 있었다. 그녀는 저녁을 먹지 않기 위해 일찍 잠자리에 들었고 배가 고파 쉽게 지쳤으며 무언가를 할 힘을 잃었다.

"10대 소녀가 몸무게에 너무 신경 쓰다 보면 섭식 장애가 올 수도 있어. 앞으로 무슨 일이 일어날지 걱정해본 적은 있니?" 나는 물었다.

알테미스는 내 질문에 답하는 대신 거식증을 앓고 있는 친구에 대해 이야기했다.

"그 친구는 진짜 심하게 말랐어요. 그런데도 항상 운동을 하죠. 그런데 정말 예뻐요. 사실 그 친구는 여러 번 섭식 장애에 걸렸어요. 지금도 섭식 장애에서 회복하는 중이에요."

알테미스는 열성적으로 말을 이어나갔다. "그 친구는 정말 말랐어

27
나는 예뻐질까요

요. 그러니까 저는 '아, 짜증 나. 내가 저 몸이면 좋겠다.'라고 생각하는 거죠, 헤헤."

알테미스는 꽤 괜찮은 인생을 살고 있다. 성적도 좋고 과학 분야에서 일하고 싶다는 꿈도 있다. 그리고 가깝게 지내는 친구 무리도 있다. 그러나 그것만으로는 만족스럽지 않은 것이다. "결국, 제가 날씬하지 않다는 사실이 모든 걸 망쳐봐요." 그녀는 설명했다.

이 암울한 이야기는 외모 강박이 어떻게 작용하는지를 보여주는 완벽한 예라고 할 수 있겠다. 즉 어떻게 알테미스가 외모라는 기준만으로 자신을 정의하게 됐는지를 보여주는 것이다. 또한 그녀가 집 밖으로 나갈 때마다 자신의 몸이 잔인하리만큼 남들의 입방아에 오를 것이라고 느낀다는 점도 이해하게 해준다. 외모 강박의 문화는 여성이 자신의 외모가 언제나 평가의 대상이 된다는 사실을 기억하게 한다. 대중문화가 보여주는 몇몇 예를 살펴보자.

- 2013년도 아카데미 시상식에서 사회자 세스 맥팔레인Seth MacFarlane은 〈우린 네 가슴을 봤어We Saw Your Boobs〉라는 노래를 부르며 무대에 등장했다. 유명 여배우들이 상반신을 노출한 영화를 하나하나 열거하는 노래였다.
- 영국의 왕세손비 케이트 미들턴Duchess of Cambridge Kate Middleton이 첫 아이를 낳고 단 하루가 지나자마자 영국의 타블로이드 언론들은 그녀가 어떻게 임신 중에 쪘던 살을 빼고 '몸매를 가꾸었는지' 칭찬 일색이었다. 이후 그녀가 둘째 아이를 낳자 이번에는 출산 후에도 지나치게 예쁘다는 이유로 비난이 쇄도했다. 기자들과 호사

가들은 케이트 미들턴이 출산 직후 완벽한 화장에 세팅된 머리로
나타나 다른 여성들을 위축시켰다고 비난했다.

- 《시카고 트리뷴Chicago Tribune》의 인기 저널리스트인 하이디 스티븐
스Heidi Stevens는 머리 스타일에 관한 전혀 고맙지 않은 평가에 대해
칼럼을 썼다. 어느 독자가 이메일로 보낸 "제대로 빗질도 하지 않
은 기름 낀 더벅머리의 부랑자 같은 사진이 글쓴이랍시고 실려 있
는 칼럼을 누가 진지하게 읽겠는가?"라는 평가였다. 여기서 분명
히 해야 할 것은 그녀는 방송기자가 아니라 신문에 글을 기고하는
칼럼니스트라는 점이다.

- 《뉴욕 타임스New York Times》는 '발행하기에 적합한' 기사만 내보내
겠다고 하더니 최근 「엉덩이를 위하여For Posterior's Sake」란 제목으로
볼륨 있는 뒷모습을 추구하는 여성에 관한 기사를 내보냈다. 이 기
사는 특정 운동으로 완벽한 엉덩이를 만들 수 있다고 하면서 딱 달
라붙는 운동복을 입고 지하철 입구에서 포즈를 취한 젊은 여성의
사진을 곁들였다. 남성을 대상으로 비슷한 주제의 기사를 상상하
기란 아마도 쉽지 않을 것이다.

- 2015년 도널드 트럼프Donald Trump의 발언에 항의하는 뜻에서 여
러 방송사가 미스 유니버시티 선발 대회 중계를 거부하자 이에 대
한 논란이 광범위하게 일었다(2015년 트럼프가 멕시코 이민자를 성폭행범
으로 비하하는 발언을 하자 미스 유니버시티 조직 위원회 공동소유주인 NBC는 트
럼프와의 결별을 선언했다-옮긴이). 그러나 미디어는 오직 이민자에 대
한 트럼프의 발언에만 초점을 맞췄다. 더 중요한 질문을 던지는 이
들은 거의 없었다. 모든 진보적인 여성이 지난 몇십 년간 제기해왔

던 문제다. 왜 우리는 여전히 연예계가 요구하는 모습의 미인만 찾고 있는가. 수영복을 입은 젊은 여성이 포즈를 취하면 대중이 이를 평가하는 문화는 왜 논란이 되지 않는가.

'제대로 알아야 할' 것이 너무 많다

알테미스는 7학년 이후 몸무게가 계속 늘고 있다고 불평했다. 나는 그게 정상이라고 말했다. 성장기라면 당연한 일이다. "지금 네가 뚱뚱하다고 생각하니?" 나는 물었다.

"네, 뚱뚱하죠, 헤헤. 막 비만인 건 아니지만요. 그런데 뭐랄까, 덩어리가 덕지덕지 붙었거든요." 알테미스는 역겹다는 듯 마지막 말을 내뱉었다.

덩어리Lump라고? 나는 알테미스가 무슨 말을 하는지 어리둥절했다. 지방층? 셀룰라이트? 아니면 퍼기Fergie(미국 힙합 그룹 블랙 아이드 피스The Black Eyed Peas의 여성 보컬 - 옮긴이)가 노래하던 'lovely lady lumps('예쁜 여자 가슴'이라는 의미 - 옮긴이)'를 말하는 걸까? 가슴이 커지니까 뚱뚱해진다고 생각하는 걸까? 이에 대해 더 이야기해보기로 했다.

알테미스는 지금 자신의 사이즈가 '스몰' 또는 '미디엄'이라고 말했다. 전혀 뚱뚱한 사이즈가 아니기에 나는 약간 짜증 섞인 한숨을 쉬었다. 그러다 문득 이 문제를 전혀 이해하지 못하는 나를 한심해하는 알테미스의 표정이 보이는 듯했다. 그녀는 다시 설명했다. "옆구리에 살집이 두둑하게 잡혀요. 다리도 막 굵고요. 그리고 대부분의 살이 팔에 다 모여 있어요."

알테미스는 페이스북을 한번 보라고 부추겼다. 그리고 나는 놀랄 수밖에 없었다. 그녀는 전혀 뚱뚱하지 않았으니까. 그저 건강한 10대 소녀였다. 길고 풍성한 머리에 얼굴 가득 미소를 짓고 있었다. 살덩어리처럼 보이지 않았다. 키가 150센티미터 남짓이었기 때문에 패션모델 같은 몸은 아니었다. 그러나 알테미스는 놀라우리만큼 탄탄한 몸을 가졌다. 그녀는 하루에 한 시간 반에서 두 시간가량 운동을 했다. 달리기를 하고 테니스를 쳤으며 축구를 했다.

알테미스에게 전혀 뚱뚱해보이지 않는다고 말했을 때 그녀가 어떤 반응을 보일지는 쉽게 상상이 갈 것이다. 그녀는 내 말을 즉각 일축했다. "헐, 완전 뚱뚱해요."

"그러니까 지금 거울로 네 모습을 보면 뚱뚱하다는 거지?" 나는 물었다.

"저는 완전 뚱뚱해요." 알테미스는 다시 강조했다. 내가 드디어 그녀를 이해했다는 사실에 안도하는 듯한 목소리였다. 그러더니 젊은 여성들이 항상 하는 말을 했다. 말하는 방식은 약간 다르지만, 거기에 담긴 감정은 같았다. 알테미스는 설명했다. "그러니까, 제 머릿속에 박혀 있는 생각이 그렇다는 거예요. 저도 뚱뚱하다는 생각이 바보 같다는 걸 알아요. 그런데 전 뚱뚱하다고 생각해요. 진짜로요." 그녀는 자신의 생각이 어떤지를 알면서도 목소리를 내지 못하는 것처럼 보였다.

알테미스는 몸매의 변화에 지나치게 집착했다. 그래서 그녀에게 딴지를 걸어보고 싶었다. 물론 어떻게 해도 10대 소녀의 논리를 이길 수는 없었지만.

"그냥 네 몸에 만족하는 너 자신을 상상해본 적은 없니?" 나는 물었다.

그러자 알테미스는 메건 트레이너Meghan Trainor의 노래 〈All About That Bass('난 뚱뚱한 여자'라는 의미 - 옮긴이)〉에 대해 이야기하기 시작했다. 당시 나는 그 노래를 몰랐기 때문에 알테미스가 설명해줬다.

"날씬하지 않아도 괜찮다는 노래예요. 사실 진짜 힘이 되긴 하죠. 좋은 노래였어요. 그래서 전 '와, 진짜 좋은 이야기다. 엉덩이가 좀 크면 어때! 그래, 엉덩이에 살이 쪄도 괜찮아!'라고 생각했죠. 그러고 나서 뮤직비디오를 봤는데 메건 트레이너가 좀 뚱뚱한 거예요. 그래서 전 이렇게 생각했죠. '그래도 난 너보단 날씬해야겠어.'"

알테미스는 새로운 몸을 마치 갑옷처럼 걸치는 상상을 한다. 그녀는 "저는 목표가 있어요. 목표를 달성할 때 괜찮아질 거예요. '난 예뻐. 아무도 나를 무시할 수 없어!'라고 생각할 수 있을 거예요."라고 말했다.

알테미스는 페이스북에서 날씬한 여자들을 '스토킹'한다. 그녀들의 사진을 모두 훑어보며 '나도 이렇게 됐으면 좋겠다.'라고 생각한다. 알테미스는 이런 짓을 하는 자신이 서글프기도 하지만 보통은 무아지경으로 계속 사진들을 들여다보게 된다고 말했다.

오늘날 젊은 여성은 당혹스러운 모순과 마주한다. 그녀들은 바비 인형이 되길 원하지는 않는다. 그러나 바비 인형처럼 보여야 한다고 느낀다. 수많은 여성이 미디어가 여성을 다루는 방식에 분노하지만 바로 그 미디어를 게걸스레 소비한다. 결국 우리 문화가 요구하는 우스꽝스러운 미를 좇는 것이다. 또한 '포토샵'을 폭로하는 비디오를 만드는 동시에 자신들이 비판했던 바로 그 이미지를 모방한다. 눈에 보이는 것이 진짜가 아니란 것을 알면서도 그 모습을 갈망한다. 그리고 셀카로 찍은 사진을 수정하려고 앱을 다운받는다.

나는 시카고 로욜라대학교에서 여학생 100여 명에게 다음과 같은 질문을 던졌다.

지금까지 수많은 연구자가 우리 사회의 기준에 부합하는 '이상적인' 여성의 모습을 연구해왔습니다. 잠시 우리 문화에서 요구하는 이상적인 여성을 생각해보고 그 모습을 묘사해주세요. 그리고 방금 당신이 묘사한 여성이 지금의 당신의 모습과 비슷한지 생각해봅시다. 만약 당신의 외모가 그 여성과 같았다면 인생이 어떻게 달라졌을까요?

이에 대한 답변들은 연구를 중단할까 고민할 만큼 마음을 아프게 했다. 한 젊은 여성은 자신이 예뻤다면 "내적인 능력과 재능에 집중할 수 있었을 것"이라고 대답했다. 어떤 여성은 "행복한 척하는 대신에 진짜로 행복을 느끼고자 했을 것"이라고 말했다. 또 다른 젊은 여성은 자신의 외모가 이상적인 여성상과 같았다면 "주변 사람에게 스트레스를 유발하는 섭식 장애를 앓지는 않았을 것"이라고 말했다. 이 연구에 참여한 여성 중 70퍼센트 이상이 만약 자신이 이상적인 미인처럼 생겼다면 사회에서 더욱 좋은 대접을 받았을 것이라고 대답했다.

이처럼 여성에게 행복의 열쇠가 단 하나임을 끊임없이 강조하는 문화 속에서 '그것'을 갈망하는 여성을 무조건 비난하는 것은 옳지 않다. 알테미스와 마찬가지로 많은 여성이 외모 때문에 삶이 제한받는다고 믿고 있으며 이를 해결할 유일한 방법은 외모를 바꾸는 것이라고 믿고 있다.

"네 몸에 대해 얼마나 자주 생각하니?" 알테미스에게 물었다.

알테미스는 재빨리 대답했다. "온종일이요. 끔찍해요. 그러니까, 끊임없이 되풀이되는 거예요. 옷을 갈아입거나 할 때마다 '아, 좀 더 살을 빼야겠다.'라고 생각하는 거죠. 아니면 친구들만큼 날씬했다면 얼마나 좋을까 하고 생각해요. 이 생각에 사로잡혀서 아무것도 못 해요."

심지어 알테미스는 자신이 원하는 수준으로 몸을 가꾸기 전까지는 "공부 같은 것은 하지 않을 것"이라고도 했다. 그녀는 이 말을 하며 깔깔대고 웃었다.

"네가 정말 웃겨서 웃는 건지 잘 모르겠어."

내 분석에 알테미스가 방어적으로 나올지 모른다고 걱정했으나 그 걱정은 이내 사라졌다.

"아뇨." 알테미스는 갑자기 진지하게 대답했다. "웃기지 않아요. 가슴 아픈 이야기죠." 이번에는 영혼 없이 웃었다.

자신의 행복이 신체 사이즈와 몸매에 좌우된다는 알테미스의 믿음은 미래를 바라보는 시선까지 제한했다. 알테미스는 성인이 된 자신을 상상하기조차 싫어했다. 나는 그녀에게 나이가 들면 몸매 말고 다른 일에 대해서도 생각하게 될 거라고 했다. 물론 그녀는 그럴 가능성은 거의 없다고 일축했다. "전 애써 나이 든 후를 생각하지 않으려고 해요. 왜냐하면, 늙으면 분명 뚱뚱해질 거고 그걸 막을 방법은 없기 때문이에요. 아, 계속 슬픈 생각이 들어요 늙고 뚱뚱해지겠죠. 정말 최악의 조합이에요."

그러면서 알테미스는 자신이 꿈꾸는 키와 몸무게를 이야기해줬다. 그 숫자를 비만도 지수 계산기에 쳐보았더니 저체중으로 나왔다. 여러 국가에서 패션모델로 활동하는 것을 법적으로 금지하는 지수이기도 했다.

알테미스는 만약 세상이 그녀가 말랐는지 아닌지를 신경 쓰지 않더라도 자신은 끝까지 신경 쓸 거라고 우겼다. 과연 우리 문화의 어떤 부분이 마를수록 행복하다는 생각을 주입한 걸까. 알테미스는 내가 마법 지팡이로 시간을 되돌려서 그녀의 마음속에 자리 잡은 날씬함과 행복 간의 연결 고리를 끊어낸다면 비로소 행복해질 수 있을 거라고 했다. 알테미스는 "우습죠."라고 말을 덧붙였다. 그러고는 슬프게 웃었다.

거 울 이 라 는 난 관

지금의 젊은 여성은 유사 이래 교육 수준이 가장 높은 세대에 속한다. 또한 눈부신 야망과 불굴의 투지를 가진 세대로 기록되고 있다. 이들은 유리천장이라는 개념을 비웃는다. 그리고 많은 여성이 굳이 말로 표현하지 않아도 페미니즘을 체화하고 있다. 그러나 이들이 세상을 바꿔나가기 위해서는 여성의 몸에 관해 쏟아지는 악성 메시지의 늪을 헤치고 나가야 한다. 외모 집착을 부추기는 늪을.

몇 년 전 어느 캐나다 여성이 외모 강박에 관한 내 테드TED 강연을 보고 이메일을 보냈다. 그녀는 거울에 비친 자신의 모습이 너무 뚱뚱해 보여서 중요한 행사에 빠지려 했다는 사실을 고백했다. 그녀는 외모 강박의 관점에서 자신의 감정을 재정립한 후에야 외모를 부차적인 문제로 여기게 됐다고 한다. 이런 선택은 그녀의 삶을 차별화시켜주었다. 그녀는 "만약 그 행사에 가지 않았더라면 멋진 사람들을 만나지 못했을 거예요. 빈곤층 아동도 후원하지 않았을 거고요."라고 했다.

우리는 끔찍한 손해를 보고 있다. 전도유망한 젊은이가 자신의 외모를 걱정하느라 세상의 변화를 끌어내지 못한 채 세월을 흘려보낸다. 외모 강박은 여성을 거울 앞으로 끌어들인다. 그리고 세상을 발전시키기 위한 열정과 노력에서 멀어지게 한다. 외모에 쏟는 에너지와 걱정을 세상에 쏟아냈다면 그녀의 인생은, 이 세상은 얼마나 달라졌을까.

여성에게는 해야 할 중요한 일이 있다. 시인 케이틀린 시엘Caitlyn Siehl이 다음 시에서 묘사한 것처럼 아름다움은 여성의 의무가 아니다.

어린 딸이 당신에게
자신이 예쁘냐고 묻는다면
마치 마룻바닥으로 추락하는 와인잔 같이

당신의 마음은 산산조각 나겠지.

당신은 마음 한편으로는 이렇게 말하고 싶을 거야.

당연히 예쁘지, 우리 딸. 물어볼 필요도 없지.

그리고 다른 한편으로는

발톱을 치켜세운 한편으로는

그래 당신은

딸아이의 양어깨를 붙들고서는

심연과도 같은 딸아이의 눈 속을 들여다보고는

메아리가 되돌아올 때까지 들여다보고는

그러고는 말하겠지.

예쁠 필요 없단다. 예뻐지고 싶지 않다면 말이야.

그건 네 의무가 아니란다.

   알테미스는 처음에 바이얼릿Violet이라는 가명을 골랐다. 그리고 며칠 후 바이얼릿을 '알테미스'로 바꾸고 싶다고 했다. 알테미스는 그리스 신화에 나오는 사냥의 여신 아르테미스에서 비롯된 이름이었다. 이런 변화와 함께 그녀가 더 강해지기 위해 노력하리라 믿고 싶지만 알 수 없는 일이다. 나는 알테미스가 강하고 용감한 여성으로 자라기 바란다. 그리고 자신과 같은 고통을 겪는 다른 여성을 보호하기 위해 두 팔을 내밀 수 있기 바란다.

여성
스럽
게

나는 노스웨스턴대학교에서 10년 넘게 젠더 심리학을 강의해왔다.
나에겐 참 재미있는 수업이다. 일상 속에서 미디어를 점령하고 있는
젠더 현상과 관련해 다양하고 흥미로운 예를 접할 수 있기 때문이다.
케이틀린 제너Caitlyn Jenner(1976년 몬트리올 올림픽 육상 10종 경기 금메달리
스트였던 브루스 제너는 2015년 성전환 수술로 여성이 됐다 - 옮긴이)가 자신이
트렌스젠더임을 밝혔을 때 나는 수업에서 재미있는 소재가 되겠다
싶어 언론의 보도 행태에 특별히 관심을 가졌다.

트위터로 쏟아지는 축하 메시지와 이에 맞먹는 악플의 홍수 이외
에도 대부분의 사람이 케이틀린의 외모를 언급하기 시작했다. 어떤
평론가는 《배너티 페어Vanity Fair》 표지에 실린 케이틀린의 모습을 보
고 "환상적"이라고 평했다. 어떤 이는 "누가 성형수술을 더 많이 받
았을까? 제너일까, 아니면 그녀의 양녀 킴 카다시안Kim Kardashian
(미국의 모델이자 배우로 브루스 제너와 재혼한 크리스 제너의 딸이다 - 옮긴이)일

까?"라고 대놓고 묻기도 했다. 케이틀린이 자신을 여성으로 규정하자마자 거의 모든 미디어가 그녀의 몸에 관해 공개적으로 이야기해야겠다고 느낀 듯했다. 코미디언 존 스튜어트Jon Stewart가 "케이틀린, 당신이 남자였을 때 우린 당신의 스포츠맨 정신에 관해 이야기했죠. 그러나 이제 당신은 여자예요. 즉 이제 우리에게 중요한 건 당신의 얼굴밖에 없다는 거죠."라고 이야기했듯이 말이다.

여러 가지 의미에서 케이틀린 제너는 대부분의 여성이 이질적으로 느낄 만한 삶을 살고 있기는 하다. 그러나 제너와 모든 여성 간에는 공통점이 있다. 외모가 무엇보다 중요한 세계에서 산다는 것이 어떤 의미인지 안다는 것이다. 그 세계에서는 낯선 이들이 우리의 옷이나 몸매를 평가한다.

외모 강박에 관한 담론은 성 역할에 대한 이해가 선행되어야 한다. 일부 남성들은 외모에 대한 걱정으로 고통받을지 모른다. 그러나 이 책의 초점은 남성이 아니다. 아름다움이 여성의 인생에 미치는 영향은 남성의 경우와는 비교할 수 없는 것이다. 외모 강박은 여성에게만 한정된 이야기는 아닐지 모르지만, 압도적으로 여성의 문제다.

최근 뉴욕대학교 서점에서 판매된 유아복 논란에 대해 생각해보자. 어느 판매원이 서점에 진열된 제품을 찍은 사진이 화제가 됐다. 왼편에는 분명 여자 아기용 보라색 옷이 걸려 있었고 그 옷에는 "나는 내 허벅지가 싫어요I hate my thighs"라고 쓰여 있었다. 오른편에는 남자 아기용으로 망토가 달린 노란 깃의 파란색 옷이 걸려 있었고 그 옷에는 "나는 최고예요I'm super"라고 쓰여 있었다. "나는 내 허벅지가 싫어요"라는 글자가 찍힌 옷의 제작 업체는 이 문구가 반어법이라고 주장했다. 그러나 신체 혐오적인 옷이 의도적으로 여자 아기를 겨냥해 만들어졌다는 점이 충격적이다. 여성은 이렇게 어린 시절부터 자신의 몸에 대해 혐오감을 느끼도록 훈련받는다.

가브리엘Gabrielle[*]은 서른세 살의 사회복지사이며 열한 살이 된 딸의 어머니다. 가브리엘은 포르투갈에서 태어나 그곳에서 대부분의 어린 시절을 보냈다. 그리고 20대에 플로리다에 정착하기 전까지 서유럽 곳곳에서 살았다. 우리는 시끄러운 카페에서 만났다. 햇빛이 쏟아지는 오후, 카페는 휴식을 취하러 나온 회사원들과 관광객들로 붐볐다. 가브리엘은 딱 맞는 티셔츠와 청바지 차림으로 나타났다. 얼굴에는 진한 화장을 했고 검고 긴 머리에는 컬이 들어가 있어서 잡지에서 튀어나온 듯한 완벽한 모습이었다. 그녀가 카페에 들어서는 순간 사람들은 고개를 돌려 그녀를 보았다. 가브리엘은 연예인 같았다.

가브리엘은 자라는 동안 아버지와 어머니로부터 아름다움과 젠더에 관해 완전히 다른 메시지를 받았다. 어머니는 외모에 대한 압력과 여성성 간의 연관성을 반드시 깨뜨리든지 아니면 적어도 무시해야 한다고 강조했다. 반대로 아버지는 여성에게 아름다움이란 권력의 원천이라고 강조했다.

가브리엘의 어머니는 성공한 의학자였다. 어머니는 '소녀다움'은 시간 낭비라고 보았다. 그래서 소녀다운 것일수록 더욱 금하는 듯했다. 가브리엘은 바비 인형을 가지고 놀거나 귀를 뚫거나 머리를 기를 수 없었다. 실용성을 가장 중요하게 생각했던 그녀의 어머니는 짧은 머리를 하고 콘택트렌즈 대신 안경을 썼으며 화장과 하이힐을 거부했다. 그리고 자신을 본받아 가브리엘이 '아름다움은 내면에 있다'는 믿음을 가질 수 있도록 최선을 다했다. 또한, 외모에 대해 걱정하지 않도록 가브리엘을 좀 더 소년처럼 보이게 했다.

이날 가브리엘이 가져온 사진첩을 펼쳤을 때 가장 처음 눈에 들어온 것은 그녀의 다섯 살 때 사진이었다. 그녀임을 한눈에 알아보기 어려웠다. 가브리엘은 작은 소년처럼 보였다. 바가지 머리에 빨간 티셔츠와 멜빵바지를 입고 있었다. 나는 그 모습이 정말 귀엽다고 생각했지만 그녀는 고개를 절레절레 흔들었다. 그녀는 어린 시절 내내 멜빵바지 대신 드레스를 입고 싶다고 애걸복걸했다고 한다. 다섯 살이 되자 가브리엘은 자신이 남자아이로 보인다는 것을 깨달았다. 어느 날 어린 가브리엘이 아버지와 함께 외출했다가 집에 가고 싶다며 떼를 쓰자, 아버지의 친구가 "남자는 우는 게 아니야! 여자애들이나 우는 거지."라고 말했던 것이다. 어린 가브리엘은 더 크게 울었다.

가브리엘은 어머니에게 자신의 머리를 자르지 말라고 애원했다. "하지만 머리를 더 빨리 말릴 수 있단다."라고 어머니는 대답했다. 어린 가브리엘은 좀 더 전통적인 여성의 외모를 원했다. 그녀는 어머니에게 "나는 어른이 되면 귀걸이를 하고 하이힐을 신고 매일 드레스를 입을 거예요. 그리고 머리를 무릎까지 기를 거예요."라고 했다.

그런데 이 상황을 더욱 복잡하게 만든 것은 바로 가브리엘의 아버지였다. 아버지는 가브리엘에게 "아름다운 여성은 원하는 건 뭐든 얻을 수 있어."라고 말했다. 아버지는 여성의 아름다움은 키워야 할 힘이며 마음대로 사용할 수 있는 권력이라고 묘사했다.

어린 시절 내내 가브리엘의 아버지는 "네가 누굴 만나게 될지 모르는 일이다."라고 말하곤 했다. "우연히 대통령하고 마주칠 수도 있어! 아니면 TV 카메라가 어디선가 찍고 있을 수도 있지. 언제 찍혔는지 모르는 사이에 TV에 나올 수도 있다고!" 아버지는 설명했다.

과연 가브리엘은 누구의 말을 믿었을까? 아버지였다. 어려운 일이 아니었다. 가브리엘은 아버지가 "씨앗을 심었다"라고 묘사했다.

일단 가브리엘이 청소년기에 접어들고 마침내 외모를 가꿀 수 있는 자유를 허락받게 되자 낯선 이들에게서 예쁘다는 이야기를 듣게 됐다. 그런 칭찬은 아무리 들어도 물리지 않았다. 그러나 그런 세계에 접어들기 위해 가브리엘은 대가를 치러야만 했다. 열세 살의 나이에 가브리엘은 극심한 외모 강박에 시달렸다. 제2차 성징이 오면서 엉덩이가 커졌고 가브리엘은 위험할 정도로 섭취 칼로리를 줄이면서 이에 저항했다. 때론 온종일 사과 한 개와 바나나 한 개만 먹을 정도였다. 그녀는 점심을 거르는 대신 화장품을 샀다. 가브리엘은 그저 '잡지에 나오는 모델들'처럼 보이고 싶을 뿐이었다. 그녀는 《코스모 걸CosmoGirl(10대 소녀를 위한 미국 패션 잡지 – 옮긴이)》을 마치 성경처럼 읽어댔다. 그녀의 몸은 풍만해졌지만, 잡지에 나오는 소녀들은 가녀리고 날씬했다. 가브리엘은 여성에게 요구되는 과정을 따르려고 노력할수록 우울해졌다. 왜냐하면 그녀가 아름다움의 표준에 가까워져야 한다는 압박을 느낄수록 동시에 그 아름다움에 부합할 수 없을 것이라는 생각을 더 많이 하게 됐기 때문이다.

외모 때문에 우울한
여성들

오랫동안 심리학은 여남 간의 차이를 오해하고 과장해왔다. 나는 '화성에서 온 남자, 금성에서 온 여자'라는 유감스러운 은유를 선호하지 않는다. 그렇게 생각함으로써 여남 간의 차이가 실제보다 더 크고 더 심각하게 다루어지기 때문이다. 그러나 외모 강박의 문제에서 여남 간의 차이는 실질적이고 크다. 그리고 그 격차는 세계 각국의 문화 속에서 반복적으로 드러난다.

다음과 같이 생각해보자. 어떤 미국 사람이 외모를 바꾸고 싶어서 성형수술을 받으려 한다는 이야기를 들으면 사람들은 그 누군가가 여성일 것이라고 장담할 것이고, 아마도 90퍼센트는 정답일 것이다. 세계적으로는 85퍼센트에서 90퍼센트의 성형수술과 시술이 여성을 대상으로 이뤄진다. 또한 젊은이가 거식증이나 폭식증으로 고통받는다는 이야기를 듣고 그 젊은이가 여성일 것이라고 추측한다면 아마 열에 아홉은 맞을 것이다. 섭식 장애와 성형수술은 둘 다 복잡한 문제지만, 여기에서 우리는 여남 간의 차이를 무시해서는 안 된다. 이런 문화 속에서 여성과 남성의 경험은 완전히 다르다는 점을 인식해야 한다. 여성과 남성은 외모 강박에 있어서는 시스템적으로 다른 삶을 살고 있다. 이는 굉장히 중요한 관점이다.

여성은 남성보다 외모에 대해 더 자주 이야기하고 더 자주 생각한다. 외모를 바꾸거나 개선하기 위해 행동을 취할 가능성도 더 높다. 이런 문화에서는 어떤 여성이 "아, 나 너무 뚱뚱하고 못생겼어."라고 말하는 것을 들어도 아무도 놀라지 않는 이유가 있는 것이다. 우리는 이런 종류의 불행을 여성의 삶의 일부로 받아들인다. 30여 년 전에 학자들은 이런 현상을 묘사하기 위해 '규범적 불만족Normative Discontent'이라는 용어를 만들어냈다.[3] 이 용어는 소녀와 여성이 거울을 보고 매우 실망하는 모습을 정상으로 여기고 있다는 의미다. 마치 남자아이가 "사내애들은 다 그렇게 장난치고 그러면서 크는 거지, 뭐Boys will be boys"라는 이야기를 듣는 것처럼.

여성이 자신의 몸과 벌이는 투쟁을 그저 인생의 일부로 여겨서는 안 된다. 이는 여러 불가피한 압력의 결과다. 우리는 이런 고통이 어디에서 비롯됐는지 알고 있다. 이 고통은 가브리엘이 10대에 배운 교훈을 소녀와 여성이 깨달으면서 시작된다. '여성은 외적인 아름다움이 최고의 자산'이라는 교훈 말이다. 소년과 남성에게는 이런 교훈을 가르치지 않는다. 그 결과 여성은 남성과는 다른 세상, 즉 거울에서 벗어날 수 없는 세상에서 사는 것이 당연하다고 느끼게 된다.

몸에 대한 여성의 걱정과 관련해 온라인에서 빈번하게 등장하는 통계가 있다. "여성의 54퍼센트가 뚱뚱해지는 것보다는 차라리 트럭에 치이는 것이 낫다고 생각한다"라는 내용이다. 나는 한 시간 넘게 친구들의 도움을 얻어 이 통계의 출처를 찾았다. 1994년 남성 잡지《에스콰이어Esquire》에 실린 기사에서 언급된 내용이었다. 정교한 과학적 조사를 바탕으로 한 기사는 아니었지만, 여전히 주목할 만한 내용이 있었다. 내 수업을 듣는 여학생들에게 이야기해주면 충격받고 경악할 거라고 생각했다. 그러나 학생들은 진지하게 트럭 사고에 관해 물었다. 얼마나 큰 트럭인가요? 어떤 종류의 트럭이죠? 얼마나 빠른 속도로 달리나요? 많이 아플까요? 그녀들은 이상적인 몸매를 갖지 못한다는 것에 대한 공포가 너무나 커서 차라리 교통사고로 인한 고통과 부상이 덜 위협적이라고 느낄 정도였다. 10대 시절의 가브리엘 역시 트럭 사고를 택하고 트럭 앞에 나섰을 것이다. 그녀는 뚱뚱해지면 '아무도 자기를 좋아하지 않을까 봐' 두려워했고 그런 운명을 피할 수만 있다면 무엇이든 하려고 했다.

신체 이미지와 관련된 200건 이상의 연구 결과에 따르면 몇십 년간 몸에 대한 불만족도에 여남 차이가 있었고 이는 시간이 갈수록 더욱 커진다고 한다.[4] 최근 세계보건기구World Health Organization, WHO는 42개국 20만 명의 젊은이를 대상으로 조사하고 「불평등한 성장Growing Up Unequal」[5]이라는 보고서를 냈다. 그 결과 15세 청소년 가운데 소년보다는 소녀가 "자신은 너무 뚱뚱하다"라고 응답할 가능성이 훨씬 더 높았다. 소녀라는 조건은 젊은이가 실제 자신의 신체 사이즈보다 '뚱뚱하다'고 느끼는지 아닌지를 예측하게 해주는 기준이 됐다.

불행하게도 소녀가 성인이 되면 신체 불만족에서 벗어나게 된다는 증거는 거의 없다. 대신, 가브리엘의 이야기가 보여주듯 사춘기는 소녀에게 예상치 못했던 충격을 안겨준다. 제2차 성징을 거치면서 소녀들의 몸에는 지방이 증가하게 된다. 특히나 엉덩이와 허벅지 부위에 지방이 늘어나면서 모순적인 영향을 미친다. 우리 문화가 이상적으로 추구하는 마른 몸매의 여성과는 거리가 먼 모습으로 바꿔놓기 때문이다. 제2차 성징에 의한 신체 변화는 성별에 따라 다른 심리적 결과를 가져온다. 미국 남서부에 거주하는 400명 이상의 어린이를 대상으로 연구한 결과, 소년은 제2차 성징 이후 몸에 대한 만족도가 높아진다.[6] 근육량이 증가하면서 이상적인 몸매에 가까워지기 때문이다. 반면 소녀는 이상에서 점점 멀어진다.

여성의 외모에 대한 고뇌는 몸매와 사이즈에만 국한되지 않는다. 전체적인 외모에 만족하더라도 얼굴과 피부, 머릿결과 같은 사소한 것까지 계산에 넣다 보면 여성은 남성과 비교해 여전히 고군분투해야 한다. 5만 명 이상의 성인을 대상으로 한 여론조사에서 여성은 남성에 비해 전반적으로 자신의 외모에 대해 만족하지 않는 것으로 나타났다.[7] 이 결과는 18세부터 65세까지의 성인으로부터 골고루 도출된 것으로, 단순히 나이가 들면 외모 강박이 해결되는 것이 아니라는 점을 다시 한번 강조해준다. 흥미롭게도 남성보다는 여성 중에 자신을 못생겼다고 느끼는 사람이 많았지만, 다른 사람들에게 받는 매력도 점수는 여성이 남성보다 더 높았다.

심리학자들은 긍정적인 결과는 자신의 능력 덕으로 보고 부정적인 결과는 외부의 탓으로 돌리는 이기적 편향Self-serving Bias에 대해 이야기하곤 한다. 이기적 편향은 우리가 실제보다 더 능력 있다고 생각하는 일반적인 성향을 만들어낸다. 예를 들어 대부분의 사람은 자신이 '평균 이상의' 운전자라고 이야기하지만, 이는 통계학적으로 불가능한 일이다. 마찬가지로 여성과 남성 모두 자신의 지성에 대해서는 과대평가하는 경향이 있다. 그러나 외모의 경우에는 남성에게만 이기적 편향은 나타나고 여성에게선 사라진다.[8]

신체 경험에 대한 여남 차이는 단순한 만족이나 불만족 이상으로 확장된다. 영국 서식스대학교의 연구자들은 영국 여성과 남성 수십 명을 인터뷰한 결과 여성이 자신의 몸을 좀 더 파편적으로 바라보는 경향이 있다는 사실을 발견했다.[9] 여성은 자신의 각 신체 부위를 실망의 연속이라 표현했고 '나쁘지 않은' 부위는 아주 드물었다. 배는 너무 출렁거리고 허벅지는 지나치게 굵으며 피부는 얼룩덜룩하고 머릿결은 푸석거린다. 각 신체 부위는 독립적으로 존재하는 것으로 언제든 따로따로 분리할 수 있다.

반면 남성은 자신의 몸에 대해 좀 더 전체론적인 접근법을 취하는 경향이 있다. 무엇보다 중요한 것은 아마도 남성은 신체적 능력에 대해 훨씬 더 많이 생각한다는 점이다. 앞서 언급한 연구에 참여한 모든 남성은 모두 자신의 몸이 어떤 능력을 지녔는지에 대해 이야기했다. 그러나 여성 중에는 그런 사람이 한 명도 없었다. 아마도 여성은 자신들의 몸은 행위가 아닌 관상용이라는 메시지를 내면화했을 것이다.

우리를 구성하는 중요한 부분인 신체에 역겨움을 느낀다면 자신을 어떻게 존중할 수 있겠는가. 외모는 스스로에게 느끼는 감정에 불가분하게 연계되어 있다. 그리고 자아 존중감과 신체 존중감 간의 관계는 남성보다 여성에게서 강하게 나타난다고 한다.[10] 때문에 사람들은 여성에게 감정적인 상처를 입히고 싶은 경우 외모를 공격하곤 한다. 일곱 살 소녀 리조차도 이를 잘 알고 있었다. 내가 리에게 "리, 네가 어떤 여자 친구에게 할 수 있는 가장 못된 말은 무엇이니?"라고 묻자 리는 다음과 같이 대답했다. "넌 뚱뚱하고 못생겼어."

여성에게 신체는 너무나 자주 적이 된다. 신체는 순종적으로 다스리고 굴복시켜야 할 것이 된다. 가브리엘은 극도의 다이어트와 겹겹이 칠한 화장으로 자신의 신체를 다스리고자 했다. 수많은 여성이 자신의 몸을 만족스러운 수준으로 끌어올리기 위해 값비싼 미용 시술과 성형수술, 강박적인 운동 등 온갖 수단을 동원한다.

아름다움은 권력이다.
일시적이고 미약한

어린 가브리엘은 스스로가 뚱뚱하다고 느낄 때면 부모님께 위안을 받고 싶어 했다. 가브리엘은 설명했다. "언제나 마음이 불안할 때면, 예를 들어 예뻐 보이지 않는다거나 여드름이 났다거나 뭐 그럴 때면 먼저 엄마에게 갔어요. 그럼, 엄마는 '그런 건 하나도 중요하지 않단다. 단 하나도 말이야.'라고 말씀하셨죠."

그다지 만족하지 못한 가브리엘은 아버지에게 갔다. 그러면 아버지는 "너는 이 세상에서 가장 예쁘단다!"라고 말했다. 가브리엘은 그 어떤 말도 믿지 않았다.

가브리엘이 열다섯 살이 되던 해 모든 것이 바뀌었다. 가브리엘은 성숙한 여성의 몸을 가지게 됐고 성인 남성은 이를 높이 평가한다는 것을 깨달았다. 오늘 카페에서 그랬던 것처럼 남성들은 가브리엘에게 반하기 시작했다. "저는 사람들이 제게 다가온다는 걸 깨달았어요. 사람들은 제가 이런 외모를 가졌기 때문에 권력을 준 거예요. 거부하고 싶지 않았어요. 그리고 일단 그 권력을 갖게 되자 다시는 잃고 싶지 않았죠."

대학 시절 가브리엘은 스스로 일컫길 '외모 관련' 일자리만 계속

외모 강박

맡았다고 한다. 소소한 모델일, 전시회 '안내 요원'과 같은 일이었다. "버거킹에서 일하는 것보다 돈을 더 많이 줬어요." 가브리엘은 말했다. 그리고 이런 일들은 다른 사람들이 그녀를 아름답다고 느끼는지 알고 싶은 욕구를 부추겼다. 당연히 가브리엘의 어머니는 그런 일을 끔찍하게 싫어했다.

"그런 건 엄청나게 지루한 일들이야. 네가 마네킹과 마찬가지인 거지. 너를 물건 취급하는 거란다." 어머니는 걱정했다.

"그게 무슨 문제죠?" 가브리엘은 따졌다.

나는 가브리엘의 어머니가 가브리엘이 구한 일자리와 관련해서 어떤 점을 걱정했는지 알 것 같았다. 나도 대학생 시절 방값과 학비를 벌기 위해 비슷한 일을 한 적이 있기 때문이다. 비도덕적인 일은 아니었지만 여전히 굴욕감을 느낀다. 내가 한 일은 지역 상점의 '홍보' 일이었다. 맥주 상표가 그려진 탱크톱 원피스에 엄청난 하이힐을 신고 두어 시간 동안 서 있는 일이었다. 그러면 내 나이보다 적어도 두 배는 많은 남성이 여성들과 함께 폴라로이드 사진을 찍기 위해 줄을 선다. 나는 학교에서 몇 킬로미터 떨어진 작은 마을에서 그 일을 했다. 아무도 나를 못 알아볼 것 같은 곳이었다. 감사하게도 그 당시에는 디지털 사진과 SNS가 등장하기 전이었다.

그 일이 지금의 내 가치관과 얼마나 동떨어져 있는지 생각하면 부끄러워진다. 그러나 더 화가 나는 것은 당시에는 내가 무슨 일을 하고 있는지 의문을 갖지도 못했다는 점이다.

지금의 나는 그 일을 제대로 분석할 수 있다. 우리가 여성에게 시선을 던질 때, 여성의 몸이 지닌 의미에 중요한 메시지를 보낸다. 그

것은 바로 여성의 몸이 장식품이라는 메시지다. 여성은 그 메시지에 수동적일 수밖에 없다.

언어에서조차 남성의 몸은 능동적이지만 여성의 몸은 수동적이다. 남성의 '아름다움'을 칭하는 '잘생긴Handsome'이란 단어에는 '잘하는Handy' 상태라는 의미가 담겨 있다. 옥스퍼드 영어사전이 설명하듯 '잘생긴'이란 단어의 본래 의미는 '적절한Suitable', '잘하는Apt', '영리한Clever'이다. 반면에 '아름다운Beautiful'이란 단어의 정의는 감각을 즐겁게 해준다거나 장식용이라는 점에 초점을 맞추고 있다.

이런 언어적 차이는 일상에서도 발견된다. 분명 남성도 외모에 압력을 받고 있지만 이들은 외모보다 역량이 더 널리 인정받는 세계에서 살고 있다. 그래서 남성은 특정 영역에서 성공하면 외모의 압박에서 안전하게 도망칠 수 있다.

그러나 여성에게는 그런 안전한 피난처가 없다. 한 여성이 얼마나 일을 잘하느냐와는 상관없이, 그녀의 외모에 대해 이야기한다. 그리고 똑같은 일을 하는 남성보다 여성에게 외모적으로 더 많은 것을 요구한다.

힐러리 클린턴Hillary Clinton 전前 국무장관은 대중 앞에 안경을 쓰고 화장을 거의 하지 않은 채 나타났다는 이유로 뉴스 미디어 전반에서 비난받았다. 힐러리 클린턴의 머리가 흐트러졌다는 사실은 전국적인 이야깃거리가 됐다. 그리고 몇 년 전 버락 오바마Barack Obama 전 대통령은 캘리포니아주州 법무장관인 카멀라 해리스Kamala Harris를 소개하면서 "미국 역사상 가장 아름다운 법무장관"이라고 소개했다가 곤욕을 치렀다. 오바마는 먼저 카멀라 해리스의 능력과 사려 깊음에 대해 칭찬했지만 이후 그녀의 외모에 대해 언급함으로써 여성은 능력을 보여주면서도 남들의 눈을 즐겁게 해주어야 한다는 사실을 상기시켰다.

또한 여성의 능력보다 외모에 초점을 맞추는 것은 비단 남성뿐만이 아니다. 여성 역시 스스로 이런 상황을 만들고 있다. 휼렛패커드의 전 CEO인 칼리 피오리나Carly Fiorina의 외모에 대해 조롱한 도널드 트럼프가 비난받은 지 얼마 지나지 않아 ABC 토크쇼 〈더 뷰The Veiw〉의 진행자 조이 베하Joy Behar도 똑같은 일을 저질렀다. 피오리나의 얼굴이 핼러윈 마스크 같다고 말한 것이다. 여성은 불가능할 정도로 높은 기준을 다른 여성에게도 동일하게 적용한다. 스팽스 같은 보정 속옷을 다룬 《뉴욕 타임스》 기사에서는 "어떤 여성이든 라이크라(스판덱스의 상표명)로 허벅지를 감싸지 않고선 밖에 나갈 수 없을 거예요. 내 셀룰라이트도 보고 싶지 않은데 남의 셀룰라이트를 보고 싶겠어요?"라는 어느 성공한 변호사의 말을 인용했다. 자신의 신체에 대한 혐오가 극에 달해 다른 여성에게로 향하는 것은 그다지 놀라운 일이 아니다.

오늘날 가브리엘은 여전히 그 권력을 유지하기 위해 열심히 운동하지만 동시에 이를 부끄럽게 생각한다. 그녀는 자신의 외모에 대해 걱정하는 것을 '속물적'이라고 부르는 것을 알지만 그녀가 아름다워야 사람들이 자신을 다르게 대한다는 것도 안다. 그녀는 자신의 투쟁을 이중적이라고 묘사했다. "저는 아름다움의 진실에 눈을 뜨고 싶어요. 그러나 제 자아가 그걸 가로막죠. 아름다움에 집착해선 안 된다는 걸 알아요. 하지만 집착하죠. 신경 쓰고 싶지 않지만 그냥 내버려 둘 수도 없어요." 가브리엘은 자신의 몸을 가리키고 머리를 쓸어 올린 후 말했다. "전 나이가 들면 이 모든 걸 잃게 되리란 걸 알아요. 하지만 가능한 한 오래 간직하고 싶어요." 그녀가 이런 내적 갈등에 대해 이야기할 때 가브리엘의 아버지와 어머니의 목소리가 모두 들리는 듯했다. "예뻐 보이면 기분이 좋아요. 그러나 외모를 중요시해선 안 돼요. 하지만 외모는 정말 중요하죠."

우리는 여성에게 아름다움이 주는 권력을 누리라고 강조하는 이야기를 각종 미디어를 통해서도 쉽게 만날 수 있다. 아름다움은 다른 사람을 움직일 수 있는 일종의 권력을 부여해준다. 그러나 이 권력의 성격이 무엇인지에 대해서는 정직해지는 것이 좋겠다.

우선 이 권력은 타고나지 않으면 획득하기가 거의 불가능하다. 우리 할아버지는 이런 말씀을 자주 했다. "네 젊음이나 미모를 너무 자랑하지 마라. 그건 네가 노력해서 얻은 게 아니고 아무리 노력해도 간직할 수 없는 거란다."였다. 우리는 아름다움이 민주적이지 않다는 사실을 자주 잊는다. 그런 이유로 아름다움이 여성에게 주는 권력은 언제나 불평등을 내재하고 있다.

무엇보다도 아름다움이 주는 권력은 불안정한 토대에 서 있다. 이 권력은 다른 사람들이 인지해주어야만 존재할 수 있다. 이를 좌지우지하는 누군가가 항상 존재하기 때문에 오로지 당신만의 권력도 아니다. 심지어 놀라울 정도로 엄격한 소멸 기한이 주어진 권력이다. 젊음과 아름다움의 상관관계는 거의 불변의 법칙이기 때문이다. 이 권력은 여성이 세상에 발을 내딛으면서 사라지기 시작하는 괴기한 성격의 권력이다. 또한 여성이 '나이를 드러내기' 두려워하도록 만드는 왜곡된 권력이다. 반면 남성은 나이가 들면서 좀 더 '중후하게' 보이는 특권을 누리게 된다. 여성은 나이 듦과 더불어 더욱 강해져야 한다. 가치 있는 기술과 경험, 지혜를 통해서 말이다. 권력을 미모와 엮게 되면 젊음과 함께 점차 사그라지는 위험을 감수할 수밖에 없다.

가브리엘은 아름다움이 주는 불로소득에 관해 자주 생각한다. 그녀는 사람들의 눈길을 끄는 권력 없이 어떻게 미래와 협상할 수 있을지를 궁금해한다. 나이가 들면 그녀에게는 어떤 힘이 남아 있게 될까. 그때 그녀는 자신의 딸에게 여성의 늙은 몸은 부끄러운 것이 아니라고 가르칠 수 있을까.

"가끔 성형수술 광고 속 여성들을 봐요. 성형수술을 엄청나게 많이 했고 가슴도 너무 크죠. 저는 처음에는 '누가 이들을 알아볼까? 왜 스스로에게 이런 짓을 한 거지? 이런 수술을 안 했으면 아마 훨씬 나아 보였을 거야.'라고 생각해요. 그런데 내 안의 또 다른 나는 그녀와 똑같이 하고 싶어 하죠. 여기저기에 피부 시술을 좀 받는다고 생각하면 막 신이 나는 거예요. 그래서 마음을 굳게 먹으려고 노력해요. 그러나 쉽지는 않죠."

가브리엘의 아버지가 아름다움에 대해 주었던 가르침을 생각해보면 그녀에게는 분명 어려운 일이 될 것이다. 그녀는 꽤 두터운 화장을 하지 않고는 집 밖으로 나가는 일이 거의 없다. 한때는 집에 있을 때조차 항상 화장을 했다. 그녀는 최근 1, 2년 사이에 '용감'해졌다고 한다. 기초화장을 하지 않고도 볼일을 보러 나가게 된 것이다. 그러나 여전히 화장에 많은 돈과 시간을 쓰고 있다. 놀러 나가기라도 하는 날엔 30분 이상 화장을 한다. 나는 가브리엘에게 그 시간에 다른 일을 한다면 무엇을 하고 싶은지 생각해보라고 했다. 가브리엘은 석사 학위를 취득하기 위해 저녁 시간엔 학교에 다니고, 10대 초반의 딸도 돌봐야 하기 때문에 꽤 바쁠 거라고 했다. 그리고 그녀의 어머니가 했던 말을 들려주었다.

"엄마는 '모든 걸 할 시간은 없단다.'라고 말씀하셨어요. 겉모습에 신경 쓰다 보면 내면의 발전에 신경 쓸 수 없다고 하셨어요. 중요하지 않은 것에 너무 많은 시간을 보낼 수 있다고요." 가브리엘은 어머니의 말을 골똘히 생각하며 먼 곳을 응시했다. 이제야 그 말에 담긴 진실을 발견한 것 같았다. "여성이 외모에 신경을 덜 쓰게 된다면 그 시간과 정신적인 에너지를 다른 일에 쏟을 수 있을 거예요, 그렇죠? 직장에서의 지위나 동등한 임금, 아니면 더 나은 교육 같은 것에요."

가브리엘은 열한 살짜리 딸에게는 아름다움에 관한 메시지를 주지 않으려 노력한다. 딸은 요새《코스모걸》과 같은 잡지를 읽는다. 여성과 아름다움에 관한 가브리엘의 시각을 형성해준 잡지다. 딸은 아직은 거기 나오는 여성을 '역겹다'고 생각한다. 자신의 어머니와는 달리 가브리엘은 딸에게서 '소녀다운' 것들을 인위적으로 막지 않는다. 그리고 아버지처럼 강요하지도 않는다. 가브리엘은 딸이 '원하는 것은 무엇이든 되길' 원한다.

가브리엘 스스로가 아직 외모 강박에서 벗어나지 못했는데 어떻게 딸을 외모 강박에서 지킬 수 있을까. 가브리엘은 딸을 보호하기 위해 부모가 어떤 일을 할 수 있는지 궁금해했다. "소녀들은 아주 어렸을 때부터 예뻐야 한다는 이야기를 들어요. 우리 엄마는 그러지 않았지만 사회가 그랬죠. 그리고 그것만으로도 충분했어요."

외모 강박은 여남평등을 가로막는 장벽

컴퓨터 프로그래머인 친구가 최근 관련 행사에 참석했다고 한다. 행사에서는 여러 공급사들이 전시 부스를 세우고 사람들의 관심을 끌기 위해 다양한 전략을 썼다. 추첨권, 술, 음식 같은 거였다. 이 행사는 시카고에서 열렸다. 블랙호크스 아이스하키팀이 인기가 있는 곳이다. 친구의 회사는 사람들의 관심을 끌기 위해 블랙호크스의 '아이스 요원'을 부스에 초청했다고 한다. 나는 아이스 요원이 아이스링크의 얼음을 고르는 일을 하는 사람인 줄 알고 멋진 아이디어라고 생각했다. 그러나 아이스 요원이란 댈러스 카우보이스 미식축구팀 치어리더의 아이스하키 버전이었다. 이들은 딱 달라붙는 유니폼을 입고 스케이트를 타고 다니며 관중의 흥을 돋우는 역할을 했다. 나는 이 이야기를 듣고 할 말을 잃었다. 친구의 회사에서 함께 일하는 여성들은 어떻게 느꼈을까.

이 에피소드는 우연한 일이 아니다. 마이크로소프트와 엑스박스는 최근 콘퍼런스 뒤풀이 행사를 주최하면서 하얀색 브래지어와 짧은 주름치마 차림의 댄서들을 고용해서 논란을 일으키기도 했다.

소프트웨어 엔지니어의 90퍼센트는 남성이다. 좋은 소프트웨어 기업의 대부분은 이런 성비의 불균형을 타파하기 위해 노력하고 있다고 한다. 그리고 여러 훌륭한 비영리 단체들은 최근 소녀들이 코딩에 더 많은 관심을 갖도록 격려하기 위해 다양한 활동을 하고 있다. 그런데 여학생들이 진입해야 할 세계가 바로 이런 곳이라니. 전문적인 행사에서 장식용으로 여성을 고용하는 회사에서 남성 동료가 여성 동료를 진지하게 받아들일 수 있을까.

오늘날 젊은 여성은 무엇이든 할 수 있다고 믿으며 자란다. 대학을 졸업한 여성의 수가 남성의 수를 추월한 지 30년이 넘었다. 이제 젊은 여성은 학교와 직장에서 당당하게 커리어를 쌓아가고 있다. 그러나 그들은 여전히 예뻐야 한다는 강박에 시달리고 있다. 그중 대다수는 자신의 외모가 지속적으로 시험에 들고 있다고 느끼면서 불안해하거나 우울해한다.

여성은 외모를 걱정하느라 꿈에서 멀어지고 리더의 역할마저 놓치고 있다. 이 세계는 젊은 여성을 필요로 한다. 강하고 건강한 미래로 우리를 이끌어줄 이들이 필요하다. 아름다움을 향한 절박함은 여성의 정신적·신체적 건강만을 위협하는 것이 아니다. 그러니 외모 강박의 본질을 자세히 살펴 함께 타파해나갈 방법을 찾아야 한다.

대상

으로서의

나

나는 심리학 대학원에 들어갔을 때 교수가 되려는 목표는 없었다. 임상학자가 되어 병원에서 일하거나 개인 클리닉을 내게 되리라 생각했다. 섭식 장애를 앓거나 이와 관련된 트라우마를 지닌 여성 환자 치료에 초점을 맞추고 싶었다. 대학 부설 치료실에서 환자들을 만나며 치료사로서 트레이닝을 시작했을 때 내 나이 겨우 스물세 살이었다. 젊은 나이였기에 당연히 치료사로서 인간으로서의 지혜가 부족했다. 그러나 젊은 여성 환자들을 이해하기 위해 최선을 다했다.

내가 처음 만난 환자는 자신이 부족하다는 생각에서 벗어나지 못하던 대학생이었다. 그녀는 나에게 치료를 받으러 오는 것조차 때론 어렵다고 말했다. 붐비는 캠퍼스를 가로지를 때마다 사람들이 그녀를 보고 있다고 느꼈기 때문이었다. 이 이야기를 내 지도 교수에게 하자 그는 이를 피해망상의 증상으로 보아도 무관하다고 나에게 조언했다. "아마도 그 여학생은 점점 더 정신병적인 행동을 보일걸?"

교수가 말했다. 그러나 교수는 진짜로 사람들이 그녀를 바라볼 수도 있다는 생각은 전혀 하지 않았다. 그저 내 환자의 경험을 일종의 이상행동으로 파악했다.

돌이켜 생각해보면, 다른 사람들이 자신을 쳐다본다는 젊은 여성의 느낌과 이에 대한 내 지도 교수의 반응은 더 큰 이슈를 상징하는 것처럼 보인다. 실제로 사람들이 자신을 쳐다본다는 느낌 때문에 고통받는 여성이 많다. 이는 의지로 무시해버릴 수 있는 것이 아니기 때문에 문제가 된다. 이것이 외모 강박의 핵심이라 할 수 있다. 물론 신경전달물질이나 호르몬의 이상, 불완전한 애착 유형, 문제적 사고 방식 등에서 원인을 찾을 수도 있다. 그러나 외모 강박이 있는 여성에게는 외모 강박을 가져온 외부의 힘이 있다. 그녀의 통제 범위를 크게 벗어난 문화적 요소들이 그녀를 압박하고 재촉한 것이 분명하다. 즉 여성이 너무나 자주 시선의 대상이 된다고 느끼게 하는 문화적 요소들 말이다.

결국 나는 강의와 연구에 관심을 갖게 되면서 치료실을 떠났다. 그러나 가끔 내 첫 환자를 떠올린다. 나는 그녀가 지금은 어떻게 느끼고 있을지 궁금하다. 그녀는 여전히 사람들의 시선을 느끼고 있을까? 아마도 그녀는 똑같이 느끼고 있을 것이다. 전 세계의 여성이 그런 것처럼.

우리를 옥죄는 거울로부터 자유로워지고 싶다면 소녀와 여성에게 무슨 일이 벌어지고 있는지 넓은 시야로 바라볼 필요가 있다. 알테미스의 다이어트에 대한 집착과 가브리엘의 노화에 대한 두려움이 누구의 책임인지 알고 싶다면 또는 왜 우리가 우리 몸에 만족하지 못하는지 알고 싶다면, 우선 우리 문화를 들여다봐야 한다. 도달할 수 없는 이상적인 미를 조장하는 '미디어'를 비난하기는 쉽다. 그러나 해결은 그리 단순하지 않다. 더 큰 문화적인 이야기를 탐구하기 전에 에린Erin*의 이야기를 먼저 하려 한다.

에린은 뉴욕에 사는 스물여섯 살의 백인 여성이다. 그녀는 낮에는 예술을 공부하는 학생이고 저녁에는 어느 붐비는 식당에서 일한다. 나는 에린의 근무가 시작되기 전 조용한 시간대에 그 식당으로 찾아갔다. 에린의 첫인상은 누가 봐도 예술가였다. 에린은 시각적인 요소를 자유롭게 다루고 여성성과 남성성을 전혀 예상치 못한 방식으로 혼합했다. 하루는 핫핑크 색의 모히칸 머리에 요가 팬츠를 걸치고 나타났고, 다른 날에는 밝은 무늬의 두건과 캣아이 스타일의 안경에 폴카도트 원피스를 입고 나타나기도 했다. 에린은 아름다움이란 개념을 사랑한다. 그녀는 예술가니까. 그러나 그녀는 세상이 그녀를 외모에 따라 규정짓는 것에 분노한다.

내가 에린을 좋아하는 이유는 매우 많다. 그녀는 놀라운 사람이다. 말투는 부드럽지만 뱃사람처럼 욕도 한다. 에린은 날카로운 눈으로 부당함을 찾아내고 차별을 받는 사람들을 위해 싸웠다. 에린과 대화를 나누다 보면 보살핌을 받는다는 느낌이 들었다. 마치 어머니 같은 전사가 든든히 지켜주는 느낌이었다.

에린은 자신의 일란성 쌍둥이인 메러디스Meredith*에 대해 이야기하기 시작했다. 일란성 쌍둥이는 매혹적이다. 그들에게 눈길을 주지 않기란 정말 힘들다. 이런 사실은 에린 자매의 외모가 두 배 정도 관심을 더 받게 된다는 의미였다. 사람들은 에린과 그녀의 여동생을 만나면 '예쁜 쌍둥이'라는 말을 가장 먼저 한다. 언뜻 이 말은 기분 좋게 들린다. 혹자는 에린이 스스로 예쁘다고 느끼며 자신감 있게 자랐을 것이라고 예상할지도 모른다. 그러나 사실은 그렇지 않았다.

일란성 쌍둥이는 거울과 같이 행동할 가능성을 지녔다. 나는 에린의 어린 시절이 궁금했다. "에린은 메러디스가 예쁘다고 생각했나요?" 나는 물었다. 에린은 순간적으로 얼굴을 찡그렸다.

"네, 물론이죠. 메러디스는 정말 예뻐요." 그녀는 마치 다른 대답은 상상할 수도 없다는 듯 말했다.

나는 질문을 계속 이어갔다. "그렇다면 당신도 스스로가 예쁘다고 생각했다는 뜻인가요?"

에린의 대답은 나를 놀라게 했다. "저는 메러디스가 더 예쁘다고 생각했어요. 메러디스는 언제나 저보다 말랐거든요." 에린은 마치 메러디스를 배신이라도 한 것처럼 부끄러워했다. 에린은 메러디스와 자신이 남들에게는 똑같이 보였을지 몰라도 스스로는 전혀 그렇게 느끼지 않았다고 말했다. "우리 가족 사이에선 여전히 제가 큰 쌍둥이로 통해요. 이상하죠. 그런데 그래요. 좀 웃긴 일이에요. 왜냐하면 우린 일란성 쌍둥이니까요. 근데 전 언제나 메러디스가 저보다 예쁘다고 생각해왔어요."

에린은 자신의 아름다운 일란성 쌍둥이 여동생 곁에서 마치 미운 오리 새끼 같은 기분으로 어린 시절을 보냈다. 가족들은 에린을 '큰 쌍둥이'라고 불렀고 에린은 이를 '뚱뚱한 쌍둥이' 또는 '못생긴 쌍둥이'란 의미로 받아들였다.

에린은 여덟 살이 되던 무렵 외모에 대해 걱정하기 시작했다. 메러

외모 강박

디스가 자신보다 말랐기 때문에 더 예쁜 거라는 생각이 들면서부터였다. 그러나 이 쌍둥이들은 또 다른 문제에 직면했다. 아주 어린 나이에 제2차 성징을 맞게 된 것이다. 여덟 살이 되던 해부터 가슴이 발달하기 시작했고 부모님은 브래지어를 입으라고 했다. 에린이 중학생이 되기도 전에 그녀의 외모는 인생을 눈에 띄게 바꿔놓았고 그 방식은 대개 즐겁지 않았다.

에린과 메러디스는 남자들로부터 '이상한' 눈빛을 받기 시작했다. 이들은 그런 식의 성적인 관심을 받고 싶지 않았기 때문에 소년 같은 옷으로 몸이 겪고 있는 제2차 성징을 감추려 했다. 아버지의 축구복이나 늘어진 티셔츠를 입기도 했다. 그러자 이 둘은 바깥에서 남자아이로 오인받기 시작했다. 에린과 그녀의 쌍둥이 여동생은 그저 먼지를 뒤집어쓰고 축구와 미식축구를 하고 싶었다. 그러나 몸의 성장은 모든 활동을 복잡하게 만들었다. 그러다 어느 날 에린은 바깥에서 친구들과 놀다가 자신의 몸에 관해 분명하게 인식하게 됐다. "왜냐하면 아팠거든요. 뛰다 보면 가슴 부위가 아픈 거예요." 그녀가 설명했다. 그러나 에린에게 영향을 미친 것은 단순히 가슴 발달에 따라 느껴지는 신체적 아픔이 아니었다. 그 외에 더욱 충격적인 무언가가 있었다.

"남자애들이 우리 몸을 만져보려고 특정한 방법으로 우리를 덮쳤어요." 그녀가 말했다.

"일부러요?" 내가 물었다. 충격적이었다.

"네." 에린은 그 당시 기억을 떠올리며 화가 치미는 듯했다. "일부러였어요. 저는 경기를 하는 동안 제 몸이 어떻게 움직이는지에만 신경 써야 했어요. 머릿속으로 계속 의식하다 보면 제대로 놀기 어렵죠. 이를테면 '이런, 내가 허리를 굽힐 때 가슴이 보인 거 아냐?'라는 식이에요. 그리고 그때 저는 겨우 아홉 살이었어요. 너무 이상했죠."

에린은 아홉 살에 이미 몸 때문에 수치심을 느껴야 했다. 에린은 자신의 몸을 감추지 않으면 다른 사람들이 자신을 성적으로 바라볼 것이며 그들의 반응에 자신은 아무것도 할 수 없다는 인식이 갈수록 강해졌다.

에린이 싸우던 대상은 전혀 새로운 것이 아니다. 예술과 영화 속 여성에 대해 썼던 1970년대 기사를 보면, 영국의 영화이론가 로라 멀베이Laura Mulvey는 여성의 본질이 "시선의 대상To-Be-Looked-At-Ness"으로 묘사된다고 주장했다.[11] 에린은 동네 길거리를 다니거나 학교에 있거나 쌍둥이 여동생과 함께 있을 때면 자신이 '전시 중'인 듯한 느낌을 받았다. 그러나 앞서 이야기한 환자와 마찬가지로 에린은 시선을 받고 싶지 않았다. 자신이 시선의 대상이 된다는 느낌은 에린의 삶의 방식을 제한하기 시작했다.

시 선 의   대 상

1997년 미시간대학교 교수였던 바버라 프레드릭슨Barbara Fredrickson과 콜로라도대학 교수였던 토미앤 로버츠Tomi-Ann Roberts는 우리 문화가 소녀와 여성의 외모에 초점을 맞춤으로써 이들을 병들게 한다는 '대상화 이론Objectification Theory'을 발표했다.[12] 이 이론은 외모 강박에 관한 내 연구의 뼈대이기도 하다.

대상화는 당신이 생각과 느낌, 목표와 욕망을 지닌 진짜 사람으로 취급받지 못하는 것을 말한다. 대신, 당신은 그저 몸 또는 신체 부위의 총합으로 취급받는다. 심하게는 당신의 몸은 그저 다른 사람들을 행복하게 하는 무언가로 취급받는다.

누군가 당신을 사물로 취급하는 경우 또는 당신이 외모로 누군가를 즐겁게 해줄 때만 쓸모 있는 사람으로 여겨질 경우 당신은 주체성을 잃는다. 주체성을 당신의 내면적 현실이라 생각해보자. 자의식이라 생각해보자. 그것이 지금 위기에 처한 것이다.

대부분의 여성은 대상화를 피할 수 없다. 대상화는 관례가 됐고 은밀히 퍼져나갔다. 당신의 다리 모양에 초점이 맞춰지면 누구도 당신의 지성이나 야망에 관심을 갖지 않게 된다. 당신의 몸무게를 세계가 주목하면 아무도 당신이 어떤 사람이 되고 싶은지, 어떤 일을 하고 싶은지 관심을 갖지 않게 된다.

대상화는 왜 이상적인 미가 여성에게 그토록 큰 영향을 미치는지 설명해준다. 그리고 왜 다른 환경에 살고 있는 알테미스와 에린, 그리고 가브리엘이 모두 비슷한 방식으로 고통받는지 설명해준다. 이를 이끈 동인이 바로 '시선의 대상', 즉 대상화다. 대부분의 여성은 몸으로 취급받는 경험을 피할 수 없다. 이는 모든 여성이 알고 있는 공통의 사회적 경험이다. 서로 다른 인간이고, 다른 배경을 지녔다는 것과는 상관없이, 우리는 모두 같은 기준으로 대상화된다.

길 거 리 성 희 롱

수업 중에 대상화를 설명하기 위해 '곁눈질Leering'이라는 단어를 쓴 적이 있다. 그러자 한 학생이 고개를 끄덕이며 "맞아요, 꼭 엘리베이터처럼 오르내리는 시선이죠."라고 말했다. 그녀는 킥킥대는 학생들 앞에서 곁눈질을 시연해 보였다. 몸의 '꼭대기 층'에서 천천히 아래를 향해 훑다가 다시 고개를 들어 가슴 부위에 시선을 고정하는 것이다. 교실 안에 있던 여학생들은 모두 이에 동의했다. 이들은 모두 이런 시선을 알고 있었다.

학자들은 이런 종류의 시선을 '남성적 시선Male Gaze'이라고 부른다. 왜 '남성적'이라고 칭하는지 묻는 것은 당연한 일이다. 물론 여성도 때론 이런 방식으로 남성을(또는 다른 여성을) 바라본다. 그런데도 수년에 걸친 연구를 통해 우리는 여성보다도 남성이 이런 시선을 더 많이 던지고 여성이 그 대상이 될 가능성이 훨씬 높다는 사실을 알게 됐다. 이런 시각적 사찰은 논평까지 곁들여지면 훨씬 더 파괴적으로 느껴진다. 여기에는 상대적으로 악의가 덜한 "예쁜데!"라는 말부터 노골적인 성적 언어까지 포함된다.

뉴욕 토박이 에린은 어린 시절을 보냈던 베드포드-스타이브슨트 근처에서 지금도 살고 있다. 에린은 열두 살이 되던 해 메러디스와 가게에 가던 길에 처음으로 캣콜Catcall(성적 의미를 담은 휘파람 - 옮긴이)을 듣고는 공포에 질렸다. 낯선 이가 차를 타고 지나가다 창문을 내리고 소리를 질렀다. 에린은 그 남성이 했던 말은 기억나지 않지만 그녀가 느낀 공포와 혼란은 기억한다.

처음으로 캣콜을 당한 이후 에린은 길거리에서 남성들이 그녀에 대해 뭐라고 평하는지에 더욱 민감해졌다. 상황을 악화시킨 것은 에린과 메러디스가 매우 빨리 성장했다는 것이다. 그 결과 이 둘은 딱 달라붙는 옷을 입을 때가 있었고 그럴 때면 더 많은 관심을 끌었다. 에린은 다 늘어난 잠옷을 입고 있더라도 소녀 둘이 풀턴 거리를 걷는다면 캣콜을 듣는 것은 흔한 일이라고 덧붙였다. 젊은 여성이란 점만으로도 충분했으며 특별한 의상도 필요 없었다.

이런 '길거리 성희롱'은 사람들 사이에서 일어나는 대상화의 주요 형태다. 다양한 형태의 대상화 가운데 길거리 성희롱은 탐구해볼 가치가 있다. 왜냐하면 여성이 일상에서 경험하는 무수한 대상화의 축소판이기 때문이다.

길거리 성희롱은 최근 몇 년간 많은 관심을 받았다. 2014년 뉴욕 거리를 걷는 한 여성을 찍은 바이럴 비디오가 큰 역할을 했다. 그 여성은 배우 쇼샤나 로버츠Shoshana Roberts였다. 로버츠는 길거리에서 충격적인 수준의 캣콜과 성희롱을 경험했다. 이 비디오는 길거리 성희롱에 반대하는 단체인 홀라백!Hollaback!이 기획한 것이다. 이를 계기로 이 문제에 전국적인 논의가 시작됐다.

코넬대학교와 홀라백!이 500여 명에 이르는 미국 여성을 대상으로 실시한 공동 설문조사에서 85퍼센트의 여성이 15세가 되기 전에 길거리 성희롱을 처음 경험하는 것으로 나타났다. 그 결과는 전 세계 21개국의 여성을 대상으로 이뤄진 후속 연구 결과와 유사했다. 《허핑턴 포스트Huffington Post》의 앨래나 바지아노스Alanna Vagianos 기자는 최근 성희롱을 처음으로 경험한 당시의 이야기를 제보해달라고 했고

#FirstTmeIWasCatcalled 수백 명의 여성이 낯선 이들에 의해 성적 대상으로 취급받았던 분노의 경험을 나누었다.

이 길거리 성희롱에 관한 바이럴 비디오를 두고 가장 흥미로운 반응은 대부분의 캣콜이 친절함에서 비롯된 것이라는 주장이었다. 캣콜이 성희롱이나 위협이 아닌 칭찬이라는 것이다! 그리고 여성들은 관심을 기울여주는 것에 감사해야 한다는 것이다. 폭스Fox방송국의 뉴스 프로그램인 〈아웃넘버드Outnumbered〉에서는 네 명의 여성 진행자가 길거리 성희롱을 옹호하기 시작하자 초대 패널이자 유명한 범죄 전문 변호사인 아서 아댈라Arthur Aidala는 자신이 길거리 성희롱에 쓰는 '전용 몸짓'까지 자랑스럽게 시연해 보였다. 아댈라는 길거리에서 마주친 매력적인 여성에게 보내는 음흉한 시선을 재연하며 자리에서 일어나 천천히 박수를 쳤다.

아댈라는 분명 자신의 행동이 왜 문제인지 모르고 있었다. 기껏해야 달콤한 칭찬일 뿐이고 아무런 해가 없다고 보았을 것이다. 당시 〈더 데일리 쇼The Daily Show〉의 기자였던 제시카 윌리엄스Jessica Williams는 아댈라의 주장을 보기 좋게 일축했다. "출근길은 공연이 아니에요. 그러니까 우린 칭찬을 받으려는 게 아니라는 거죠."라고 말했다.

윌리엄스는 '공연'이라는 말을 사용함으로써 논지를 명확히 했다. 대상화가 관례가 되어버리면 소녀와 여성은 남들 앞에서 무엇을 하든지 마치 공연처럼 느끼게 된다. 여성은 호감을 살 만큼 매력적이되, 위험한 관심이나 원치 않는 관심을 받을 정도로 매력적이지는 않은, 위태로운 경계를 찾으려 투쟁한다.

에린은 20대에 접어들면서 그 경계선을 두고 분투해야 했다. 에린과 부모님 사이에선 옷에 관한 수많은 대화가 오갔고 에린은 늘 혼란스러웠다. 부모님은 에린에게 치마가 너무 짧다거나 상의가 너무 붙는다고 말했다. 에린은 당시에는 부모님의 말을 제대로 이해하지 못했다고 한다. 무엇 때문에 너무 붙는다고 하는 거지? 짧으면 어떻다는 거야?

한번은 친구가 에린이 정말 좋아하는 스트레치 셔츠를 선물한 적이 있다. 에린이 그 셔츠를 입고 계단을 내려오자 그녀의 어머니는 경악했다. 에린은 설명했다. "우리 엄마는 정말 화를 내셨어요. 술집 여자 같다는 둥 뭐 그런 말씀을 하셨죠. 그날 엄마는 학교에 오셨어요. 교실 밖으로 저를 불러내서 제 몸을 모욕한 걸 사과하셨어요."

"어머니는 어떻게 설명하셨나요?" 나는 부모가 10대 초반의 자녀에게 그 복잡한 상황을 어떻게 설명했을지 궁금했다.

"엄마는 제가 문제는 아니라고 말씀하셨어요. 제가 그 셔츠를 입고 밖으로 나가 위험에 노출되는 게 문제라고 하셨어요. 엄마는 '고작 열두 살인 너에게 이런 위험에 관해 이야기하고 싶지는 않단다. 그냥 너는 소녀로 남아 있기를 바라지. 하지만 이런 옷을 입으면 사람들은 널 성인 여성으로 대하기 시작할 거야. 그리고 그것이 항상 좋을 수는 없어.'라고 말씀하셨어요."

"여성이 된다는 건 위험한 일이란 말이 머릿속을 떠나지 않았겠군요."

"맞아요. 바로 그거예요." 에린은 동의했다.

에린이 깨달은 교훈에 대해 잠시 생각해보자. 에린은 여성처럼 보이는 것, 그리고 여성이 된다는 것은 안전에 관한 문제임을 배웠다.

에린은 옷차림에 따라 자신이 위험에 처할 수도 있으니 주의해야 한다는 것을 배웠다. 그녀는 다른 사람들에게 자신이 어떻게 보일지에 더 많은 시간을 보내야 한다는 사실을 배운 것이다. 모든 부모가 딸에게 전할 수밖에 없는 끔찍한 교훈이다. 에린은 그저 예뻐지고 싶었다. 그러나 지나치게 예뻐지면 섹시함이 되고 섹시함은 안전하지 않은 것이었다.

부모님의 대처 방식을 어떻게 생각하느냐고 묻자 에린은 부모님이 겪어야 했던 모든 것에 연민을 느낀다고 대답했다. 당시에는 부모를 위한 자료가 많지 않았다. 소녀의 성애화Sexualization에 관한 미국 심리 학회의 대표적인 보고서는 그로부터 10년후에야 발간됐다. 가장 사려 깊고 조심스러운 부모조차 더 큰 세계를 향해 눈을 가리고 나아갈 수밖에 없었다.

몸이 성숙해지는 것은 나쁜 일이 아니지만 때론 그 몸을 감춰야 안전하다는 것을 딸에게 어떻게 가르칠 수 있을까. 생식을 위해 성숙해진 몸이 자신을 위험하게 만들 수도 있고 동시에 성인 남성을 유인할 수도 있다는 것을 어떻게 이해시킬 수 있을까. 그리고 어떻게 딸에게 성에 대한 긍정적이고 건강한 태도를 가르칠 수 있을까. 이는 모두 미지의 영역이다.

멕시코계 미국인인 열아홉 살의 소피아Sofia *는 내 인터뷰 요청을 받아들여 여름방학 동안 일리노이주로 오기로 했다. 처음 내 사무실을 찾은 소피아는 낯을 가리는 듯했다. 의자에 앉아 끊임없이 자세를 바꿨고 반바지의 끝동을 계속 잡아 내렸다. 그러나 캣콜에 관한 이야기를 꺼내면서 목소리는 점차 커졌다. 소피아는 몸을 꼿꼿이 세웠고 눈빛은 점자 강해졌다. 소피아는 길거리 성희롱에 대해 하고 싶은 말이 많았다.

"왜냐하면 제가 할 수 있는 일이 아무것도 없기 때문이에요. 제가 할 수 있는 일이 있나요?" 소피아가 입을 열었다.

소피아는 마치 저 멀리 우주를 향해 질문을 던지는 듯했다. 그런데도 나는 다음 질문을 던졌다. "당신은 어떻게 생각하나요?"

소피아는 이미 마음속에 답을 가지고 있는 듯했다. 그녀는 "아시다시피 언제나 벌어질 일이에요."라고 말했다.

"언제나라고요?"

"불행하게도 제 생각에는 그래요." 소피아는 최후통첩하듯 말했다.

소피아는 주로 캣콜을 무시하는 전략을 쓰곤 했지만 한번은 적극적으로 대꾸한 적이 있다고 했다. 동부의 어느 대학교 학생인 소피아는 남자 친구와 함께 파티에 가는 중이었다. 하이힐을 신고 노출이 많은 드레스를 입은 그녀는 분명 섹시해 보였다. 그녀가 한 무리의 공사장 인부 사이를 걸어가고 있는데 그중 한 명이 소리쳤다. "저 큰 엉덩이 좀 봐!"

소피아는 자신의 몸에 자신감을 가지고 있었다. 그러나 그 공사장 인부는 하필이면 소피아의 약점을 건드렸다. 소피아는 엉덩이 사이즈를 늘 걱정했기 때문에 칭찬으로 한 말이라도 전혀 칭찬으로 들리지 않았다. 새 드레스를 입은 즐거움은 분노에 뒤덮여버렸고 그녀는 자신감 대신 자의식의 과잉을 느끼기 시작했다. 인부는 지붕 위에서 일하고 있었기 때문에 소피아는 대꾸해도 안전하겠다고 생각했다. 그래서 "저리 꺼져!"라고 고함을 쳤다. 소피아는 욕을 하고 나니

대상으로서의 나

기분이 좋아졌다고 했다. 그러나 낯선 이가 소피아의 엉덩이를 언급하기 전까지 느꼈던 즐거운 기분을 되찾을 수는 없었다. 그리고 그날 저녁 내내 소피아는 엉덩이가 어떻게 보일지만 걱정했다. 단 한마디의 말이 그녀의 마음을 흔들어놓은 것이다.

나는 소피아가 남자 친구와 걸어가는 동안 그런 사건이 일어났다는 것에 놀랐다.

소피아는 웃으며 다시 한번 이야기했다. "맞아요. 남자 친구랑 같이 있었죠. 그리고 남자 친구는 뭘 어떻게 해야 할지 모르더라고요. 그전까지 희롱당하는 여자를 본 적이 없었나 봐요."

나도 웃으며 말했다. "뭐랄까, '환영해, 이게 내 일상이야.'였겠네요."

"맞아요. 일상이죠." 소피아는 한숨을 쉬었다.

그러나 이 이야기는 아이스크림 사건에 비하면 해피엔딩이었다. 아이스크림 사건은 매우 평범하게 시작했다. 꽤 늦은 밤, 소피아는 영화를 보다가 문득 아이스크림이 먹고 싶었다. 그리고 내적 갈등이 시작됐다. 이렇게 늦은 시간에 아이스크림을 먹어도 될까? 딱 한 개만 먹으면 괜찮겠지? 결국 소피아는 편의점으로 향했다. 그런데 가게 안에 있던 손님이 그녀를 희롱하기 시작했다. 그는 소피아에게 섹시하다고 말했다. 그리고 그녀에게 어떤 짓을 하고 싶은지 자세히 묘사했다. 소피아는 아이스크림을 집어 들고 카운터 쪽으로 향했지만 그 남성은 소피아를 따라와 그녀 뒤에 바짝 다가섰다. 그녀는 자리를 뜨고 싶었지만 계산을 해야 했다. 그리고 이미 아이스크림을 먹을지 말지 고민하느라 많은 시간을 써버렸기 때문에 망치고 싶지 않았다.

그래서 그녀는 평소처럼 그 남성이 존재하지 않는 척했다. 그 남성에게 반응을 보임으로써 만족감을 선사하고 싶지 않았다.

소피아는 그 아이스크림의 가격이 2달러 33센트였다는 것을 지금도 기억하고 있었다. 편의점 직원은 무슨 일이 벌어지고 있는지 보았고 소피아를 재빨리 가게 밖으로 내보내기 위해 최선을 다했다. 직원은 소피아에게 2달러만 받고는 나머지 33센트는 걱정하지 말라고 했다. 소피아는 가게에서 나왔고 남성은 쫓아오지 않았다. 그렇게 무사히 집으로 돌아와 아이스크림을 먹었다. 그러나 소피아는 그 아이스크림을 먹은 것에 죄책감을 느꼈다. 편의점 안에서 벌어진 일이 마치 그녀의 식탐에 대한 벌처럼 느껴졌기 때문이었다. "씁쓸한 아이스크림이었어요." 소피아가 회상했다.

소피아는 이 이야기를 들려주면서도 당시 자신이 어떻게 대응해야 했는지 잘 모르는 듯했다. 또한 그 직원이 소피아에게 호의를 베푼 것인지, 아니면 좀 더 일찍 단호하게 개입하지 않은 데 죄책감을 느낀 것인지도 알지 못했다.

길거리 성희롱과 캣콜은 여성의 몸이 전시 상태임을 끊임없이 알리는 역할을 한다. "정밀 조사예요." 에린이 그 기분을 설명했다. "끊임없는 정밀 조사죠. 집에서 나온 이상 지속적으로 정밀 조사를 받는 상태인 거예요. 많은 여성이 그런 상태에 있고 그저 순응할 뿐이죠. 물론 저처럼 분노를 표출할 수도 있어요. 아니면 아예 신경을 안 쓰려고 노력할 수도 있고요." 어느 쪽이든 이 정밀 조사를 다루는 방법으로는 적절해 보이지 않는다.

스물두 살의 에린은 길거리 성희롱을 끝내기 위해 급진적인 방법을 택했다. 에린은 스스로 운명을 책임진다는 느낌을 되찾기 위해 과감한 방식이 필요했다고 한다. 그 방법은 머리를 모두 밀어버리는 것이었다. 완전한 민머리였다. 그리고 잔혹했던 어린 시절처럼 매일 큰 사이즈의 티셔츠를 입기 시작했다. 또한 모든 화장품을 버리면서 일종의 의식을 행했다. 나는 이 부분에 매혹됐다.

"모든 화장품을 내다 버렸다고요?" 나는 전혀 믿기지 않았다.

"네, 모두 버렸어요. 버리기 전에 화장품마다 편지를 쓰고 나서 버렸어요." 에린은 한마디도 소홀할 수 없다는 듯 강조하며 말했다.

"화장품에 편지를 썼다고요?" 나는 에린이 그 시절의 상징들에 경의를 표한 것이 귀여워서 미소를 지었다.

에린은 그림을 그리듯 자세히 이야기했다. "네, 그러니까 이렇게 썼어요. '아이섀도야, 넌 너무 나빠. 내 눈을 따갑게 만들고 눈물이 나게 했지만 그래도 널 써야 했어. 하지만 이젠 좀 떠나줘야겠어. 안녕, 아이섀도.' 그리고 하룻밤 탁자 위에 놓아두었다가 아침에 모두 내다 버렸어요."

그렇게 에린은 민머리와 민낯이 됐다. 그리고 그녀는 한동안 거울을 멀리했다. 이런 선택은 에린의 인생을 기대하지 못한 방식으로 바꿔놓았다. 길거리 성희롱의 횟수가 확연히 줄어든 것이다. 남성들은 더 이상 그녀를 성적 대상으로 보지 않았다. 에린에게 민머리는 의도적이고도 강력한 도발이 됐다.

"정말 특이하게도 길거리에서 성희롱을 당하는 일이 전혀 없었어요. 머리를 말끔히 깎고 나니 남자들로부터 존중받게 됐어요. 정말 놀라웠죠. 왜냐하면 절 전혀 성적으로 바라보지 않았으니까요. 남자

외모 강박

들의 섹스 레이더에 걸리지 않았던 거예요. 저는 갑자기 인간 그 자체로 취급받게 됐어요." 에린이 설명했다.

에린은 머리카락의 길이가 5센티미터냐 8센티미터냐에 따라 길거리 성희롱을 당할지 말지가 결정된다는 사실을 알아냈다. 그걸로 충분했다. 최근 그녀는 몇몇 화장품을 다시 사들였다. 또한 머리도 기르고 있다. 나는 그렇게 결정한 이유를 물었다.

"그토록 방어적일 필요는 없겠다는 생각이 들었어요." 에린이 말했다.

"다시 머리를 기를 만한가요?" 나는 궁금했다.

에린은 잠시 생각에 잠겼다. "아직도 자신에게 그 질문을 던지고 있어요."

우리가 살고 있는 세상은 참 이상하다. 머리 길이가 세상을 활보하는 여성의 경험을 근본적으로 바꿔놓을 수도 있다니. 그러나 이는 우리가 대상화에 관해 알고 있는 모든 것과 일맥상통한다. 여성임을 더 쉽게 알아볼수록 더 쉽게 대상화된다. 당신이 대상화될수록 몸은 당신을 품은 집이 아닌 그저 구경거리로 느껴지기 시작한다.

대 상 화 는 언 제 나
문 제 인 가

이 시점에서 아마도 이런 생각이 들 것이다. "그렇다면 남성이 여성을 바라보고 가끔 그 기쁨을 표현하는 건 어떤가?" 물론 이성애자인 남성은 당연히 매력적인 여성에게 끌리게 되어 있다. 그렇다면 남성의 시선과 언어가 그런 매력을 짚어내서는 안 되는 걸까. 그리고 가끔은 누군가가 당신의 외모를 칭찬하는 것이 기분 좋게 들릴 때도 있을 것이다. 이런 느낌이 정말로 잘못된 것일까.

여기서 깊이 생각해볼 문제가 두 가지 있다. 첫 번째는 많은 여성이 적어도 특정 상황에서는 대상화라고 불리는 관심에 우쭐한 기분을 느낄 수도 있다는 것이다. 두 번째로, 대상화는 흔한 일이고, 여성의 인생에 특별한 영향을 미치지 않는다는 주장이다. 후자의 주장에는 반론이 제기되기 쉽다. 하지만 여성의 대상화에 따르는 부정적인 결과는 이미 잘 정리되어 있다. 우선 대상화는 수많은 방식으로 외모 강박을 부추긴다. 그 결과물에 대해서는 나중에 다시 설명하겠다. 지금은 좀 더 복잡한 첫 번째 문제에 대해 생각해보자.

길거리 성희롱을 당했을 때 느끼는 분노와 낯선 사람으로부터 외모 칭찬을 받았을 때 순간적으로 반짝이는 자긍심을 어떻게 조화시킬 수 있을까. 왜 누군가의 칭찬은 괜찮은 반면 다른 누군가의 칭찬은 위협적으로 또는 불편하게 느껴지는 걸까.

우리 연구실에서는 그 답을 찾기 위해 여성들에게 서로 다른 대상화 시나리오를 어떻게 느끼는지 알아보는 실험을 했다. 우리는 대상화가 이뤄지는 맥락을 다양하게 바꿨다. 한 시나리오에서는 연인이 당신의 몸을 바라보고 있다. 다른 시나리오에서는 낯선 사람이 같은 행동을 한다. 그리고 낯선 이가 당신의 몸에 대해 성적인 발언을 하는 상황을 친구과 함께 있는 경우와 혼자인 경우로 다양화했다. 당연하게도 여성은 혼자 있는 상황에서 낯선 이가 자신을 대상화하는 경우 부정적인 감정 반응을 보였다. 그러나 일부 여성들은 긍정적인 느낌을 표하기도 했다.

소피아의 경험은 이런 연구 결과와 일치한다. 자신이 예쁘다는 느낌을 받는 동시에 두려워지기도 한다는 것이다. 특히나 내용이 성행위나 신체 특정 부위에 초점을 맞추고 있으면 더욱 그렇다. 소피아는 캣콜을 받으면 스스로가 "사람이 아닌 그저 신체 부위처럼" 느껴진다고 했다. 그리고 동시에 '앗싸, 난 예쁘다!'라는 생각이 떠오르기도 했다.

작가 멜러니 라포스Melanie LaForce는 최근 출간한 책 『생각 카탈로그Thought Catalog』에 이런 복잡한 기분을 담아냈다.[13] 그녀는 "특정 부분에서 자신이 매력적이지 못하다고 생각했던 사람이라면 매력적이라는 느낌을 감사히 받아들인다. 남성이 당신을 매력적이라고 보는 느낌과 '야한 옷을 입은 고깃덩어리'라고 보는 느낌 사이에는 분명한 경계선이 있지만, 이 둘은 서로 연결되어 있다. 우리 중 일부는 이 고깃덩어리가 되는 순간을 즐기기도 한다. 그러나 누구나 즐기는 것은 아니다"라고 썼다. 어떤 여성이든 존중이나 이해를 바랄 때 또는 그저 혼자 있고 싶을 때 고깃덩어리로 취급받는 것을 원하지는 않는다.

그러나 일부 여성이 대상화를 반기는 시나리오가 존재할 수도 있다. 한 무리의 여성이 파티나 클럽에서 밤을 즐기기 위해 머리부터 발끝까지 잘 차려입었다고 생각해보자. 그런 사회적 관례에는 다른 사람들이 자신을 성적으로 바라보도록 의도적으로 외모를 치장하는 행위를 포함한다. 그러나 기억하자. 대상화는 흑백논리가 아니다. 대상화는 연속체로서 존재한다. 이 연속체 위의 한 부분에서 괜찮았다고 해서 당신이 불편하거나 두렵다고 느끼는 부분이 없어지는 것은 아니다. 우리가 때로 성적인 대상으로 비춰지기를 선택했다고 해서 이후의 비슷한 경험에서 악영향을 받지 않는 것은 아니다. 그리고 그 상황에서 우리가 우리 자신을 보호하기 위해 할 수 있는 일은 아무것도 없다.

자신의 신체적 매력을 안다는 것은 결국 자신의 매력이 언제나 다른 사람의 외모 평가에 달려 있다는 것이 된다. 이는 못생겼다는 말이 어떤 모욕보다도 여성에게 상처를 주는 이유다.

에린은 지하철 안에서 희롱을 당한 적이 있다. 한 남성이 에린에게 그녀가 얼마나 섹시한지 이야기했다. 이에 에린은 재미없다고 대꾸했다. 그리고 "제발 꺼져줄래."라고 말했다. 그러면서도 그녀는 다른 칸으로 옮기지 않았다. 그러자 그 남성은 계속 "넌 정말 못생긴 X야. 아주 토 나오게 못생겼어. 이런 못생긴 X에게 말을 걸었다니 말도 안 돼."라는 말을 했다. 정말 모순적인 상황이 아닐 수 없다. 이 남성은 그녀가 섹시하다고 느꼈기 때문에 접근했다. 그런데 거부당하자 그녀를 못생겼다고 한 것이다.

우리가 젊은 여성에게 가장 중요한 자산은 외모라고 교육한다면 당연히 남성(그리고 여성)은 여성에게 심리적으로 상처를 입히고 싶을 때 어디를 공격해야 하는지 알게 된다. 에린은 그 사실을 잘 묘사했다. "이해가 가죠? 왜냐하면 가장 문제가 되는 부분이니까요. '너는 못생겼어.' 이게 바로 여자를 난도질할 가장 손쉽고도 날카로운 칼이에요." 에린이 이 문제를 받아들인 방식은 일곱 살 리의 방식과 닮아 있다. 남성이 듣기 싫은 여성의 말을 말로 받아치는 것이 아니라 여성의 외모에 대한 비난으로 받아치는 것은 우연이 아니다. 이는 여성을 인간이 아닌 대상으로 보는 사람에게 나타나는 당연한 논리적 결과물이다.

'야한 옷을 입은 고깃덩어리' 취급

외모가 전혀 중요하지 않은 세상에서 살 수 있다는 생각은 비현실적이다. 그리고 대상화가 즐겁게 느껴지는 순간도 분명 있다. 그러나 항상 시선을 받는다는 느낌은 소녀와 여성의 심리에 영향을 미치게 마련이다. 아주 가끔은 '고깃덩어리'가 되는 기분을 즐긴다 하더라도 여기에는 대가를 치러야 한다. 다른 사람들이 당신의 외모에 관심을 기울이는 경우 그 외모를 유지해야 한다는 의무감에 묶이게 된다.

간략하게 다음의 두 단계를 따라보자. 우선, 여성이 언제나 시선의 대상이 되고 있다고 느끼도록 한결같은 강도로 여성의 신체를 평가하자. 그다음 뒤로 한 발짝 물러나 젊은 여성이 이런 인식을 내면화하여 자신을 목표와 꿈을 지닌 인간이 아닌 허리 사이즈나 가슴 모양으로 인식되는 사물로 생각하는 모습을 지켜보자. 이런 두 단계를 따른 결과 여성의 마음속에서는 매 순간 "나 오늘 괜찮아 보이나?"라고 묻는 목소리가 울려 퍼지게 된다. 이 목소리를 더 자주, 더 많이 들을수록 몸은 더 이상 안식처가 아닌 다른 사람들을 위해 존재하는 무언가로 느껴지게 된다.

많은 여성이 인생의 수많은 중요한 질문에 매달려 바쁜 일상을 보낸다. 그러나 사실 그녀들의 일상에서는 앞서 말한 두 단계가 성공적으로 진행되고 있는 것 같다.

이것이 바로 여성이 외모에 초점을 맞추는 세상에서 살아가는 가장 큰 어려움이다. 에린은 외모 강박에 대항해 알테미스나 가브리엘과는 다른 방식으로 맞섰다. 하지만 모든 여성은 함께 전투를 치르는 전사들이다. 여성은 자신의 몸을 혐오하거나 문화에 지배당하는 일 없이 문화의 일부로 살아가는 방식, 거울에서 한 걸음 물러나 마르고 예쁜 존재 외에 다른 무언가가 되기 위해 더 많은 시간을 보내는 방식을 찾기 위해 노력하고 있다.

외모 강박이
여성에게 미치는
영향

2

신체 모니터링은 언제 어디서든 _____
_____전신거울을
_____보는 것과 비슷하다.
당신이 여기저기 돌아다니고 _____
책상 앞에 앉고 _____
발표를 경청하고 있을 때조차. _____

육체에서 정신으로,
정신에서 육체로

어느 여름 날, 나는 스타벅스에서 애나Ana*를 만났다. 애나는 막 고등학교 1학년을 마친 참이었다. 애나는 여러 민족이 섞인 라틴계였지만 사람들은 그녀를 백인이라고 생각했다. 애나는 뼈대가 가느다랗고 작은 편에 속했다. 그러나 나이에 비해 놀라울 정도로 성숙하고 균형 잡힌 몸매가 매우 인상적이었다. 애나는 최근 밝은 핑크색으로 머리를 염색했다. 애나는 염색한 머리가 '위협적인 느낌'을 주어 자신을 좀 더 대담하게 만든다면서 만족스러워했다.

새 학기가 코앞이었기 때문에 나는 애나에게 개학 첫날 무슨 옷을 입을 것인지 물어보면서 대화를 시작하려고 했다. 그녀는 얼굴을 찌푸렸다. 애나는 자신의 스타일은 기분에 따라 바뀐다면서 미리 계획을 세우는 것은 시간 낭비라고 했다. 그러나 그녀는 어떤 옷을 입고 세상에 자신을 어떻게 드러낼지 생각하는 데 꽤 많은 시간을 보냈다. 애나는 패션에 흥미를 느꼈고 화장을 좋아했다. 새로운 화장법을 익

히기 위해 유튜브 동영상을 규칙적으로 챙겨 봤고 새로 배운 것을 자신과 친구들에게 연습해보았다. 그날 그녀의 눈 화장은 머리만큼이나 과감했다.

열다섯 살의 애나는 자신을 페미니스트라 규정했다. 그녀는 지적인 면에서 조숙했고 '억압'과 같은 단어를 스스럼없이 내뱉었다. 또한, 자신의 신체에 대해 나이 어린 여성치고는 흔치 않은 건강한 태도를 가지고 있었다. 애나는 "이 세상에 완벽한 몸매라는 개념이 존재한다는 걸 알아요. 하지만 완벽한 몸매가 반드시 제가 원하는 몸이라는 법은 없죠. 그런 몸을 가지고 싶다고 말하는 건 마치 자신의 몸을 거부하는 것과 마찬가지예요."라고 설명했다.

다른 여성들도 이런 식으로 신체에 관한 긍정적인 이야기를 했지만 나는 언제나 그 말을 믿지 않았다. 왠지 강요된 주장처럼 들렸기 때문이다. 그 여성이 실제로 느끼는 감정보다는 느끼고 싶어 하는 감정에 가까웠다. 그러나 애나는 진심인 것 같았다. 나는 그녀를 믿었다. 그리고 기뻤다. 자신의 몸을 꽤 편안하게 받아들이는 젊은 여성과 이야기하는 것은 신선한 경험이었다.

하지만 그런 자신감에도 불구하고 외모에 대한 애나의 태도는 오락가락한다. 그녀는 그렇지 않기 바라면서도 다른 사람들이 자신의 외모에 대해 어떻게 생각하는지 걱정한다고 고백했다. 어느 날은 눈썹을 그리지 않고 집을 나서서 온종일 흐릿한 눈썹 걱정을 멈출 수 없었다고 한다.

"눈썹을 그리지 않으면 사람들이 애나에 대해 다르게 생각할까? 어떻게 생각하니?" 나는 물었다.

외모 강박이 여성에게 미치는 영향

애나는 깔깔 웃더니 재치 있게 답했다.

"글쎄요, 기술적인 관점에서 눈썹이 얼굴을 규정짓긴 하죠!"

나는 애나가 이런 부조리 속에서도 유머를 잃지 않는다는 점이 기뻤다. 만약 미모에 대한 엄격하고 이상적인 기준에 묶여 있다면 울기보다는 웃으면서 그 기준을 달성하는 것이 아마 나을 테니까.

애나는 외모가 자신을 규정짓는 것을 우려했다. 그리고 자신의 스타일과 개성을 표현하기 위한 외모 가꾸기와 다른 사람들의 인정을 받기 위한 외모 가꾸기 사이에 존재하는 회색 지대를 인지하고 있었다. 애나는 "그런 여자애"가 되고 싶지 않았다.

예쁘게 보이고 싶다는 생각이 정말 스스로 떠올린 것인지 어떻게 알 수 있을까. 외모 강박적인 문화가 아니었으면 결코 생기지 않았을 생각인데 말이다. 아마도 애나의 핑크색 머리는 개성과 자신감의 표상일 것이다. 또한 이상적인 미에 대한 애나의 거친 반항일 것이다. 그러나 애나는 결국 그 모습조차 자신의 외모에 더 많은 시선을 끌고, 더 많은 이야기를 나오게 할 것이라는 사실을 알고 있다.

애나는 사람들이 자신을 외모로 판단하는 세상에서 살고 싶지 않지만, 현실이 따라주지 않는다는 점에 두려워한다. "여성을 물건과 마찬가지라고 생각하는 거죠. 그러니 예쁘거나 귀엽지 않은 여성이 무슨 가치를 가지겠어요? 아주 나쁜 생각이죠. 그런데 여전히 여성이 예뻐 보여야 한다는 기대가 존재해요." 그녀는 머리를 옆으로 갸우뚱하더니 음료수를 내려놓고 나를 똑바로 바라봤다. "아주 많이 걱정돼요. 제가 저를 바라볼 때 내면보다 외모를 중요시하게 될까 봐요."

육체에서 정신으로, 정신에서 육체로

자 기 감 시 자

애나가 묘사하는 것은 바로 '자기 대상화Self-objectification'다. 소녀와
젊은 여성은 자신의 외모로 다른 사람의 관심을 요구하고 눈을 끌 수
있다는 사실을 재빨리 배운다. 그리고 시간이 갈수록 다른 사람이 언
제 어디서든 외모를 평가하고 있다는 인식을 내면화한다. 결국 그들
을 만족시키기 위해 움직이기 시작한다. 당신은 자신의 외모에 가장
밀접한 관찰자가 되고 가장 끈질긴 감시자가 된다. 이런 이유에서 자
기 대상화는 신체 감시Body Surveillance 또는 신체 모니터링Body Monitor-
ing이라 불리기도 한다.

당신의 관심을 떼어 다른 사람의 눈에 자신이 어떻게 보일지 감시
하는 것을 자기 대상화라고 생각해보자. 내가 배를 잘 집어넣고 있
나? 바지가 엉덩이 사이에 끼지는 않았을까? 여드름이 보이는 건 아
니겠지? 머리가 괜찮아 보이려나? 이제 다른 종류의 질문을 던져보
자. 내가 올바른 결정을 내렸나? 오늘은 무엇을 배우게 될까? 내 기
분이 어떻지? 지금 나에게 뭐가 필요하지? 내 주변 사람들에게는 뭐
가 필요할까?

기억하자. 우리는 중요한 걸음을 내딛고 있다. 우리의 몸이 관찰당
하고 있음을 일깨워주는 문화에서 우리는 스스로 자기 몸의 지속적
인 감시자가 되는 상황으로 옮겨가고 있다. 신체 모니터링은 보통 전
신거울을 보는 것과 비슷하다. 전신거울 앞에 서 있다고 상상해보자.
당신은 옷이 몸에 잘 맞는지, 피부가 어떻게 보이는지, 머리 스타일
이 잘 나왔는지 살펴보고 있다. 자기 대상화는 전신거울이 없는데도

외모 강박이 여성에게 미치는 영향

마치 그 앞에 있는 것처럼 행동할 때 발생한다. 당신이 여기저기 돌아다니고 책상 앞에 앉고 발표를 경청하고 있을 때조차 의식의 일부는 자신이 어떻게 보일지 감시하고 있다. 스커트가 몸에 너무 꽉 껴 보이지 않나? 립스틱이 앞니에 묻지는 않았나?

스타일닷컴은 "모든 곳이 런웨이"라는 카피에 만성적인 자기 대상화의 개념을 담아냈다. 스타일닷컴의 광고 사진은 여성 모델이 다양한 일상적인 장소에서 제품을 들고 포즈를 취하는 모습을 보여줬다. 그중 비키니만 입은 여성 모델이 빨래방 안에 늘어선 세탁기들 앞에서 과하게 포즈를 취하고 있는 사진이 특히 심하게 비판을 받았다. 이 사진이 전달하는 메시지에 대해 생각해보자. 여성은 빨래방에 있을 때조차 자신의 외모가 시선을 받는다고 가정해야 한다. 매 순간이 미인 대회인 것이다.

내가 스물네 살의 대학원생 강사였던 시절 첫 교수 평가를 지금도 기억한다. 그중에는 "교수님, 파란 스커트를 자주 입으세요. 예뻐 보여요"라는 코멘트가 있었다. 나는 당황스러웠다. 교수 평가는 익명으로 이뤄졌지만, 누가 썼는지 알아내기 위해 출석부를 계속 훑어보았다. 내가 어떻게 하면 수업을 잘할 수 있을지를 고민하는 동안 내다리만 생각했던 학생은 누구였을까? 심지어 그 수업은 '젠더 심리학'이었다. 그 수업이 끝날 때까지 그 학생은 여전히 그런 식의 코멘트가 받아들여질 것이라고 생각했다는 점에서 내가 뭔가 잘못했다는 느낌이 들었다.

그 스커트는 짙은 파란색 코듀로이 스커트였다. 그 옷에는 검은 스타킹과 검은 부츠를 신었다. 단 하나의 코멘트가 다음 학기 내내, 심

육체에서 정신으로, 정신에서 육체로

지어 이후에도 오랫동안 영향을 미쳤다. '누군가 쳐다보고 있다'고 느끼기 시작했기 때문이다. 나는 불안했다. 그 코멘트에 관해 우리 과 남성들에게 이야기하자 이들은 말도 안 된다고 일축했다. "그건 칭찬이잖아요. 뭐가 문제예요?" 그들은 말했다. 그러나 전혀 칭찬처럼 느껴지지 않았다. 내게는 마치 이런 말처럼 들렸다. "저는 당신을 교수로서는 전혀 존경하지 않아요. 당신 수업에 대해선 한마디도 언급하고 싶지 않을 정도예요. 그냥 저는 당신의 옷이랑 몸매에 대해서나 이야기할래요."

더욱 심각한 문제는 육체에 신경 쓰다 보니 다른 일에는 그만큼 소홀해졌다는 점이다. 나는 수업 중에는 내 몸에 대해 신경 쓰고 싶지 않았다. 그저 학생들의 주목을 끌기 위해 수많은 자료를 준비했을 뿐이고 그 자료가 내 외모를 감시하든 말든 관심이 없었다.

「작아지는 여성들Shrinking Women」이라는 시로 등단한 대학생 릴리 마이어스Lily Myers는 이 시를 통해 자신이 겪고 있는 만성적인 신체 모니터링에 대해 이야기했다. 그리고 여성이 된다는 것은 외모에 초점을 맞춰야 한다는 의미임을 다음과 같이 표현했다. "나는 사회학을 전공하기 위해 어떤 조건이 필요한지 몰라. 왜냐하면 모임 내내 피자 한 조각을 더 먹을지 말지만 고민했거든."

외모 강박은 당신의 마음을
갉아먹는다

나는 예전 제자에게 스물일곱 살의 간호사인 레베카Rebecca*를 소개받았다. 나는 레베카가 일하고 있는 볼티모어의 병원 근처 작지만 트렌디한 카페에서 그녀를 만났다.

레베카는 외모 강박에서 비교적 자유로웠던 유년기를 기억했다. 나는 물었다. "어린 시절 당신은 자신의 외모가 마음에 들었나요?"

레베카는 생각에 잠겨 잠시 말을 멈췄다. 기억을 더듬는 듯했다. "별 관심이 없었던 것 같아요. 제가 실제로 어떻게 보이는지, 제 얼굴이나 멜빵바지를 입은 모습이 어떤지 생각해본 적이 없어요. 무엇을 입는지 신경 쓰지 않았어요."

"무슨 옷을 입었는데요?"

레베카는 씩 웃으며 "아무거나 엄마가 주는 옷이요. 스판덱스 바지에 라이언 킹이 그려진 티셔츠랄까요?"라고 말했다.

레베카의 웃음에는 전염성이 있어서 이 글을 쓰고 있는 지금도 나는 그때를 떠올리며 미소를 짓고 있다. 아무런 걱정 없이 행복하기만 했던 어린 레베카가 무릎까지 내려온 라이언 킹 티셔츠를 입은 모습을 떠올렸다. 그러나 레베카의 미소는 오래가지 않았다. 중학생 시절 레베카는 자신이 다른 친구들에 비해 외모에 관해 너무 많이 생각한다는 것을 깨달았다.

"무엇이 바뀌었나요? 무엇 때문에 외모에 대해 생각하기 시작했죠?" 나는 물었다.

시작은 레베카의 치아였다. 레베카는 치아가 비뚤게 나면서 교정을 했다. 그녀는 회상했다. "저는 교정 전문 치과를 찾아갔고 의사 선생님은 영화배우처럼 웃게 해주겠다고 했어요. 제가 어떤 식으로 보일 수 있다는 사실에 관심이 쏠렸던 게 기억나요. 의사 선생님은 '어느 배우의 미소가 마음에 드니?'라고 물었어요. 학교에 제가 예쁘다고 생각하는 여자애가 있어서 '그 애처럼 미소 짓고 싶어요.'라고 말했던 기억이 나네요."

레베카는 조금씩 느린 편이었다. 그녀는 자신이 또래 가운데 가장 늦게 브래지어를 입었고 가장 늦게 다리를 면도했으며 가장 늦게 머리를 만지기 시작했다는 것을 깨달았다. 레베카는 자신이 경기에서 지고 있다고 느꼈다. 원래는 참여할 생각도 못했던 경기였음에도 말이다.

레베카는 화장에 전혀 관심이 없었음에도 친구들 모두 화장한 것을 보고는 '아, 모두 화장을 했네. 그럼 나도 해야겠다.'라고 생각했다.

그러나 진정한 전환점은 고등학생 초반이었다. 레베카는 다른 사람들로부터 외모에 대한 코멘트를 듣기 시작하면서 몸에 관심을 쏟게 됐다. 때론 그런 코멘트가 미묘하고도 우연히 들려왔다. 또 어떨 때엔 이상하게도 널리 공유됐다. 당시 레베카의 남자 친구는 같은 팀의 선수가 했던 말을 레베카에게 전했다. "걔네들은 여자애들 모두를 살펴보고 신체 부위별로 우승자를 뽑은 다음 그 여자애들의 부위를 모아 완벽한 여성을 만들어냈어요. 이 여자애의 얼굴, 이 여자애의 가슴 뭐 그런 식이었어요. 그리고 남자 친구는 제가 배와 엉덩이 부위에서 1등을 했다고 말해줬죠."

나는 불쾌감을 감출 수 없었다. "그 말을 듣고 무슨 생각이 들었죠?" 나는 물었다.

레베카는 자신의 복잡한 심경에 대해 놀라울 정도로 정직했다. "저는 우쭐하면서도 조금 역겨웠어요. 그리고 그 팀의 젊은 코치가 앞으로 누가 가장 예뻐질지에 대해 얘기해보라고 하자 걔네들이 절 뽑았대요. 이를테면 애는 시간이 갈수록 많이 발전할 것이다, 뭐 그런 식이었어요."

"남자들이 당신의 외모에 대해 이야기를 나눈다는 사실을 알고 어떤 기분이 들었나요?"

레베카는 어쩌면 그런 식의 행동이 정상적일 것이라고 생각했다. 그리고 스스로에게 "아, 남자들은 이런 얘기를 하는구나."라고 말했다. 그러면서도 "저에 대해 생각하기 시작한 시점이 그때였던 것 같아요. 제 얼굴, 제 몸에 신경 쓰기 시작했어요."라고 설명했다.

레베카가 설명한 내용은 고전적인 패턴이다. 다른 사람이 당신의 몸을 바라본다고 느낄수록 자신이 다른 사람에게 어떻게 보이는지에 더 신경 쓰게 된다. 레베카의 몸은 다른 사람들이 평가할 수 있는 신체 부위의 총합이 됐다. 그러자 레베카도 스스로를 평가하는 데 많은 시간을 쓰게 됐다. 대상화가 자기 대상화로 변한 것이다.

우리는 자신이 멀티태스킹의 강자이길 바라지만 사실은 그렇지 못하다. 우리의 관심이 외모로 움직이게 되면 다른 무언가에 대한 관심이 그만큼 줄어든다. 레베카는 이게 어떤 의미인지 잘 알고 있었다. 청소년기와 20대를 거치면서 그녀의 정신력은 꼼꼼하게 음식 섭취량을 기록하고 운동 습관을 들이는 데 쓰였기 때문이다. 이 모든 일은 고등학교 1학년 체육 수업에서 시작됐다.

레베카는 매우 뛰어난 수영선수였다. 빠르고 힘이 넘쳤다. 그녀는 키가 컸고 근육이 탄탄했다. 문제는 체육 수업에서 체지방을 측정하면서 시작됐다. 그녀의 체육 선생님은 레베카를 '비만'으로 판정했다. 레베카는 하루에 2,000칼로리를 섭취하는 것이 '올바른 양'이라고 배웠다. 하지만 아무도 뛰어난 수영선수에게는 그보다 훨씬 더 많은 칼로리가 필요하다는 이야기를 해주지 않았다. 그리고 아무도 그런 식의 체지방 측정이 운동선수에게는 부적합하다는 것을 알려주지 않았다.

그래서 레베카는 걱정하기 시작했다. 모든 것이 몸과 관련되기만 하면 제대로 맞지 않는 것처럼 느꼈다. 그녀는 점점 더 숫자에 매달렸다. 운동을 더하고 음식량을 줄였으며 칼로리를 계산하는 한편 섭취 목표를 기록하는 일기장을 어디든 들고 다녔다. 그녀의 마음은 빼곡한 숫자를 계산하는 스프레드 시트로 변해버렸다.

"저는 약간 홀린 듯했어요. 이를테면 이런 거죠. '와, 저 여자는 그냥 배가 고프니까 먹네. 그럼 배가 고프지 않으면 아무것도 안 먹겠구나. 먹고 싶은데도 참는 게 아니라 배고프지 않아서 안 먹는 건가?' 저는 그게 궁금했어요. 그리고 그녀는 그런 문제를 생각하지 않는다는 걸 깨닫고는 질투가 났죠."

"만일 그 여자처럼 살 수 있었다면 인생이 어떻게 달라졌을까요?" 나는 물었다.

레베카는 "정신적 여유가 아주 많았을 거예요."라고 말했다. 당시 레베카는 다른 무언가에 정신적 에너지를 기울이는 것이 어려웠다.

"저는 계속 칼로리 계산기를 가지고 다니는 셈이었어요. 온종일 그 계산기가 오르락내리락하는 걸 지켜보는 느낌이었죠. 멈출 수가 없었어요. 벗어날 수 없는 나쁜 습관이었어요."

애나의 경험을 레베카의 경험과 비교하지 않을 수 없다. 애나에게 자신의 몸에 대해 어떻게 생각하냐고 물었을 때 그녀는 "글쎄요, 누구에게나 바꾸고 싶은 부위가 있기 마련이죠."라고 대답했다. 그런데 애나는 어떤 부위를 바꾸고 싶은지 예를 들지는 못했다. 애나는 신체 이미지의 문제를 자신은 "꽤 잘 이해하고 있다"고 말했다. 그런데도 이상적인 여성의 몸을 강조하는 미디어 이미지를 보면 때론 기분이 나빠진다고 했다.

"기분이 나빠질 땐 어떻게 하니? 나쁜 기분을 떨쳐내기 위해서 말이야." 나는 애나에게 물었다.

몸에 대한 걱정거리들을 목록으로 만들어서 신경 쓰고 감시한다고 대답한 레베카와는 달리 애나는 다음과 같이 명쾌하게 대답했다. "기분이 나쁠 땐 다른 무언가에 초점을 맞춰요."

"좋은 전략 같네." 나는 대답했다.

"맞아요. 솔직히 깊이 생각할수록 기분이 나빠지거든요." 애나가 말했다.

애나의 말이 옳다. 외모에 대해 깊이 생각하는 것은 사태를 더 악화시킬 뿐이다. 신체 모니터링은 당신의 지성에 불행한 결과를 가져온다. 특히나 일이 어렵고 집중이 필요할 때 인지 수행 능력을 저하시킨다. 교육 현장에서 이런 문제가 소녀와 여성에게 미치는 영향에 대해 생각해보자. 소녀가 자신의 외모를 감시하는 것이 학교 과제와

육체에서 정신으로, 정신에서 육체로

시험 점수, 그리고 학습 능력에 얼마나 타격을 줄까? 앞서 등장한 열일곱 살의 알테미스는 "내 머리가 마치 반반씩 쪼개진 것 같아요. 반은 내 몸매용이고 반은 학교용이죠."라고 말하기도 했다.

여러 연구자는 여성에게 거울이 있는 방에 혼자 들어가서 수영복을 입어보라고 권함으로써 자기 대상화에 대한 실험 연구를 진행했다. 대부분의 여성은 수영복을 입어보는 행위만으로도 사이즈와 몸매에 관심이 옮겨갔다. 「내 마음을 지배하는 몸Body on My Mind」이라는 제목의 또 다른 연구에서는 수영복을 입어보는 행위가 몸에 대한 수치심으로 이어지는 것으로 드러났다.[14] 그러나 일상복으로 다시 갈아입고 10분이 지나도 여성들은 여전히 몸에 대한 생각에 매달려 있었다. 일단 생각이 그 길을 달리기 시작하면 방향을 바꾸기 어려워진다. 기억하자. 이 연구에서 수영복을 입은 여성의 모습을 본 사람은 아무도 없었다. 그러나 이 여성들은 거울에 비친 자신을 보는 것만으로도 충분했다.

스트룹 검사Stroop Test는 단어를 보고 각각의 단어가 어떤 색깔로 인쇄되어 있는지 재빨리 말하는 검사다. 쉽게 들리겠지만 단어가 인쇄된 색깔이 단어가 의미하는 색깔과 다르기 때문에 쉽지 않다. 예를 들어 파란색으로 인쇄된 '노란색'이라는 단어를 보고 "파란색"이라고 말하는 식이다. 이런 식의 불일치 시험을 여러 차례 시행하는 것은 정신적으로 지치는 일이다. 《계간 여성 심리학Psychology of Women Quarterly》에 실린 한 실험은 수영복을 입었던 여성이 스트룹 검사에서 낮은 점수를 기록하는 것을 증명했다.[15] 짐작건대, 여성의 인지 자원 중 일부가 신체 모니터링에 소모되고 있기 때문일 것이다. 우리의 소중한 주의와 집중을 신체 모니터링과 맞바꾸어서는 안 된다. 우리에게는 정신을 쏟아야 할 것이 많다.

당신을 지치게 만드는 옷차림

나는 일곱 살 때 부모님과 한 파티에 참석했다. 피자와 아이스크림, 그리고 또래들이 많은 즐거운 시간이었다. 나는 우리 할머니가 만들어준 보라색 누비 원피스에 퍼프소매가 달린 하얀색 블라우스를 입었다. 아이들이 홀에서 재주넘기를 시작하자 나도 함께 놀기 위해 신나게 달려갔다. 그런데 그때 어떤 어른이 나를 옆으로 끌어당겼다. 그러고는 내게 훈계하던 목소리가 아직도 생생하다. 그 목소리는 원피스를 입은 내가 저런 숙녀답지 못한 놀이를 하면 사람들이 "다 볼 수도 있으니" 해서는 안 된다는 것이었다. 나는 혼란스러웠고 야단을 맞은 기분이었다. 그래서 "숙녀처럼" 조용히 의자에 앉아 다른 아이들의 재주넘기를 지켜봤다. 그날 나는 숙녀답다는 것은 인생의 곁다리로 물러나 조용히 앉아 있는 것임을 배웠다. 그리고 다른 사람들이 내 몸을 어떻게 인식할지에 관심을 기울여야 한다는 것도 배웠다.

보통 소녀와 여성의 옷은 소년이나 남성의 옷보다 좀 더 제한적인 경향이 있고 신체 모니터링을 강화한다. 넥타이가 불편할 수도 있지만 몸의 움직임을 제한하는 하이힐이나 펜슬스커트에 비할 바는 못 된다.

몇 년 전 나는 집 근처의 작은 이탈리안 레스토랑에서 저녁을 먹고 있었다. 그런데 열 명 정도 되는 한 무리의 고등학생들이 근사하게 옷을 차려입고 레스토랑으로 들어왔다. 연례행사인 홈커밍 댄스파티에 가기 전 저녁을 먹으려고 들른 듯했다. 나는 이 소녀들이 자리에 앉는 모습을 지켜보았다. 드레스가 놀라울 정도로 짧았기 때문이다. 너무 짧아서 속옷이 보이지 않게 앉을 수나 있을지 궁금했다. 그 레스토랑의 식탁에는 식탁보가 깔려 있지 않았고 소녀들의 다리를 가려줄 것이 아무것도 없었다. 소녀들은 거의 저녁을 먹지 못했다. 왜냐하면 두 손으로 끊임없이 치마 밑단을 끌어내려야 했기 때문이다. 어깨 끈이 없는 드레스 탓에 소녀들은 계속 아랫단을 끌어내리고 윗단을 끌어올려야 했다. 한 입 먹고, 끌어내리고, 끌어올리고.

소녀에게는 이런 경험이 충격적일 정도로 일찍 시작된다. 미시간대학교의 어느 사회학자는 여러 유치원 교실을 관찰한 후 드레스가 여자아이들의 움직임을 방해한다고 보고했다.[16] 프릴이 많이 달린 짧은 원피스는 터널 통과하기 놀이에 방해가 된다. 게다가 드레스나 치마를 입었을 때는 엄격한 몸가짐이 요구된다. 다리를 높이 차거나 땅을 기거나 발을 올려서는 안 된다는 것 말이다. 남자아이에게는 "숙녀처럼 앉아라" 같은 말이 없다. 또한 이 연구는 소녀의 옷이 어떻게 주의를 흐트러뜨리는지도 기록했다. 소녀는 타이츠를 잡아당기거나 끌어올리거나 고쳐 입어야 했다. 선생님은 남자아이보다 여자아이의 외모에 더 많이 간섭했다. 여자아이의 머리를 매만지고 옷을 바로 펴줬으며 리본을 단단히 묶어줬다.

2014년 미국의 통신사 버라이즌은 "그녀의 마음을 울려라"라는 제목의 온라인 광고를 시작했다. 이 영상은 부모가 과학이나 공학에 관심을 갖는 소녀를 어떤 방식으로 좌절시키는지를 은유적으로 보여 주었다. 광고에서는 소녀가 지저분해지지 않도록 놀지 못하게 하는 모습이 나왔다. 버라이즌은 중요한 메시지를 전달하고 있었다. 우리는 여자아이에게 예쁜 옷을 입히면서 옷이 더러워지지 않게 조심해서 놀라고 주의를 주곤 한다. 그러나 예쁜 옷을 입은 여자아이는 식물을 탐구하고 싶었을 수도 있다. 어쩌면 놀이기구의 위아래로 기어 다니면서 중요한 운동 기술을 연마하고 싶었을 수도 있다. 그러나 여자아이는 프릴이 달린 드레스 안에 갇혀서 예뻐 보이는 데에만 집중하도록 강요당한다. 여자아이에게 옷을 입히는 방식은 평생 지속되는 신체 모니터링의 시작점이 될 수도 있다.

이런 패턴은 소녀가 성인이 되면 바뀔까. 대부분의 성인 여성은 터널을 통과하는 놀이를 하지 않는다. 그리고 여성 과학자는 동료로부터 "실험실 가운을 더럽히면 안 돼."라는 말을 듣지 않는다. 그렇지만 성인에게도 아주 유사한 부분이 존재한다. 『아름다움이란 이름의 편견』의 저자 데버라 로드Deborah Rhode는 전문직 여성이 택시를 기다리느라 회의에 늦는 모습을 묘사했다. 전문직 여성의 필수 아이템은 하이힐이기 때문이다. 하이힐을 신은 전문직 여성은 회의에 늦지 않게 참석하더라도 로비와 복도를 고통스럽게 걸어야 한다. 이제 그녀가 회의실에 들어선다. 하지만 발이 너무 아프다. 자세를 바꿔본다. 그녀는 자세를 고쳐 앉고 다리를 다시 가지런히 모으느라 잠깐 회의에 집중하지 못한다. 그녀의 집중력과 생각은 어떤 대가를 치르는가. 또한 심리적 건강은 어떤 대가를 치르는가.

학생들은 가끔 내가 카고 팬츠를 입는다고 놀리곤 한다. 어쩔 수 없다. 나는 카고 팬츠를 정말 좋아한다. 카고 팬츠에는 주머니가 여럿 달려 있어 편리하니까. 몇 년 전 한 남자 동료가 내가 이베이에서 주문한 카고 팬츠 택배 상자를 우연히 보았다.

"여자들은 카고 팬츠를 입어선 안 돼." 그가 말했다.

"뭐? 왜 안 되는데?" 나는 웃음을 터뜨렸다.

"그냥 안 돼. 카고 팬츠는 여자들한테 안 어울리거든." 그의 대답이었다.

"카고 팬츠는 편하단 말이야!" 나는 반박했다.

"어휴." 그가 대꾸했다.

우리가 몸에 쏟는 관심은 패션으로 직결된다. 마치 우리의 몸이 알맞은 모양을 갖춰야 한다고 괴롭힘을 당하는 것 같다. 존 제이컵스 브룸버그Joan Jacobs Brumberg가 역사적인 명작 『몸 프로젝트*Body Project*』에서 말했듯, 패션이 더 많은 신체 부위를 노출시킬수록 신체 모니터링은 더욱 강화된다. 일단 다리가 노출되면 우리는 다리를 잔털 없이 매끈하게 관리해야 한다. 패션에서 더 많은 자유를 허용한다는 것은 어떤 의미에서는 더 많은 제한으로 치환된다. 만성적인 신체 모니터링은 패션 때문에 치러야 할 우스꽝스러운 대가지만 여성들은 남성과 달리 그 대가를 수십 가지 방식으로 지불하고 있다.

우리는 잘 맞는 옷을 입을 자유를 가져야 한다. 동시에 철저히 그 순간을 즐길 자유도 가져야 한다. 우리가 자신을 모니터링하고 있다면, 그 대상이 외모가 아닌 생각이나 기분, 욕망과 목표였으면 좋겠다. 여성의 외모보다 여성의 일에 초점을 맞추는 세상에서는 다양한 패션을 선택할 수 있을 것이다.

외모 강박은 몸을 사용하는 방식을 제한한다

생리대 브랜드 올웨이즈의 바이럴 영상 광고에서 한 무리의 소녀와 여성이 "여자아이처럼 뛴다"는 것이 무슨 의미인지 질문을 받았다. 그들의 반응은 정말 가슴 아팠다. 여자아이처럼 뛴다는 것은 신체적인 자신감의 결여를 의미했다. 그건 빨리 달리거나 열심히 달리는 것을 의미하지 않았다. 이는 달릴 때 어떻게 보이는지를 문제 삼았다. 소녀가 장식적인 기능을 해야 한다고 배우는 또 다른 예였다. 나는 이 광고가 고마웠다. 수많은 소녀가 여성성과 신체적 유능함 사이에서 느끼는 괴리를 인식하게 했기 때문이다. 자기 대상화는 그 괴리를 이끄는 동인이다. 몸이 어떻게 보이는지에 초점을 맞추면 몸을 효과적으로 쓰기 어려워진다.

자신을 대상화하면 자신의 몸을 타인의 관점에서 바라보게 된다. 이런 타인의 관점은 '내부 감각 수용 인식Interoceptive Awareness'을 떨어뜨린다. 내부 감각 수용 인식이란 배가 고프다거나 심장이 뛴다거나 휴식이 필요하다는 등의 메시지를 보내는 신체 내부 감각에 대한 자연적인 민감성을 의미한다. 켄트주립대학교의 최근 연구에 따르면 여성의 자기 대상화가 심할수록 감정, 배고픔, 포만감과 같은 내부적인 상태를 정확히 구별하는 데 어려움을 겪는다.[17]

뛰어난 수영선수 레베카는 이 어려운 교훈을 습득했다. 레베카는 고등학교 1학년을 마치고 여름방학에 구조 요원으로 일하면서 대부분의 시간 동안 여성 잡지《셀프Self》를 읽었다. 그녀는 "《셀프》에 실린 내용은 하루에 세 시간씩 수영하는 사람에겐 전혀 도움이 되지 않아요."라고 말했다. 그런데도 당시 그녀는 다이어트와 운동, 미용에 대한 팁들을 액면 그대로 받아들였다. 레베카는 그 잡지가 '자기 파괴'의 시작이었다고 말했다. 레베카 머릿속의 스프레드 시트는 더욱 엄격해졌고 수영 훈련 외에 달리기를 추가했다. 그녀는 자신의 외모를 '대두 인형' 같다고 표현하면서 초기 거식증 증세를 보였다.

그렇게 몸무게에 집착한 결과 운동선수로서 레베카의 성과는 참담해졌다. "1학년 때는 수영을 정말 잘했어요. 진짜 빨랐죠. 그런데 속도가 느려지기 시작했어요. 그래서 더 열심히 연습했어요. 그래도 속도는 더 느려지기만 했어요. 저는 모든 걸 제대로 하고 있다고 생각했어요. 연습도 열심히 하고 건강하고, 규칙도 충실히 따르고 있었으니까요. 그런데 저는 살찌는 것을 극도로 두려워했어요. '넌 몸무게를 좀 늘려야 해.'라는 말을 들으면 '안 돼요. 그건 아주 나쁜 일이에요. 나쁘다고요. 몸무게가 늘어나는 건 범죄예요.'라고 생각했어요."

나는 레베카가《셀프》를 보며 다이어트를 혼자 연구했다는 사실이 믿기지 않았다. "운동선수는 신체에 에너지를 공급해줘야 하잖아요. 코치나 체육 선생님, 누구도 그런 이야기를 해주지 않았나요?"

"네, 단 한 번도요." 레베카는 단호히 대답했다.

몸에 필요한 에너지를 공급하지 않은 채 그토록 열심히 연습하면서 레베카가 어떤 기분이었을지 궁금했다. 레베카는 당시에는 자신의 감정을 알아차리기 힘들었다고 대답했다. "그렇게 고강도로 훈련을 할 때면 기분이 어떤지 따로 떼어내서 생각하기는 쉽지 않아요. 항상 아프고 피곤했죠. 그때 추위와 싸웠던 기억이 나요. 항상 젖어 있었고 추웠어요." 그녀가 말했다.

앞서 만났던 예술가 에린 또한 자기 대상화와 신체 활동 간의 직접적인 연관성에 대해 이야기했다. 사춘기 이후 에린은 자신이 몸을 움직이는 모습이 어떻게 보이는지에 극도로 신경 쓰게 됐다. 에린은 움직일 때마다 가슴이 출렁거리는 것을 부끄럽게 생각했다. 그녀와 쌍둥이 여동생은 성숙한 몸을 감추기 위해 남자처럼 옷을 입으면서 어린 시절을 연장했다. 나는 에린이 소년과 같은 외모로 살기로 결심함으로써 무엇을 얻었는지 궁금했다.

에린은 자신의 몸으로 무엇을 할 수 있는지를 좀 더 생각하게 됐다고 했다. 그녀는 "제 몸을 사용하는 것이 좀 더 편안하게 느껴졌어요."라고 설명했다.

"남자들은 그런 신체적 자유를 계속 누린다고 생각하나요?" 나는 물었다.

에린은 화가 나서 고개를 저었다. "그게 바로 제가 남자 친구들과 자주 하는 이야기예요. 지하철에 앉아 있는 남자들만 봐도 그렇잖아요. 그들은 자신의 몸이 얼마나 많은 자리를 차지하고 있는지, 남의 앞을 가로막고 있는지, 남의 신체에 접촉하고 있는지 따위에는 전혀 신경 쓰지 않아요. 그리고 그게 부러워요."

육체에서 정신으로, 정신에서 육체로

정신적 여유의
탈환

레베카는 여전히 즐거움과 운동을 위해 수영을 한다. 그녀는 물을 가르고 몸을 움직이면서 자유를 느낀다. 그리고 머릿속 공간을 확보하려고 분투하고 있다. 그동안 레베카는 상당량의 정신적 에너지를 칼로리 계산에 썼다. 거의 80퍼센트까지 썼던 적도 있다고 한다. 지금은 어떨까? "30퍼센트나 40퍼센트 정도 써요." 레베카는 그렇게 말하더니 얼굴을 찌푸리고 차를 한 모금 마셨다. "아니, 30퍼센트요." 그녀는 확실하게 말했다.

레베카는 정신적인 여유를 되찾게 된다면 어떨지에 대해 여전히 잘 모르겠다고 답했다.

"저는 운동이나 음식에 크게 신경 쓰지 않는 사람들과 저를 비교하느라 여전히 힘들어요."

"그런 여성들의 삶은 어떨 것 같아요?" 나는 물었다.

레베카는 슬픈 듯이 대답했다. "글쎄요, 훨씬 자유롭겠죠? 빡빡하게 계획을 짤 필요도 없고요. 지금은 훨씬 나아졌지만, 아직도 집착해요. 여전히 제 마음속에서 크게 자리를 차지하고 있는 주제죠."

지금 레베카의 상황은 훨씬 나아졌다. 헌신적이고 너그러운 남성과 행복한 결혼 생활을 하고 있고 자신의 일이 즐겁고 의미 있다고 생각한다. 그러나 레베카의 전투는 완전히 끝나지 않았다. 그녀의 외모 강박은 형태를 바꿨을 뿐이다. 레베카는 외모 강박이 새로운 형태로 불쑥 튀어나온다고 했다. 그녀는 아직 서른이 되지 않았음에도 노

외모 강박이 여성에게 미치는 영향

화에 대해, 그리고 그에 따른 외모 변화에 대해 많이 생각한다. 광란의 칼로리 계산기 시대가 지나자 이제 또 다른 걱정거리가 생겨났다. 무서운 주름과 흰머리의 등장이다. 레베카는 친구들이 노화의 징후를 늦추기 위해 성형수술을 받는다면 과연 자신이 거기에 동참하지 않을 만큼 의지가 강할지 의심했다. 그녀는 "이제 이런 두려움이 생긴 것 같아요. 외모에 불만을 느낄 때마다 깨닫죠. 이게 최선일 거라고. 바로 지금이 제 외모의 최고점일 거라고요. 그러면서 '지금 이 순간 자신에게 불만을 느낀다면 나머지 인생은 뭐가 되겠어?'라고 생각하는 거예요. 제가 절대 안고 싶지 않은 문제예요."라고 말했다.

수많은 젊은 여성이 "지금이 최선이라면 어쩌지?"라는 말을 던진다. 그럴 때마다 나는 화가 난다. 외모 강박은 젊은 여성을 두 번 강타하는 끔찍한 힘이다. 이미 자신의 외모를 걱정하는 여성에게 한 방을 날리고는 나이가 들수록 상황은 나빠질 것이라고 다시 한 방을 날리는 것이다.

나는 레베카에게 말했다. "'이게 최선일 거'라는 말이 재미있네요. 그 점에 대해서 저도 많이 생각해봤어요. 여성의 힘이 어린 시절에 정점을 찍는 이 세상에 대해서 말이에요. 당신은 아직 서른이 안 됐는데 이미 내리막이라고 느끼잖아요. 그러면 무슨 일이 벌어질까요? 지금이 가장 최선이라면 무슨 일이 일어날까요?"

레베카는 지금 그 질문의 답을 찾기 위해 씨름하고 있다고 했다. "저는 외적인 모습에 집착하고 싶지 않아요. 그런데도 노화에 대한 두려움이 제 마음을 갉아먹고 있다는 점이 짜증 나요."

"나이가 들면서 무엇이 중요해졌으면 좋겠어요?" 나는 물었다.

육체에서 정신으로, 정신에서 육체로

레베카는 자세를 고쳐 앉았다. "성격과 인간관계요. 제가 어떻게 생겼는지가 아닌 제가 무엇을 의미하는지가 중요했으면 좋겠어요."

핑크머리의 고등학생 애나 또한 레베카와 같은 믿음을 가지고 있었다. 애나는 우리 문화가 소녀에게 "네가 유일하게 가치 있는 부분은 섹시한 몸 아니면 예쁜 외모뿐이야"라는 메시지를 전달하는 것에 분개했다. 그리고 젊은 여성이 다른 여성의 외모를 조목조목 깎아내리도록 부추기는 영향력에 분노했다. 애나는 "다른 사람을 평가하면 할수록 그만큼 자신도 남에게 평가받는다고 의식하게 되죠."라고 설명했다.

애나는 앞으로 2년간 고등학교를 다녀야 한다. 나는 그녀에게 고등학교에 다니는 동안 그녀가 지닌 가치를 지킬 수 있을지 물었다.

그녀는 신중하고도 침착하게 대답했다. "제가 좀 더 매력적이었으면 좋겠다는 생각은 변하지 않았으면 좋겠어요. 다만 다른 사람들이 아닌 제 자신을 위해 자신감 넘치는 모습을 지킬 수 있길 바라요."

우리의 생각이 거울 앞에 붙잡혀 있으면 우리가 중요하게 여기는 것을 진심으로 지지할 수 없게 된다. 우리는 아름다움이 아닌 우리가 중요시하는 것들을 위해 정신적 여유를 다시 확보해야 한다.

외모 강박이 여성에게 미치는 영향

수
치
심

몇 년 전 나는 강의실을 가득 채운 심리학자들 앞에서 자기 대상화에 관해 발표했다. 여성의 자기 대상화가 어떻게 신체 혐오로 이어지는지, 그리고 이를 막기 위해 무엇을 할 수 있을지 토론하고 있었다. 그러다 한 심리학자가 질문을 던지며 끼어들었다. "잠깐만요, 어쩌면 여성들이 자신의 몸에 혐오를 느끼는 건 좋은 일이 아닐까요? 몸무게가 늘어나서 기분이 나빠지는 게 나을 수도 있어요. 비만을 막아줄 테니까요."

그날 이후 비슷한 질문을 여러 차례 들었다. 대부분은 무례한 말투였다. 최근에는 《뉴욕 타임스》에 기고한 글에 관해 여러 통의 항의 메일을 받았다. 페이스북이 '살찐 느낌'이라는 이모티콘을 없애기로 한 결정에 관해 쓴 글이었다. 분노에 찬 이메일을 보낸 사람들은 모두 남성으로 신체 혐오는 옳지 않다는 나의 주장을 몹시 비난했다. 이들은 신체 혐오는 비만을 방지하는 훌륭한 예방책이라고 주장했다. 심지어 어떤 사람은 프랑스 여성은 모두 날씬하다면서(어쨌든 이는 진실이 아니다) 그 이유는 프랑스 문화가 효과적으로 살찐 여성에게 창피를 주기 때문이라고까지 말했다. 또 다른 사람은 여성이 자신의 몸에 대해 지속적으로 부끄러움을 느껴야 미국의 미래가 밝다고 했다. 나는 여성이 자신을 혐오해서는 안 된다고 주장하는 것만으로 내 나라를 위험에 빠뜨렸다! 나는 이메일에 답하지 않고 모두 삭제해버렸다. 이 글은 그런 생각의 남성들에게 대답이 될 수도 있겠다.

우리는 외모에 대해 생각하는 것이 인지적인 과업이나 몸을 움직이는 방법에 영향을 미칠수도 있음을 알았다. 그러나 자기 대상화는 소녀와 여성의 감정적 행복과 정신 건강에 강력한 한 방을 먹일 수도 있다. 왜냐하면 자기 대상화는 신체 혐오를 유발하기 때문이다. 그 순환 과정은 다음과 같다. 당신은 자신의 외모에 대해 생각한다. 이는 이상적인 몸매에 관한 생각으로 이어진다. 일단 이상적인 몸매를 보게 되면, 자신의 몸과 그 몸을 비교하게 된다. 그리고 이상적인 미란 거의 모든 여성이 도달할 수 없는 경지이기 때문에 그런 비교 끝에선 좌절을 맞게 된다. 당신의 외모가 필수적인 것을 갖추지 못했다는 느낌에서 오는 상실감은 신체 혐오를 자아낸다. 외모 강박은 신체 혐오에 의해 강화된다. 외적인 모습을 중요시할수록 혐오는 커진다. 이는 끔찍한 심리학적 피드백 루프를 형성한다. 혐오는 생각을 다시 외모로 돌려놓고 계속 더 큰 신체 혐오를 낳는다.

수치심은 복잡한 감정이다. 결핍의 느낌, 그리고 평가할 준비가 끝난 사람들 앞에 자신의 결함을 드러내는 느낌이다. 이는 문화적 규범과 사회적 기대와 얽혀 있다. 그리고 자신을 의식하게 하며 다른 사

외모 강박이 여성에게 미치는 영향

람의 시선에 과하게 초점을 맞추게 한다. 수치심은 가브리엘이 민낯으로 집을 나설 때 느끼는 기분이다. 알테미스가 침실에 있는 전신거울로 자신을 비춰봤을 때 느끼는 기분이다. 소피아가 길거리 남성으로부터 그녀의 엉덩이 사이즈에 대한 이야기를 들었을 때 느끼는 기분이다.

평생 여성은 남성보다 더 자주, 그리고 더 심하게 수치심을 느낀다. 특히나 수치심에 의한 신체 혐오에서는 그 차이가 더욱 극명해진다.[18] 《국제 섭식 장애 저널The International Journal of Eating Disorder》에 발표된 한 연구는 여학생들이 이상화된 여성의 이미지가 실린 잡지 광고를 몇 분 더 본 것만으로도 신체 혐오가 증가함을 밝혀냈다.[19] 그 광고의 내용이 직접적으로 아름다움을 가리키지 않을 때조차 신체 혐오는 증가했다. 단순히 이상적으로 아름다운 여성의 이미지를 보는 것으로도 여성은 결핍을 느끼게 된다. 단 한 번의 눈길이면 충분한 것이다.

메리 캐서린Mary Katherine(앞으로 M.K.라 표시하겠다)은 마흔여섯 살의 백인 가정주부다. 그녀는 마치 손바닥 안을 들여다보듯 신체 혐오를 잘 알고 있다. 그녀가 겪은 몇 년간의 분노와 우울, 폭식증은 여성의 행복을 갉아먹는 수치심의 영향력을 보여주는 증거다. 나는 M.K.를 그녀의 집에서 만났다. 그녀의 남편은 우리가 조용히 인터뷰할 수 있도록 어린 아들들을 데리고 다른 방으로 갔다.

내가 안락의자에 앉자마자 M.K.는 자신의 어린 시절이 담긴 메모리북을 건넸다. 그 책은 일반적인 앨범이 아니었다. 학년마다 페이지가 할당되어 있었다. 각 페이지에는 사진을 넣는 공간과 함께 중요한 정보를 적는 빈칸이 있었다. M.K.는 자신이 언제 처음 '문제를 인식'했는지 이 책을 보면 이해하기 쉽다고 설명했다. 각 페이지에는 키와 몸무게를 쓰는 칸이 따로 있었다.

M.K.의 유치원 시절은 귀여웠지만 특별할 것은 없었다. 초등학교 1학년 페이지부터 흥미로워지기 시작했다. 퍼프소매가 달린 빨갛고 하얀 물방울무늬 원피스를 입은 어린 M.K.의 사진 아래로 '23킬로그램'이라는 몸무게가 눈에 들어왔다. 그러나 어느 순간 어린 M.K.는 23이란 숫자를 대충 지우고 그 위에 20이라고 써놓았다. 그로부터 몇 년 후 M.K.는 '36킬로그램'이라는 숫자에서 6을 지우고 그 자리에 0을 써놓았다. 열네 살의 M.K.는 자신의 키를 168센티미터, 몸무게를 52킬로그램이라고 썼다. 52라는 숫자 옆에는 몹시 분노한 필체로 '너무 뚱뚱함'이라고 쓰여 있었다.

"왜 23을 20이라고 바꾸었죠?" 나는 M.K.에게 물었다.

"모르겠어요. 전 겨우 일곱 살이었으니까요. 아마도 안 좋은 소리를 들었겠지요. 저는 말라깽이였는데도 뭔가가 저를 더 작아지고 싶게 만들었어요." 그녀는 대답했다.

"숫자를 고쳐 쓴 기억이 나나요?"

M.K.는 고개를 저으며 어깨를 으쓱했다. "아뇨. 그런데 제가 쓴 게 맞아요."

외모 강박은 복잡한 문제이며 온갖 요인에 기인한다. 그러나 내가 인터뷰한 여성들은 처음 자신의 외모에 관심을 갖게 한 특별한 사건을 정확히 기억하고 있었다. 레베카는 체육 시간에 체지방 지수를 쟀던 것이었고 에린은 여덟 살 때 누군가가 브래지어를 입어야겠다고

외모 강박이 여성에게 미치는 영향

말한 것이었고, 알테미스는 드레스가 맞지 않았던 것이었다. M.K.의
그 사건은 8학년 때 일어났다.

"그날 제가 무슨 옷을 입었는지 정확하게 기억나요. 우리는 교회
에 가려던 참이었고 아빠는 제게 한 바퀴 돌아보라고 하셨어요. 그러
더니 아빠는 제 다리 모양이 마음에 들지 않는다고 하셨어요. 종아리
가 굵어 보인다면서요. 그때였던 것 같아요. 그날 이후 제게 문제가
있다고 생각하게 됐죠." M.K.는 당시 자신의 다리는 "가느다란 막대
기 같았다"고 묘사했다. 그러나 그해 여름 내내 M.K.는 반바지를 입
지 않았다. 자신의 다리가 너무 굵다고 생각했기 때문이었다. 다리에
대한 강박은 몸 전체에 대한 강박으로 퍼져나갔다. 그리고 그녀는 거
의 20년 동안 시달렸다.

M.K.가 어떤지와는 상관없이 부모님의 평가는 계속됐다. "엄마
는 제 몸매가 쉰 살 먹은 아줌마 같다고 했어요." 기억을 떠올리는
M.K.의 얼굴 위로 혐오감이 드러났다.

"어머니가 그렇게 말씀하셨다고요?" 나는 믿기지 않았다.

M.K.는 지금까지 그 말을 여러 번 곱씹어서 더 이상 심리적인 충
격을 받지 않는 듯했다. "네, 엄마는 제 얼굴이 너무 터질 거 같다면
서 누가 저에게 매력을 느끼겠냐고 이야기했어요. 부모님은 먹는 것
에도 언제나 꼬투리를 잡았어요. 그러면 저는 '사람들은 있는 그대
로의 나를 좋아해. 사람들은 내 내면을 보고 좋아한다고.'라고 응수
했죠. 하지만 제 외모에 대한 악담 세례는 끝나지 않았어요." 그녀는
답했다.

나는 M.K.의 부모님이 그녀의 건강을 걱정해서 그런 말을 한 것

인지 아니면 외모를 걱정해서 그런 말을 한 것인지 물었다. M.K.는 건강이 아닌 외모를 걱정한 것이라고 확신했다. 부모님이 왜 그렇게 그녀의 외모를 걱정했느냐고 물었을 때 M.K.의 얼굴에 한 줄기 분노가 스쳤다. 그녀는 깊은 한숨을 내쉬었다. "아, 정말. 저는 부모님이 자신에 대해 전혀 생각하지 않는 불쌍한 사람들이었다고 생각해요. 그러니 자기 자식에 대해서도 아무 생각이 없었던 거죠. 그리고 이 세상에 보이는 모습이 겉모습이니까, 속이 어떤지와는 상관없이 겉모습이 그럴듯해 보이면 완벽해 보였던 거예요. 우리 엄마는 열다섯 살이던 제게 자기 앞에서 체중계 위에 올라가라고 했어요. 제 몸무게는 60킬로그램이었고 엄마는 62킬로그램이었어요. 엄마가 먼저 몸무게를 쟀고 그다음 제가 쟀죠. 그러고는 이렇게 말씀하셨어요. '너는 열다섯이고 나는 마흔이야. 난 애도 다섯이나 낳았다고. 이게 말이 되니?'"

어머니로부터 이 이야기를 듣고 얼마 지나지 않아 M.K.는 밥을 굶고 설사약을 먹기 시작했다. 어느 순간 몸무게는 10킬로그램이 빠졌고 그녀의 표현에 따르면 "우스꽝스러울 정도로 깡마르게" 됐다. 그녀에게 거의 관심이 없었던 아버지가 드디어 그 변화를 알아챘다. 아버지는 "살을 몽땅 빼니까 보기 좋다"고 말했고 그녀의 마음속에는 날씬함과 사랑이 영원히 짝지어지게 됐다.

M.K.는 심리적 상처에도 불구하고 '종교적인 죄책감' 때문에 지금도 계속 부모님과 연락하며 지낸다고 말했다. 그녀의 아버지는 중증의 파킨슨병을 앓고 있다. 최근 아버지는 그녀가 너무 짧게 머물다 간다고 화를 냈다. M.K.는 아버지에게 용서해달라고 했지만, 아버지

외모 강박이 여성에게 미치는 영향

는 이를 거부했다. 그러자 그녀는 평정심을 잃었다.

"나는 다 용서했다고요!" 그녀가 소리 질렀다.

"뭐?" 아버지는 딸이 무엇 때문에 자신을 용서했는지 전혀 생각하지 못했다.

M.K.는 그 자리에서 모든 것이 봇물 터지듯 터져 나왔다고 말했다. "아버지는 제가 10대였을 때 제게 뚱뚱하다고 하셨잖아요!" 그녀는 울었다.

"뚱뚱했잖니." 아버지는 무표정한 얼굴로 대답했다.

그 말 한마디로 M.K.는 나락으로 떨어졌다. 그녀는 집으로 돌아와 2주 동안 폭식을 했고 5킬로그램이 늘었다. "아빠의 말 한마디가 절 그 지경으로 만들었죠." 그녀가 말했다.

비 만 에 대 한 문 화 적 혐 오

최근 몇 년간 여성이 생각하는 아름다움의 이상은 가슴 크기, 키, 머리 색 등으로 다양해졌다. 그러나 단 하나 변하지 않는 것은 바로 날씬함이다. 이상적인 '풍만한' 몸매를 가졌다고 손꼽히는 여성들조차 배는 납작하고 셀룰라이트는 전혀 드러나지 않는다. 그리고 이상적인 날씬함에서 이탈할 경우 종종 적대감이나 조롱을 마주하게 된다.

2014년 영화 〈스쿠비 두! 프랑켄크리피Scooby-Doo! Frankencreepy〉의 논란을 살펴보자. 영화 속에서 전형적인 날씬한 캐릭터 대프니는 끔찍한 저주에 걸린다. 신체 사이즈가 44사이즈에서 66사이즈로 바뀌게 된 것이다. 여기서 66사이즈는 뚱뚱한 것이 아니라는 사실과 '뚱뚱해진 대프니'가 절대 66사이즈처럼 보이지 않는다는 사실은 접어두자. 대프니의 저주는 44사이즈 몸매를 과시한 것에 대한 형벌이었다. 그녀는 허영심 때문에 벌을 받은 것이다. 이 영화가 젊은 여성에게 주는 교훈은 무엇일까.

1. 당신은 44사이즈일 때만 예쁘다.
2. 당신이 44사이즈라는 점을 자랑하거나 좋아하지 말자. 안 그러면 허영심 때문에 벌을 받는다. 당신의 몸매를 인정할 수 있는 자격은 다른 사람들에게만 있다.
3. 당신이 외모로 허영심을 부린다면 여성으로서 상상할 수도 없는 가장 무서운 방법으로 벌을 받는다. 바로 살이 찌는 것이다.

우리는 어린 시절부터 체지방을 부정적인 성격과 연관 짓도록 배운다. 윌리엄스대학에서 실시한 연구에 따르면 3세부터 5세 사이의 어린이에게 이야기를 들려줬다. 한 아이가 다른 아이에게 못되게 굴었다는 이야기였다.[20] 연구자들은 어린이들에게 마른 아이부터 통통한 아이까지 순서대로 사진을 보여주며 누가 그 못된 아이일지 물었다. 실험에 참여한 어린이들은 통통한 아이가 못된 아이일 것이라고 추측했다. 또한 통통한 아이와 놀고 싶다고 말한 경우도 적었다. 심지어 실험에 참여한 어린이가 과체중일수록 통통한 것과 못된 것을 연관 짓는 경우가 더 많았다. 이 연구는 어린이가 어린 나이에 이미 자신의 자아 존중감에 대한 끔찍한 교훈을 내면화했다는 걱정스러운 결과를 제시하고 있다.

몸무게에 관한 편견은 광범위하게 퍼져 있다. 그리고 연구들은 일관적으로 여성이 남성보다 훨씬 자주 이런 편견의 표적이 된다는 결과를 내놓는다. 여성의 경우 날씬하지 못한 것이 엄청난 성격적 결함이나 게으름, 폭식이나 생활 습관의 부재 등을 의미한다는 것이다. M.K.가 마침내 부모에게 자신의 섭식 장애를 고백하자 아버지의 첫 번째 반응은 "왜 네 냉장고 안에 있는 것을 절제를 못 하니?"였다. 마치 그녀의 노력이 부족했다는 듯 말이다.

여성이 신체 혐오를 느껴야 할 마땅한 이유란 건 없다

앞서 이야기한 것처럼 어떤 사람들은 신체 혐오가 우리의 행동을 이로운 방향으로 바꿔놓는 유력한 증거라고 말한다. 이론적으로 수치심은 당신이 원하는 모습이 될 수 없음을 일깨워주어 스스로의 행동을 다시 생각해보게 한다. 그런 상황에서 수치심은 적절할 수도 있다. 그러나 여성의 신체 혐오는 세 가지 관점에서 적절하지 않다.

우선, 이상적인 미는 달성 불가능한 것이기 때문에 그걸 성취하지 못했다고 해서 수치심을 느껴야 한다는 것은 공정하지도, 합리적이지도 않다. 당신은 실패자가 아니다. 이는 시스템의 농간인 것이다. 두 번째로, 신체 혐오는 대부분의 여성이 이상적인 미에 좀 더 가까워지도록 장려하지 못한다. 실질적으로는 더 멀어지도록 몰아간다.

세 번째로, 이상적인 미에 가까워질 경우 건강을 보장받지 못한다.

첫 번째 관점인 달성 불가능한 이상적인 미는 「왜곡된 미디어」 장에서 자세히 살펴볼 것이다. 여기에서는 나머지 두 가지에 초점을 맞추겠다. 이상적인 미가 달성 가능하다고 생각하더라도 이를 이루기 위해 수치심을 느껴야 한다는 것은 처참하다. 이때 느끼는 수치심은 전혀 도움이 되지 않는다. 그저 당신을 아프게 할 뿐이다.

신체 혐오는 다이어트 계획이 될 수 없다

M.K.는 신체 이미지라는 관점에서 "크게 발전하고" 있다고 말하면서도 자신의 몸에 대해 진심으로 편하게 느낀 적은 한 번도 없다고 고백했다. 심한 날은 샤워 후 거울에 비친 자신의 알몸을 흘깃 훔쳐보면서 온몸으로 신체 혐오를 느꼈다. 폭식과 극단적인 다이어트를 위한 설사약 복용이 주기적으로 반복되면서 M.K.의 몸무게는 거의 45킬로그램에 가까운 범위를 폭넓게 오르내리게 됐다. 몇 년간 M.K.는 설사약을 남용하며 폭식의 수치심을 '지우려고' 노력했다. 그러나 그녀는 스물다섯 살이 되던 해 설사약을 중단했다. 설사약의 부작용으로 아이를 갖지 못 할 수도 있다는 걱정 때문이었다. M.K.의 신체 혐오는 그녀가 자신의 몸을 위해 건강한 선택을 하도록 이끈 적이 한 번도 없었다. 신체 혐오는 다이어트 계획이 될 수 없다.

신체 혐오가 극도로 마른 이상적인 몸매를 갖는 데 도움이 된다는 생각부터 분석해보자. 비만을 주제로 이뤄진 모든 연구에서 뚱뚱함에 대한 수치심이 다이어트를 돕는다는 증거는 전혀 찾아볼 수 없다. 실질적으로는 그 반대였다.

신체 혐오의 위기에 빠진 여성이 원대한 계획을 세우기란 쉬운 일이 아니다. 첫 번째 반응은 '난 다이어트할 거야. 탄수화물을 줄여야겠어. 매일 운동해야지. 이제 디저트는 안 먹어.'라고 생각할 것이다. 그러나 이런 반응에는 두 가지 문제점이 있다. 우선, 장기적인 관점에서 건강한 변화를 이끌어낼 수 없다. 두 번째로, 섭식 장애로 이어지는 위험한 행동을 이끌어낼 수 있다. 왜냐하면 표준 몸매에 미치지 못한다고 느낄 때 가장 흔한 반응은 깡마른 이상형에 가까워질 수 있다면 무슨 일이든 기꺼이 하겠다고 생각하기 때문이다.

섭식 장애는 심각한 문제다. 이는 젊은 여성 사이에서는 꽤 흔하다. 나는 학교에서 섭식 장애인 친구를 걱정하는 학생들로부터 상담 요청을 받곤 한다. 주기적인 폭식과 설사약 복용, 또는 식단 조절은 평범한 것이 됐다. 신체 사이즈를 줄이는 내용의 광고가 홍수를 이루면서 이런 분위기를 더욱 장려한다.

우리는 정서적인 고통을 겪을 경우 기분 전환을 위해 무언가를 한다. 설사 그 행동이 잠깐의 기분 전환을 위한 것이더라도 말이다. 이런 기분 전환은 커다란 아이스크림 한 통이나 과자 한 봉지의 형태로 이뤄진다. 정서적인 고통은 일시적으로 나아지겠지만 곧이어 신체 혐오의 연쇄 작용이 일어난다. 몸 때문에 기분이 나빠졌고, 그래서 기분이 좋아지기 위해 무언가를 먹었고, 이제는 몸 때문에 더욱 기분이 안 좋아진 것이다. 비만이라는 낙인은 폭식으로 이어지는 경로 중

하나다.

심리학자들은 신체 혐오가 폭식을 촉발한다는 것을 알고 있었다. 《국제 섭식 장애 저널》에 흥미로운 실험 연구가 소개됐다. 그 실험 연구에서는 우선 폭식증을 앓고 있는 여성들에게 그들이 가장 좋아하는 음식 사진을 보여줬다.[21] 그다음 여성들에게 슬펐을 때를 몇 분간 떠올려보라고 요청했다. 그때 슬픈 음악이 흘러나왔다. 이 실험의 목표는 정서 유발 방법론으로, 여성들에게 부정적인 정서를 일으키는 것이었다. 여성들이 슬픈 감정을 갖게 되자 다시 그들이 좋아하는 음식 사진을 보여줬다. 여성들은 슬플 때 음식 사진에 더 많은 관심을 쏟았고, 먹고 싶다는 욕구도 더 커졌다고 이야기했다. 정서적 고통은 건강한 식습관을 유지하기 어렵게 만든다.

M.K.에게 "신체 혐오가 곧 다이어트 계획이다"라는 말을 어떻게 생각하는지 물었다. 그녀 역시 신체 혐오를 폭식과 연관 지으며, '다이어트를 위한 최악의 방식'이라고 묘사했다. M.K.가 체중 때문에 수치심을 느낄 때 가장 처음 마주하는 욕구는 식욕이었다. "수치심을 느끼고 우울해질 때 침대에서 벌떡 일어나 동네를 한 바퀴 돌고 오트밀에 블루베리를 먹지는 않아요. 내 인생엔 아무런 희망이 없다고 느끼기 때문에 던킨 도넛 가게로 향하죠. 수치심은 희망과 아무런 상관이 없어요." 그녀는 설명했다.

모든 사람이 몸매에 화가 난다고 폭식을 하는 것은 아니다. 일부는 다른 길을 택할 것이다. 한동안 끼니를 거르거나 섭취 칼로리를 극단적으로 줄이기로 한다. 하지만 배고플 때 다른 무언가에 집중하기란 쉽지 않다. 이런 이중고에 대해 생각해보자. 당신의 주의력은 신체

외모 강박이 여성에게 미치는 영향

모니터링 때문에 이미 제한적으로 작동한다. 그런데 배고픔이 거기에 가미되면서 더욱 산만해지는 것이다. 결국, 신체 혐오의 양 갈림길은 어느 쪽이든 다이어트의 답이 될 수 없다.

야윈 것과 건강한 것을 혼동하다

'건강'을 위해 강조되는 것들은 대부분 '건강'의 가면을 쓴 '아름다움에 대한 우려'인 경우가 종종 있다. 2015년 애팔래치안주립대학교와 켄트주립대학교 연구팀은 2006년부터 2011년 사이에 발간된 잡지 《위민즈 헬스Women's Health》와 《맨즈 헬스Men's Health》의 표지 108장에 실린 제목을 분석했다.[22] 《위민즈 헬스》 표지에 쓰인 가장 큰 제목 중 83퍼센트는 외모나 다이어트의 관점에서 작성됐다. 《위민즈 헬스》의 기사 타이틀 역시 《맨즈 헬스》에 비해 외모를 강조하는 경향이 더욱 높았다. 두 잡지 모두 건강에 직접적으로 초점을 맞춘 제목은 없었다. 잡지명에 '건강'이라는 단어가 들어가 있는데도 말이다.

몸무게에 따른 차별은 증가하고 있지만 차별이 비만을 방지할 것이라는 징후는 보이지 않는다. 몸무게에 집착하는 문화 속에서 살고 있는 여성이 혹시라도 자신의 몸매에 환상을 갖고 있을 것이라고 걱정하지 마라. 굳이 이상적인 몸매와의 격차를 짚어줄 필요도 없다. 장담컨대 이미 그녀는 그 사실을 알고 있을 것이다.

여성의 건강을 걱정하기 때문에 비만을 혐오하는 것이라고 주장하는 이들에게, 여성의 건강을 향상시킬 다른 방법을 정중히 제안하려 한다. 병원에서 자원봉사를 하자. 국경 없는 의사회에 기부하자. 여성의 건강을 보호하기 위한 연구와 법률 제정을 지원하자.

잔인함은 건강에 개입하는 방식이 아니다. 이는 그저 자신의 자존감을 북돋아 주기 위한 독선적이고 그릇된 시도일 뿐이다. 왜 몸을 걱정하고 존중하는 대신 몸을 한탄하고 건강을 방해하는가. 왜 여성이 자신의 사적이고 중요한 부분을 스스로 미워하기 바라는가. 우리에게 필요한 것은 몸을 돌보는 일이 자연스럽고 당연한 것이라는 사실을 깨닫는 것이다. 물론 당신은 싫어하는 것을 돌보지 않을 테지만.

신 체 혐 오 의
우 울 한 현 실

신체 혐오는 일상적인 우울과 좀 더 심각한 우울증으로 발전할 가능성이 매우 높다. 우리는 신체 모니터링이 가져오는 이런 심각한 결과를 무시해서는 안 된다.

노던일리노이주립대학교와 노스다코타대학교 연구팀은 몸에 대해 부정적인 감정을 갖고 있는 소녀가 자살을 생각할 가능성이 높다는 것을 밝혀냈다.[23] 신체 이미지는 심지어 절망이나 우울 같은 다른 위험 요소보다 더욱 강력한 자살 예측 요인이 된다.

아마도 우리 대부분은 우울증과 신체 모니터링 간의 관계를 이해하고 있을 것이다. 자기 대상화는 정신적 반추Rumination, 즉 자신의 심리적 고통에 초점을 맞추는 성향을 촉진한다. 정신적 반추는 부정적인 생각과 시나리오가 도돌이표를 그리며 되풀이되는 것이다. 이는 우울증의 절대적인 예측 요인으로, 남성보다 여성에게 더 많이 나타난다. 특히 외모나 신체 이미지에 관해서는 여남 간 차이가 더욱 크게 나타난다. 그래서 많은 여성이 외모와 신체 이미지 반추에 전문가가 되는 것이다.

M.K.의 경우 중학교 시절 그녀의 다리에 대한 아버지의 퉁명스럽고 수치스러운 코멘트가 신체 모니터링을 촉발했고 이는 몇 년에 걸친 섭식 장애와 우울증, 그리고 분노를 부채질했다.

이제 그녀는 아침마다 집을 나서기 전에 현관의 거울 앞에 서서 자신의 모습을 있는 그대로 받아들이려고 노력한다고 한다. 물론 여전히 바꾸고 싶은 신체 부위가 줄줄이 떠오르지만 말이다. M.K.에게 거울을 없앨 생각은 없냐고 물었다. 그녀는 자신을 있는 그대로 받아들일 만큼 자신이 충분히 발전했음을 느낀다고 했다.

"그럴 필요는 없을 거 같아요. 예전엔 그랬죠. 제 뇌 공간의 90퍼센트는 뚱뚱하단 생각으로 가득 차 있었거든요. 이제는 아마 10퍼센트 정도 될까요?" 그녀는 외모 강박이 자신의 정신적 자원을 얼마나 잡아먹고 있었는지를 이야기하면서 "뇌 공간"이라는 표현을 사용했다.

"얼마나 오랫동안 90퍼센트의 덫에 갇혀 있었죠?" 나는 물었다.

M.K.는 천장을 올려다보며 머릿속으로 계산했다. "아, 세상에나." 그녀가 깜짝 놀라며 말했다. "15년이네요."

나는 M.K.에게 만약 그토록 오랫동안 신체 모니터링을 하느라 뇌 공간의 90퍼센트를 희생하지 않았다면 인생이 어떻게 변했을지 상상해보라고 했다. "90퍼센트의 뇌 공간을 되찾는다면 인생이 어떻게 바뀔까요?" 나는 물었다. "무엇을 했을 것 같나요?"

가지 않은 길에 대해 생각하는 것은 그녀에게 극심한 고통이었다. "자존감이 높아졌겠죠. 제 인생 전체가 달라졌을 거예요."

그녀는 말을 이어갔다. "자신에 대해 무언가를 생각했을 거예요. 남자들과의 관계도 매우 달라졌을 거고요."

"남자들과의 관계가 어떻게 달라졌을까요?" 나는 물었다.

M.K.는 역겹다는 듯 이야기했다. "저는 남자들이 절 좋아했으면 하는 마음에서 그들과 잤어요. 제 몸을 소중히 여기지 않고 그냥 마음대로 굴렸죠. 누군가가 나를 기다려줄 만큼 좋아할 거라는 생각을 못했어요. 나와 섹스할 때까지 기다려줄 만큼, 나를 알게 될 때까지 기다려줄 만큼 날 좋아해줄 사람은 절대 없을 거라고 생각했어요. 그래서 그냥 자버렸어요. 무슨 말인지 아시겠나요?" M.K.는 움찔했다. "저 자신을 더 소중히 여겼어야 했어요. 저는 지금의 마음가짐으로 그때로 돌아가고 싶어요. 정말 간절히요."

물론 M.K.는 그때로 돌아갈 수 없다. 그러나 그녀는 더 이상 외모 강박의 노예로 살지 않기로 했다. 그녀는 말했다. "보톡스를 달고 살 수도 있어요. 그래도 여전히 주름은 생기고 머리는 하얗게 세겠죠. 노화를 막을 수는 없어요. 어느 날 거울을 들여다봤을 때 주름살이 늘어진 제 모습이 비치겠죠. 나이 들어가는 건 그런 거죠. 저는 이제 제 몸을 편안하게 받아들이고 싶어요."

외모 강박이 여성에게 미치는 영향

그렇게 M.K.는 여전히 투쟁하고 있지만 질 때보다 이길 때가 더 많아졌고 자신의 경험을 교훈적이고도 희망찬 이야기로 만들어가고 있다. 그녀의 경험은 자기 대상화의 대가가 무엇인지를 보여준다. 신체 모니터링은 끔찍한 신체 혐오로 이어진다. 운동은 무거운 짐이 되고 먹는 것은 전투가 된다. 이는 심각한 우울증의 전조증상이며 심지어 자살에 대한 상상과도 결부된다. 외모 강박은 이런 것이다.

그러나 외모 강박은 단순히 여성의 정신적·정서적 건강만 위협하는 것은 아니다. 도둑이 되어버리기도 한다. 여성의 가장 중요한 자원인 돈과 시간을 너무도 자주 앗아가 버린다.

수치심

당신의 돈,
당신의 시간

내 친구 빌Bill은 통계 성애자다. 빌이 내 사무실에 불쑥 찾아와 새로운 발견이나 기술에 관해 무언가를 신나게 풀어내는 일이 다반사다. 하루는 빌이 종이 한 장을 흔들며 찾아왔다. 더스트볼 경험주의Dustbowl Empiricism(이론적인 가설 없이 경험적인 관찰과 데이터 수집을 통해 접근하는 사회과학적 방법론_옮긴이)라 불리는 기법으로 추출한 결과에 흥분하며 말이다. 여러분을 위해 통계에 관한 세부 사항은 제외하고 단순한 용어로 설명해보겠다. 빌은 전 세계 10만 명 이상의 참여자를 대상으로 한 성격 테스트에서 1,000개의 답변을 뽑아 조사했다. 그러던 중 설문조사에 답한 참여자의 성별 판별에 적중률을 높이는 방법을 찾아냈다. 그것은 바로 아름다움의 대가가 성별에 따라 가장 크게 달라진다는 것이었다.

빌은 손가락으로 종이를 가리켰다. 내 시선은 설문 참여자의 성별을 가장 정확하게 구분 지어주는 항목으로 향했다. "무슨 옷을 입을

지 한 시간 이상 고민한다"라는 항목이었다. 여성은 대체로 남성보다 이 문장에 동의할 가능성이 높았다. "이걸 봐봐. 네가 흥미를 가질 거라 생각했어." 그가 말했다.

여성과 남성을 구분하는 모든 심리적 특성과 관심사 가운데 무슨 옷을 입을지를 고민하는 시간만큼 두드러진 특징도 드물다. 이는 여성의 인생이 얼마나 아름다움에 대한 걱정으로 이뤄지는지를 밝혀줄 강력한 증거가 된다.

나는 결과물을 보고 한숨을 쉬었다. "재미있네. 그리고 좀 화도 나고." 빌은 고개를 끄덕였다. 나는 외모 강박의 대가에 관해 다시 생각하기 시작했다. 신체적 자유와 인지적 자원의 감소, 그리고 신체적·정신적 건강의 저해 외에 여성은 외모 강박에 대응하기 위해 시간과 돈을 써야 한다. 우리는 대가를 치르고 또 치르게 된다.

미네소타에 위치한 중소기업에서 이사직을 맡고 있는 서른세 살의 백인 제스$_{Jess}$*는 점심시간에 근처 식당에서 나와 만났다. 제스는 여성으로서 '외모를 유지하는' 비용에 대해 깊이 생각해왔다고 한다. 그녀는 굴지의 컨설턴트 회사에서 고강도의 스트레스를 받으며 5년을 일했다. 그곳은 외모를 언제나 가장 중요하게 여기는 곳이었다. 지금도 제스는 외모와 관련해 많은 시간을 보낸다고 한다.

제스는 일상의 미인 대회에 늦게 발을 내딛었다. 그녀는 노동자들이 많이 사는 작은 마을에서 자랐다. 가장 가까운 쇼핑몰까지는 차를 타고 일곱 시간은 가야 했고 당시는 인터넷 쇼핑몰이 아직 개발 초창기였다. 그리고 옷을 차려입어야 할 자리도 드물었다. 어쨌든 제스는 학업에 좀 더 초점을 맞출 수 있었고 그 결과 명문여대에 장학금을

당신의 돈, 당신의 시간

받고 입학하게 됐다.

제스는 모교의 환경을 사랑했다. 어느 정도 외모에 대해 생각해야 하는 상황에서 그녀를 자유롭게 해줬기 때문이다. 그러나 작은 마을에서 자란 그녀는 외모와 관련해 다른 여성들이 지닌 상식을 갖지 못해 종종 당황하곤 했다. 그녀의 육상팀 코치가 주최한 파티에 참석했을 때도 그랬다. 그 파티에는 다른 학교 학생들도 참석했고 다들 이 코치의 집에 초대받은 것을 굉장한 일이라고 생각했다. 제스는 파티에 어떤 옷을 입고 갔는지 이야기해줬다.

"저는, '아 좋아. 가장 깔끔한 카키색 팬츠와 제일 예쁜 스웨터를 입어야겠다.'라고 생각했죠. 하지만 파티 장소에 도착해서야 난생처음 깨달았어요. '세상에, 난 드레스가 없구나.' 다른 여자애들은 모두 치마나 드레스를 입고 있었거든요. 저는 그렇게 옷을 입을 줄 모른다는 걸 불현듯 깨닫게 된 거예요."

제스는 여전히 부끄러운 감정에 휩싸여 있었다. "저는 그냥, 제가 그곳에 어울리지 않는 사람이라고 느꼈어요." 그녀는 그날 밤을 떠올리며 고개를 저었다. "그리고 제가 입은 옷이 부끄러웠고 그걸 멋지다고 생각한 자신이 바보 같았어요. 그리고 정말 마음이 불편했죠. 그날 밤 내내 '아, 이 옷은 이 자리에 걸맞지 않아. 내가 잘못된 결정을 내린 거였어.'라고 생각하느라 파티를 제대로 즐기지 못했어요. 저는 멋진 옷을 입었다고 당당하게 생각했는데, 틀렸던 거죠. '그걸 몰랐다니 도대체 난 어디서부터 잘못된 거지?'라고 생각했어요."

그날 파티에 온 남성들은 어떤 옷을 입었냐고 묻자 제스가 웃었다. "청바지에 셔츠요. 아시다시피 청바지와 셔츠는 남자들의 유니폼이

외모 강박이 여성에게 미치는 영향

잖아요. 남자들은 아마 뭘 입을지는 생각조차 안 했을 거예요. 그냥 손에 잡히는 대로 입었겠죠."

제스의 이야기에 감정적으로 격하게 동의할 수밖에 없었다. 나 또한 제스가 그날 느꼈던 감정과 똑같은 감정을 느낄 만한 환경에 자주 처하곤 한다. 그녀는 자신이 알맞은 겉모습을 갖추지 못했을 때 느낀 감정을 기억하고 있다. 그 감정 때문에 정말 즐거워야 할 자리를 즐기지 못했다. 이런 경험이 축적되면서 제스는 '올바른 외모'를 갖추기 위해 더 많은 시간과 돈을 써야겠다고 느끼게 됐다.

제스는 대학교를 졸업할 무렵 컨설턴트 회사에 취직하기 위해 면접을 보기 시작했다. 올바른 옷과 장신구와 머리 모양, 그리고 화장에도 불구하고 제스는 여전히 부족한 부분이 있다고 느꼈다. 그녀는 '예쁘게 보이는' 외모가 어떤 것인지는 알았지만 어떻게 따라 해야 할지 몰랐다.

제스는 여성이 신경 써야 하는 부분을 줄줄이 늘어놓았다. "머리는 어떻게 만져야 하지? 파마를 할까? 그냥 생머리로 놔둘까? 뒤로 묶을까? 어느 정도가 두꺼운 화장이고, 어느 정도가 적당한 화장이지? 달랑거리는 귀걸이를 할까, 진주 귀걸이를 할까? 정장 스커트냐, 정장 바지냐? 구두는 높은 굽이 나을까, 아니면 낮은 굽이 나을까?"

제스가 일하는 분야에서 남성은 이렇게 수많은 결정을 내릴 필요가 없다. 남성은 기본적으로 정장 재킷을 입을지 말지를 선택하면 끝난다. "남자들은 옷 때문에 망하는 경우는 별로 없어요. 하지만 여자들 같은 경우엔 유니폼이라고 부를 만한 게 없죠." 제스는 얼굴을 찌푸렸다.

제스가 컨설턴트로 취직하고 나자 외모에 대한 압박은 더욱 커졌다. 다른 회사와 마찬가지로 그녀의 회사는 이미지를 매우 중시하는 곳이었다. 그래서 이 회사에서는 에티켓 수업을 실시했다. 여성과 남성 모두 참여했지만, 초점은 여성에게 맞춰졌다. 어쨌든 남성 정장이 비쌀지는 몰라도 꽤 간단한 문제다. 재킷을 입느냐 마느냐, 넥타이를 매느냐 마느냐처럼 상당히 간단하게 정리된다. 하지만 여성에겐 그리 간단하지 않다.

에티켓 수업 강사는 여성이 직장에서 입는 옷에 대한 가이드라인을 줬다. "그냥 옷을 걸쳐서는 안 돼요. 강사는 복장을 갖춰야 한다고 말했어요." 제스는 설명했다.

어떻게 해야 복장을 갖추게 되는 것일까? "그래요. 여성을 위한 복장은 적어도 세 가지 아이템으로 구성돼요. 바지와 셔츠는 복장을 갖춘 게 아니에요. 눈에 띄는 목걸이나 멋진 벨트를 걸쳐야 복장이 갖추어지는 거죠." 제스는 그녀가 배운 내용을 앵무새처럼 줄줄 읊어댔다.

나는 내가 입은 청바지와 긴팔 티셔츠를 흘깃 내려다보았다. 복장을 갖춘 것이 아니었다. "세 가지 아이템이라니, 돈이 많이 들겠어요." 나는 지적했다.

"두 개보다 세 개를 챙기면 훨씬 돈이 많이 들어요!" 제스는 분명히 말했다.

또한 제스는 옷장 안에 무슨 옷이 들어 있고 어떻게 옷을 조합해 입을지 생각하느라 꽤 많은 시간을 들여야 했다. "그게 즐겁나요? 아니면 짐처럼 느껴지나요?" 나는 물었다.

제스는 재빨리 대답했다. "여전히 부담스러워요." 그녀는 현재 스

외모 강박이 여성에게 미치는 영향

티치 픽스(스타일링비를 지불하고 신체 치수와 선호하는 옷차림, 라이프스타일을 입력하면 고객에게 맞는 옷을 골라 매달 다섯 벌씩 배송해주어 고객이 그 가운데서 구입하는 AI 기반의 인터넷 쇼핑몰 – 옮긴이) 서비스를 이용하고 있다. 그러나 제스는 아무런 즐거움도 느끼지 못했다.

"충족하기에 비싸고 복잡한 기준이네요." 나는 말했다.

"네, 맞아요. 특히 가방이랑 액세서리랑 매니큐어까지 생각하면 그렇죠. 구질구질한 가방을 들고 다닐 순 없거든요." 그녀는 내 말에 동의했다.

그녀의 이야기를 들으면서 외모에 시간과 돈을 많이 들이지 않아도 되는 나의 직장 환경에 감사했다.

아름다움은 쉽게 얻을 수 있는 것이 아니다

많은 여성과 일부 남성이 여남 간의 임금 격차에 대해 격렬히 비난하는 동안에도 여남이 외모에 들이는 돈과 시간의 차이는 간과된다. 우리는 외모에 대한 걱정을 직장에 대한 걱정과는 분리해서 생각하는 경향이 있다. 또는 거울에 비친 모습에서 느끼는 문제점이 이 세상에 영향을 미치지 않는다고 생각하는 경향이 있다. 그러나 시간과 돈은 문제가 된다. 시간과 돈은 권력의 필수적인 원천이며 자유의 원천이기도 하다. 우리는 건강과 육아, 그리고 주거 비용에 대해서는 거리낌 없이 이야기를 나눈다. 그러니 아름다움에 드는 비용에 대해서도 세심하게 생각해보지 않을 이유가 없다.

분명히 말해두자면, 나는 여성이 아름다움을 위한 비용과 행위를 포기해야 할 도덕적 의무가 있다고 주장하는 것이 아니다. 몇 년 전 언어학 교수인 친구가 눈썹을 다듬어주는 동네 가게에 학생들과 함께 가기로 약속했다. 이는 단합을 도모하는 행사였고 학생들은 여자 교수가 함께한다는 것에 기뻐했다. 친구는 모임을 함께하자며 나를 초대했다. 나는 고마웠지만 초대를 거절했다. "'미모 관리용' 뭔가를 또 늘리고 싶지 않거든." 나는 설명했다. 이후 우리 테이블에서는 열띤 토론이 이어졌다. "학생들은 이 만남을 무척 기대하고 있어. 눈썹 다듬기를 강요하는 게 아니야. 그리고 비싸지도 않아. 겨우 10달러 라고." 친구는 말했다. 그러나 나는 내 입장을 굽히지 않았다.

사실 나는 그런 외출 자체에 별다른 문제의식이 없고 만약 거기에 갔다면 즐거웠을 거라고 확신한다. 그런 모임을 원하는 젊은 여성들에게 창피를 주고 싶은 마음도 없었다. 게다가 우리 여성들이 서로를 감시하는 일은 줄여가야 한다고 생각한다. 사실 내가 제안을 거절한 것은 전적으로 나 때문이었다.

당시 나는 눈썹 다듬기가 싫었던 것은 아니다. 오히려 그 반대였다. 내가 그걸 좋아하게 될까 봐 걱정됐다. 눈썹을 다듬은 후 더 예뻐 보인다고 느낀다면, 그때부터 눈썹 다듬기는 외모를 유지하기 위해 정기적으로 해야 할 일로 추가됐을 것이다. 나는 기존의 '해야 할 일' 목록에 그 어떤 것도 추가하고 싶지 않았다. 여러 방식으로 내 외모를 감시하고 있는 또 다른 나를 부추기고 싶지 않았다. 또 다른 나는 이미 미용실 약속을 정기적으로 잡느라 바빴다. 그러니 눈썹까지 걱

외모 강박이 여성에게 미치는 영향

정하고 싶지 않았다. 다른 여성들은 어쩌면 새로운 미의 의식을 추가하는 것을 즐길 수도 있다. 돈과 시간을 들여 무언가에 도전할 수도 있고, 모든 일을 긍정적으로 경험할 수도 있다. 그런 자세라면 당연히 괜찮다. 그러나 새로운 도전이 당시의 나에게는 적합하지 않은 선택 같았다.

아름다움을 위해 시간과 돈을 쓰는 여성을 비난하는 것이 옳지 않듯, 이런 소비에 거리를 두는 여성을 비난하는 것 역시 옳지 않다. 이 두 가지 비난은 동전의 양면과 같으며 똑같이 의미가 없다.

제스는 직장에서 여성을 옷차림으로 판단하지 않으려고 노력한다고 했다. 나는 예를 들어달라고 부탁했다. "글쎄요, 우리 회사에 어떤 여성분이 있는데…." 그녀는 얼굴에 미소를 띠며 주저했다.

"뭔가 죄책감이 느껴지는 웃음인데요!" 나는 웃었다.

"맞아요, 죄책감을 느껴요. 왜냐하면 옳은 일은 아니거든요. 그 여성분은 계속 함께 일하는 분이에요. 그런데 어제는 레깅스에 부츠를 신고 회사 티셔츠를 입으셨더라고요." 그녀는 시인했다.

제스는 그 옷을 보고 '왜 저러지?'라는 생각에 사로잡혔다. 그러나 곧 그런 생각을 멈추고 아마 아침에 그 여성분에게 힘든 일이 있었을 거라며 자신을 다잡았다. 어쩌면 집을 나서는 길에 손에 잡히는 대로 아무거나 걸쳐야 했을지도 모르는 일이었다. "옷으로 그녀를 판단했다는 건 정말 무례하죠. 하지만 동시에 완전히 눈에 꽂혀요." 특히나 사회생활에서는 우리가 스스로를 드러내는 방식이 다른 사람이 우리를 대하는 방식에 영향을 미친다. 그렇기 때문에 외모가 인간관계에 미치는 영향력을 무시할 수는 없을 것이다. 다만, 우리가 아름다움에 쏟는 시간과 돈을 어느 정도는 다른 것을 위한 노력으로 바꿔놓을 수는 없는지, 그리고 그럼으로써 여성의 인생이 어떻게 달라질지 생각해볼 가치가 있다는 것이다. 또한 외모에 들이는 비용을 충당하기 위해 무엇을 대가로 치러야 하는지도 정직하게 논의해볼 필요가 있다.

나는 노스웨스턴대학교에서 '아름다움의 심리학'이라는 수업을 맡고 있다. 수업 중 나는 학생들에게 아름다움을 위해 얼마나 돈을 쓰는지 기록하게 한다. 단, 의상 구입비는 뺀다. 왜냐하면 필수적인 구매와 아름다움을 위한, 부차적인 구매를 수치화하기 어렵기 때문이다. 또한 체육관 회원권이나 운동 수업료도 포함시키지 말라고 한다. 이것 역시 외모를 가꾸기 위한 운동과 건강 증진을 위한 운동을 명확히 구분하기가 어렵기 때문이다. 마지막으로 비누나 치약 같은 기본적인 위생용품은 포함되지 않지만 치아 미백 제품이나 특별한 미용 비누는 포함해야 한다고 설명한다. 그리고 그 외에 모든 아름다움을 위해 들이는 비용을 찾아보라고 한다. 화장품, 머리 염색, 비의료적 피부 시술, 제모, 면도 크림 등 모든 것을 말이다. 학생들은 자신이 소비하는 모든 외모 관련 아이템을 목록으로 작성하고 1년에 돈을 얼마 쓰는지, 몇 개나 구입하는지 기록했다.

독자 여러분도 해보면 좋겠다. 어쩌면 눈이 번쩍 뜨일 수도 있다. 매년 학생들과 이 프로젝트를 끝낼 때마다 총 비용을 보고 항상 놀라는 반갑지 않은 경험을 한다.

학생들이 추정한 외모 관련 비용은 천차만별이다. 한 여학생은 1년에 5,000달러 가까이 쓰고 있었다. 참고로 이 여학생은 직장인이 아니라 일반 학생이다. 한 남학생은 1년에 50달러를 쓴다고 했다. 이

외모 강박이 여성에게 미치는 영향

남학생은 스스로 머리를 잘랐고 샴푸와 면도기, 면도 크림 등은 학생회관에서 공짜로 나눠주는 샘플을 쓴다고 했다.

추측하건대 학생들은 모두 그 비용을 과소평가한 것이다. 돈을 지불한 모든 내역을 생각해내기란 쉽지 않다. 좀 더 정확히 계산하기 위해서는 매일 지출한 내역을 1년간 기록해야 한다. 또는 욕실 선반이나 옷장을 모두 훑어봐야 한다. 그러나 추정이 정확한지 아닌지와 상관없이 여학생들은 자신들의 총액을 보고 충격을 받았고 상대적으로 남학생들의 총액이 낮은 것을 보고 분노했다. 이 수업을 할 때마다 여남 간의 차이는 조금씩 다르지만 평균적으로 여성이 남성보다 보통 세 배 정도 더 많이 지출하는 것으로 나타난다. 남성보다 적은 임금을 받는 여성이 외모 때문에 더 많은 돈을 지출하는 것이 공평한지 학생들에게 묻자 다들 멈칫했다. 한 여학생이 대답했다. "아마도요. 남자들은 여자들한테 술을 사주니까 서로 비기는 셈이죠." 그렇다면 여성은 엄청난 양의 술을 마셔야 할 것이다.

작가 제임스 케이브James Cave는 《허핑턴 포스트》지의 요청에 따라 한 달간 '여자 친구처럼 살아보기'를 했다. 다시 말해, 자신의 여자 친구가 한 달 동안 구입하는 모든 '욕실용품'을 구입하는 프로젝트였다. 케이브는 여자 친구가 정기적으로 사용하는 미용 제품이 어마어마하게 많은 것에 놀랐다. 스크럽제, 로션, 다크서클 컨실러, 마스카라, 블러셔, 메이크업 리무버… 목록은 케이브의 예상보다 길었고 비용은 엄청나게 치솟았다. 케이브가 한 달간의 실험을 끝내고 작성한 기사에는 케이브의 여자 친구가 산 제품의 대부분이 "필수적인 게 아니다"라는 댓글이 잔뜩 달렸다. 그 주장도 일리가 있다. 여성에게 주름 방지 크림을 강요하는 법규가 존재하는 것도 아니고, 마스카라가 생리용품만큼 필수적인 것도 아니니까. 그러나 댓글을 단 사람들은 중요한 것을 잊고 있다. 많은 여성이 이런 제품을 필수라고 느끼는 것은 바로 우리 문화 탓이라는 것을 말이다.

메이크업은 여성의 의무가 아니다(물론 수많은 직장에서 여성은 실질적으로 화장을 해야 할 의무가 있긴 하다). 그러나 우리 눈에 띄는 여성이 모두 화장을 했고, 매일 보는 광고나 방송 프로그램, 영화 속 여성이 모두 화장을 했다. 그런데도 "아무도 너한테 그 제품을 사라고 하지 않았어."라고 말하는 것은 무책임하다.

이런 문화 속에서 '덜어내기'란 쉬운 일이 아니다. 화장하지 않고 외출했다가 "무슨 일 있어? 피곤해 보이는데."라는 말을 들은 여성에게 물어보자. 아니면 여자 연예인의 '아름다운 민낯'에 웃음을 터뜨려본 여성에게 물어보자. 여성에게 '민낯'이란 프로 메이크업 아티스트가 들어보지도 못한 특수 제품으로 적어도 한 시간은 공들여 만들어낸 작품이란 것을 그들은 알고 있을 것이다.

여성이 외모에 대해 느끼는 압박을 고려하면 엄청난 돈이 여성의 지갑에서 흘러나와 미용 산업 분야로 향하는 것이 놀라운 일은 아닐 것이다. 실제로 여성은 미용 제품의 85퍼센트를 소비한다. 시장조사 보고서에 따르면 2015년 미국에서 화장품류는 600억 달러 이상의 매출을 올렸다고 한다. 그 가운데 80억 달러는 메이크업 제품에서 발생한 매출이다. 여론조사 기관 유고브에 따르면 남성의 절반은 아침에 일어나 출근 준비를 할 때 어떤 미용 제품도 사용하지 않는다고 한다. 반면 화장품 회사 스토우어웨이는 여성이 평균적으로 40가

외모 강박이 여성에게 미치는 영향

지의 화장품을 가지고 있다는 조사 결과를 발표했다.

개인 자산 사이트 민트닷컴은 여성이 평생 메이크업에 쓰는 비용이 평균 1만 5,000달러라고 추정했다. 또한 YWCA가 최근 발표한 보고서는 외모에 쓰이는 금액을 이해하기 쉽게 보여줬다.[24] YWCA의 계산에 따르면 우리가 한 달 동안 외모에 쓰는 돈을 100달러로 봤을 때, 이를 매달 저축하면 5년 후에는 주립대학교의 1년치 등록금이 모인다고 한다.

우리는 진짜 필요하다기보다는 예뻐 보이기 위해 옷을 사는 경우가 있다. 제스가 컨설턴트로 일을 시작했을 때 한 동료가 패션에 관해 조언을 했다. 제스는 "제가 직장에서 좀 더 전투력을 가질 수 있도록 도와주었던 거죠."라고 설명했다.

두 사람은 함께 쇼핑을 갔고 그녀는 제스가 옷과 액세서리를 고를 수 있도록 도왔다. 제스는 기본적인 패션의 기준을 이해하고 고급스러운 곳에서 쇼핑하는 것에 익숙해지자 혼자 쇼핑을 하기 시작했다. 제스와 그 동료는 때로 서로에게 전화해 "아, 나 노드스트롬백화점에서 사고 쳤잖아."라고 말하곤 했다. '사고'란 어떤 매장에서 너무 많은 돈을 써버렸다는 암호였다. 그럼 그 전화를 받은 사람은 직장에서 필요한 옷을 샀기 때문에 그 사고는 불가피한 것이라고 합리화해주었다.

또한 외모를 가꾸기 위해 얼마나 많은 여성이 다이어트를 하는지 고려한다면 다이어트에 쓰는 돈도 외모와 관련된 비용으로 간주하는 것이 공평할 것이다. 다이어트를 하는 사람은 주로 여성이고, 다이어트 업계는 여성이 힘들게 번 돈을 가져가기 위해 의욕적이다(어림잡아

매년 200억 달러의 규모다[25]). 장기적인 효과는 전혀 보장하지 않고 눈곱만큼의 희망만 안겨주면서 말이다.

성형수술과 관련 시술도 미모를 위한 소비의 또 다른 주요 영역이다. 이런 시술의 90퍼센트 이상이 여성을 상대로 이뤄진다는 사실을 기억하자. 성형수술(그리고 보톡스와 필러 주입 등 비외과적인 시술)의 인기도 빠르게 증가하고 있다. 미국 미용 수술 학회 American Society for Aesthetic Plastic Surgery에 따르면 1997년 이후 미국에서 성형수술을 받은 여성의 수는 538퍼센트 증가했다. 2015년에는 가슴 확대 수술에만 10억 달러 이상의 돈이 쓰였다.

최근 피부과에 정기검진을 갔을 때 여러 시술에 대한 광고를 볼 수 있었다. 보톡스, 필러, 비외과적 냉동 지방 분해술, 레이저 피부 재생술, 지방 흡입술, 그리고 상안검·하안검 수술 등이었다. 당시 나는 이 책을 쓰고 있었는데도 병원에 들어서기 전에는 전혀 신경도 쓰지 않았던 얼굴의 단점이 눈에 들어오는 것이 느껴졌다. 이런 식의 마케팅은 강렬한 효과를 지닌다. 아름다움이 여성에게 그토록 강한 권력을 준다면 당연히 여성은 그 권력을 조금이라도 누리기 위해 기꺼이 돈을 지불하게 된다.

전 세 계 여 성 은
미 모 의 대 가 를 치 른 다

여성에게 '더 나은' 버전의 자신이란 언제나 더 마르고, 더 아름다운

외모 강박이 여성에게 미치는 영향

모습일 것이다. 그리고 그 모습에는 대가가 따른다. 끊임없이 쏟아지는 광고는 우리가 더 아름다운 버전의 자신을 드러내기 위해 돈을 써야 한다고 주장한다. 올바른 마스카라를 써야 인생이 바뀐다고 한다. 올바른 주름 방지 크림만이 시간을 멈출 수 있고, 5킬로그램을 감량해야 연애가 달라진다고 한다.

기업은 매출을 올리기 위해 외모 강박을 부추긴다. 그들은 우리가 계속 외모에 만족하지 못하게 함으로써 이익을 얻는다. 또한 자신들의 제품이 이상적인 미에 가까워지도록 도와준다는 믿음을 줘야 매출이 오른다.

미국의 기업은 전 세계 여성의 외모 강박에 상당 부분을 기여했다. 마케팅 담당자들과 연예 산업이 매우 서구화된 백인의 아름다움을 세계 여러 나라에 수출한 것이다. 2020년까지 230억 달러의 매출이 예상되는 화이트닝 크림부터 여러 아시아 국가에서 가장 흔한 성형수술인 쌍꺼풀 수술에 이르기까지. 전 세계 여성은 미국이 제시하는 이상적인 미를 모방하기 위해 꽤 많은 돈을 지불하고 있다.

이 책을 위해 조사 작업을 하면서 다른 나라의 외모 강박에 대해서도 알아보고 싶었다. 나는 SNS를 통해 이런 의향을 전했고 재이미 Jaimie*를 만나게 됐다. 그녀는 미국과 한국에서 살아봤기 때문에 외모 강박에 대해 특별하고도 흥미로운 시각을 지니고 있었다. 그녀는 대학원생이었던 부모 덕분에 앨라배마에서 태어났지만 초등학교 시절 한국으로 돌아가게 됐다. 이후 그녀는 미국의 대학교에 진학했고 그래픽디자인 대학원을 마치기 위해 미국에 머물렀다. 나는 재이미가 학위를 취득하고 한국으로 돌아가기 위해 이삿짐을 꾸리는 동안 그녀를 만날 수 있었다.

재이미는 한국에 있는 동안 자신이 한국인이라는 느낌을 가질 수 없었다고 한다. 또한 미국에 있는 동안에도 미국인이라는 느낌을 가질 수 없었다. 그녀가 고른 가명조차 이런 '어중간함'을 반영하고 있다. 재이미라는 이름은 미국인들이 엉망으로 발음하는 그녀의 한국 이름 대신 부르기 쉽게 지은 이름이었다. 재이미는 두 가지 정체성 사이에서 방황했고 전혀 다른 두 문화에서 비롯된 외모 강박에 사로 잡혔다.

재이미는 여동생이 태어났을 때 처음으로 외모에 대해 생각하게 됐다. 그녀의 할머니는 재이미 여동생의 외모를 심각하게 걱정하며 "예쁘지 않은 아기"라고 불렀다. 친척들은 재이미와 여동생을 비교했다. 그들은 재이미를 예쁘다고 했다. 그들이 보기에 재이미는 '반半미국인'으로 보였기 때문이다. 물론 그녀의 부모는 모두 한국인이다. 당시 어린 재이미는 칭찬을 받으면서 자신이 어떻게 생겼는지를 처음으로 인식하게 됐다고 한다.

나는 재이미가 혼혈처럼 보여서 예쁘다고 했던 친척들의 말을 어떻게 생각하는지 물었다. "그들은 어떤 부분을 보고 그렇게 말했나요?"

재이미는 이런 평가가 어디서 나왔는지 정확히 알고 있었다. "아마 제 눈 때문이었을 거예요. 아시아적인 눈이긴 하지만 눈이 크고 쌍꺼풀이 있죠. 쌍꺼풀은 태어났을 때부터 있었어요." 많은 동아시아 사람이 쌍꺼풀을 동경한다. 일시적으로 쌍꺼풀을 만들기 위해 눈꺼풀 위에 붙이는 테이프까지 있다. 대부분은 영구적인 쌍꺼풀을 만들기 위해 성형외과로 향한다.

"당신은 수술을 받지 않았죠?" 나는 재이미에게 물었다.

"네, 수술을 받지 않았어요. 이런 쌍꺼풀을 타고났으니 수백 달러를 번 셈이라고 친구들과 농담하곤 하죠." 재이미는 웃었다.

재이미의 여동생은 쌍꺼풀을 부러워했다. 그녀의 여동생은 가끔 신이 나곤 했다고 한다. 매우 피곤한 날에는 눈두덩이가 부어서 잠깐 동안 쌍꺼풀이 생겼기 때문이다.

나는 재이미에게 할머니가 그녀와 여동생의 외모를 그토록 걱정한 이유가 뭐냐고 물었다. 재이미의 관점에서 그런 걱정은 본질적으로 성차별이었다.

재이미는 설명했다. "할머니는 정말 옛날 분이세요. 남아 선호 사상을 가졌죠. 그래서 아들을 낳는 게 중요하다고 생각하세요. 할머니는 제가 아들이 아니란 걸 아시고는 매우 화가 나셨대요. 그 이후로는 줄곧 제 결혼에 대해 걱정하셨어요."

"어떤 남자와 결혼할 건지 걱정하셨다는 건가요?"

"네, 그리고 할머니는 남자를 만나는 가장 좋은 방법은 아름다워지는 거라고 생각하셨어요. 그래서 저와 여동생의 외모를 진심으로 걱정하셨던 거죠." 재이미는 이야기했다.

재이미는 이런 이야기를 사무적으로 했다. 그녀의 세계에서는 여성의 가치가 어떤 남편을 만나는가에 따라 달라진다고 했다. 그리고 특정한 외모를 갖추는 것이 최고의 남편을 구하는 가장 확실한 방법이라는 이야기도 흔히 듣는다고 했다. 이는 여성이 외모에 돈을 쏟는 이유를 설명해주는 하나의 틀이 된다. 좋은 남성과의 결혼이 인생에서 성공할 수 있는 유일한 길처럼 느껴질 때, 그리고 미모가 남성을 만날 수 있는 기준일 때, 아름다움에 쏟는 돈은 당연한 투자로 여겨진다.

재이미는 한국에서는 "여자가 남자를 지갑으로 취급하고 남자가 여자를 장식품으로 취급하기 때문에" 가끔 여남 간의 갈등이 발생한다고 했다. 즉 많은 여성이 자신의 아름다움으로 원하는 것을 얻을 수 있다고 생각하고, 마찬가지로 많은 남성이 마음대로 여성의 아름다움을 평가하고 이야기할 자격이 자신에게 있다고 생각한다는 것이다.

제이미의 친구인 남성들은 심지어 그녀 앞에서 여성의 외모 평가를 거리낌 없이 했다고 한다. "저는 친구 중에 남자가 많아요. 그리고 이 친구들은 소개팅한 여자들의 사진을 함께 보면서 외모에 점수를 매겨요. 그리고 이렇게 말하는 거예요. '아, 정말 이렇게 못생긴 여자한테는 디저트나 커피도 사주고 싶지 않아. 그럴 가치도 없어.'" 그녀는 말했다.

재이미는 이런 여남 간의 차이를 더 큰 문화적 현상으로 보았다. "한국에서는 경쟁이 훨씬 더 치열해요." 그녀는 설명했다.

"무슨 경쟁이요?" 나는 물었다.

"모든 면에서요." 재이미는 더욱 자세한 이야기를 위해 나에게 몸을 굽히며 말했다.

"한국은 미국보다 훨씬 작은 나라예요. 그리고 모든 사람이 다른 사람의 사정을 다 알고 싶어 하고, 누구의 아들이, 딸이 어떤 대학교에 갔는지 알고 싶어 해요. 초등학교에 입학하면서부터 계속 시험을 보거든요. 한국의 대학 간에는 서열이 엄격해요. 그래서 모든 사람이 다 서울대학교에 가고 싶어 하고 외모에 있어서도 마찬가지에요. 모

외모 강박이 여성에게 미치는 영향

두 자신이 가장 아름다워지길 원하죠."

재이미는 상황을 더욱 복잡하게 만드는 건 성형수술 때문이라고 했다. 성형수술이 보편화되기 전에 아름다움은 그저 타고나야 하는 것이었다. "하지만 지금은 모든 사람이 얼굴을 고쳐서 아름다워질 수 있어요. 그래서 많은 사람이 성형수술을 받는 것 같아요." 그녀는 말했다.

최근 몇 년간 한국은 성형수술 비율이 가장 높은 나라가 됐다. 재이미가 한국에 있을 때는 어디를 가든 성형외과 광고가 있었다. 그녀가 한국으로 돌아가면 가장 먼저 만날 것도 바로 그런 광고다. 버스와 버스 정류장, 길거리 광고판 등 눈을 돌리는 곳곳에서 성형외과 광고를 볼 수 있다. 그리고 그런 광고에는 대부분 성형수술 전후 비교 사진이 나온다. 그렇기 때문에 서울에 사는 여성의 5분의 1에서 3분의 1 정도가 성형수술을 받았다는 사실은 전혀 놀랍지 않다. 재이미는 그 숫자에 속하지 않는다. 아직은 말이다.

재이미는 성형수술을 대하는 한국 사람들의 태도가 상당히 바뀌었다고 한다. 그녀가 어렸을 때는 어떤 여성이 성형수술을 받았다는 이야기가 들리면 "아니, 왜 그랬대? 자기 모습에 불만이 많았대?"라며 소곤댔다고 한다. 그러나 요즘 여성들은 자신이 받은 성형수술에 대해 공개적으로 이야기를 나눈다. 재이미는 미국 대학에 진학하면서 60명 가까이 되는 한국 유학생 모임에 나가게 됐다. 그중 쌍꺼풀 수술을 받지 않은 여성은 재이미를 포함해 겨우 네 명이었다. 요즘에는 이렇게 많은 사람이 수술을 받기 때문에 수술비도 점점 내려가고 있다고 한다. 약 1,000달러 정도면 쌍꺼풀 수술을 받을 수 있다. 물론 대부분의 여성에게 1,000달러는 여전히 큰돈이다.

이미 알고 있듯 재이미는 선천적으로 쌍꺼풀이 있다. 나는 그녀가 만약 쌍꺼풀 없이 태어났다면 수술을 고려했겠냐고 물었다. 재이미는 약간 망설였다. 그러더니 그녀는 "제가 고려하고 있는 성형수술은 얼굴보다는 몸에 관련된 거예요. 제 몸매가 만족스럽지 않거든요. 저는 지방 흡입술을 받고 싶어요. 어쩌면 가슴 확대 수술도요."라고 말했다.

"더 큰 가슴을 갖고 싶은 건가요?" 나는 물었다.

"네, 더 큰 가슴이요." 그녀는 말했다. 그러더니 가슴 확대 수술은 그저 시작점이 되리라는 점을 분명히 짚었다. "제 말은, 계속 수술을 고민할 거라는 거죠. 저는 제 몸매가 마음에 들지 않아요. 저는 상체에 비해서 허벅지가 너무 두껍거든요. 여름에는 절대 치마나 반바지를 입지 않아요. 제 다리가 예쁘지 않다는 걸 지나치게 의식하고 있으니까요. 그게 때론 저를 우울하게 해요. 특히나 여름에는요."

재이미는 이 말을 하면서 슬픈 웃음을 터뜨렸다. 그녀는 한국에서 여성의 날씬함을 강조하는 현상이 '역겹다'면서도, 여전히 그 기준에 묶여 있었다. 그녀는 대학 시절 한동안 굶기 다이어트를 했다고 털어놨다. 아무것도 먹지 않고 버티다가 쓰러질 것 같으면 요거트를 하나 먹는 방식이었다. 그렇게 해서 몸무게가 줄어들긴 했지만 건강이 너무 나빠졌고 결국 다이어트를 그만두었다. 그러자 다이어트를 한 대부분의 사람이 그러하듯 줄었던 몸무게는 제자리로 돌아왔고 이제는 다이어트를 하기 전보다도 적정 몸무게를 유지하기가 어려워졌다.

재이미는 여전히 자신이 뚱뚱하다고 생각한다. 영양학자인 어머니는 그녀에게 지금 이 모습 그대로 완벽하고 건강하다고 이야기하는데도 말이다. 재이미는 어머니에게 자신의 몸매가 얼마나 마음에 들지 않는지 이야기했고 그녀의 어머니는 당황했다. "나는 너를 그렇게 키우지 않았어! 왜 그렇게 생각하게 된 거니?" 어머니는 물었다. 재이미는 자신을 키운 것은 어머니이기도 하지만 케이팝이기도 하다고 설명했다. 케이팝은 한국 문화에서 아름다운 여성이란 어떤 모습인지를 가르쳐주었다. "엄마는 '그런 노래 듣지 마!'라고 말씀하세요. 하지만 그런 현실에서 살면서 그 모든 걸 무시하기란 정말 어려운 일이에요."

재이미는 '소녀시대'라는 걸그룹에 대해 이야기했다. 소녀시대는 아홉 명의 여성으로 구성됐고 재이미가 고등학교 시절부터 가요계 정상에 있었다. 한국 여성이 세상으로부터 받는 외모에 대한 기대치가 어느 정도인지 알고 싶다면 그 걸그룹을 인터넷에서 찾아보라고 했다. 그들은 거의 똑같은 모습의 마네킹 같았다. 모두 극도로 말랐고 다리가 길었다. 내가 방문한 한 케이팝 웹 사이트에서는 소녀시대의 어떤 멤버가 성형수술을 받았는지에 대해 토론을 하고 있었다.

재이미는 스스로 진짜 만족할 수 있는 몸매를 갖는 것이 버킷리스트 중 하나라고 말했다. 그 대가를 지불해야 한다고 해도 말이다.

째 깍 째 깍

나는 에너자이저 건전지 광고에 나오는 토끼처럼 에너지가 넘치는 싱글맘 슬하에서 자랐다. 어머니는 수상 경력이 있는 헌신적인 초등학교 선생님이었다. 그리고 보통 매일 아침 차로 나와 오빠를 학교에 데려다주고 직장으로 향했다. 나는 아름다움의 대가에 대해 연구하면서 여러 여성을 떠올려보고 외모 강박에 따르는 시간적 비용이 그녀들의 삶에서 어떻게 드러났는지 되돌아봤다. 어머니에게까지 생각이 미쳤을 때, 가장 뚜렷하게 떠오른 기억은 학교로 향하는 우리의 아침 시간이었다.

어머니는 차에 화장품 가방을 싣고 다니면서 정지신호에 걸렸을 때나 때론 차가 움직이는 도중에도 마스카라와 립스틱 등을 발랐다. 가끔은 핸들 위에 손가락을 얹고는 손톱을 칠하기도 했다. 이제 생각해보면 우리가 운이 좋았던 것 같다. 사고 한 번 난 적이 없으니 말이다.

그때 나는 차가 빠르게 질주하는 동안 어머니가 아이라인을 그리는 모습을 보면서 물었다. "왜 운전 중에 화장해요?" 그러나 당시엔 묻지 않았던 더 흥미로운 질문은 아마도 "왜 화장을 해야 해요?"였을 것이다.

내가 이 책을 위해 인터뷰했던 성인 여성 가운데 상당수가 출근길에 화장한다고 대답했다. 그런 행동은 전혀 특이한 것이 아니다. 이는 여성이 매일 아름다움을 위해 당연히 시간을 할애해야 한다는 압박의 상징이었다. NBC의 뉴스 프로그램인 〈투데이Today〉는 외모에 들이는 시간적 비용을 추정하기 위해 비공식적 조사를 실시했다. 조사에 따르면 미국 여성은 하루 평균 55분을 외출 준비에 쓰는 것으로 나타났다. 이는 1년으로 치면 2주나 되는 시간이다. 영국의 한

외모 강박이 여성에게 미치는 영향

마케팅 설문조사에서도 비슷한 결과가 나왔는데, 여성은 평생 거의 2년의 세월을 화장하는 데 쓴다고 한다.

'아름다움의 심리학'을 수강하는 학생들에게 아름다움에 얼마나 돈을 쓰는지 계산하게 한 뒤 다시 일주일간 외모에 쓰는 시간을 모두 계산해보게 했다. 여학생과 남학생 간의 차이가 일주일에 두 시간에서 다섯 시간까지 벌어지는 것은 뻔한 일이었다. "남는 시간에는 뭘 하나요?" 나는 남학생들에게 물었다. 비디오 게임을 하거나 잠을 잔다는 것이 가장 흔한 대답이었다. 수업을 함께 듣는 여학생들은 부러워했다.

직 장 에 서 의
외 모 관 리

앞서 등장했던 제스는 그녀의 여성 동료들이 외모를 꾸미느라 추가적인 시간을 쓴다는 명백한 증거를 보여줬다. 회사 안에서 외모 치장에 공식적인 여남 간의 차이를 목격한 것이다. 제스가 일하던 스타트업 기업에서는 매일 오후 네 시에 칵테일 파티를 열었다. 그래서 정확히 세 시 반이 되면 여성 동료들이 화장을 고치기 위해 모두 화장실로 향했다고 한다. "그렇다면 매일 화장품을 들고 출근해야겠네요?" 나는 물었다.

제스는 충격받은 내 모습에 웃음을 터뜨렸다. "화장품은 물론이고, 머리를 손질할 제품도 가져와야 하죠. 어떤 여성은 당당히 머리에 컬을 넣기 위한 고데기까지 들고 왔어요. 그리고 근무 중에 화장실에 가서 머리를 마는 거예요. 물론 온갖 종류의 액세서리도 다 들고 와요. 30분 동안 자신을 꾸미느라 생산적인 일은 전혀 할 수 없었어요."

"그 30분 동안 남자들은 뭘 하죠?" 내가 물었다.

"일이요!" 제스가 이런 여남 간의 차이를 얼마나 우스꽝스럽게 여기는지가 말투에 드러났다. "남자들은 일을 해요. 일과가 전혀 바뀌지 않죠. 이렇게 우리의 생산성을 떨어뜨려서 우리가 성공하지 못하게 하는 거예요. 예쁘게 보이려고 근무시간을 쓰고 있으니까요."

이런 기업 문화는 그리 흔하지는 않다. 그러나 거의 모든 직장 환경에서 여남이 외모 치장에 들이는 시간의 격차를 볼 수 있다. 예를 들어 완전히 다른 두 직장을 생각해보자. 우선 방송국이다. 메이크업에 걸리는 시간이 여성 앵커와 남성 앵커 간에 얼마나 차이가 날지 생각해보자. 또한 뉴스 앵커들의 복장에도 어떤 노력이 요구될지 상상해보자. 남성 앵커가 입는 정장은 여성 앵커가 입는 딱 달라붙는 민소매 원피스보다 신체를 훨씬 많이 가려준다(민소매 원피스는 마치 전국 여성 앵커들의 유니폼 같다). 이런 여남 간의 격차는 명백한 현실이다. 전 뉴스 앵커인 크리스틴 크래프트Christine Craft는 "여성 앵커도 남성 앵커만큼 오래 방송에 나올 수 있어요. 하지만 남성 앵커가 한 번의 피부 시술을 받을 때 여성은 두 번의 시술을 받아야 하죠."라고 말했다.

라스베이거스에 있는 하라스 카지노는 최근 장기간 근무했던 인기 여성 바텐더로부터 소송을 당했다. 이 바텐더는 여성에게 반드시

외모 강박이 여성에게 미치는 영향

화장하고 근무하도록 한 새로운 정책을 거부했다는 이유로 해고당했다. 하라스 카지노가 발간한 가이드라인에 따르면 남성은 머리를 짧게 자를 것, 손톱을 짧고 깨끗이 관리하고 매니큐어를 바르지 말 것, 화장하지 말 것 외에는 별다른 의무 사항이 없었다. 반면 음료 파트에서 일하는 여성의 경우, 몸단장과 관련한 긴 목록이 있었다. 모두 시간과 돈이 요구되는 것들이다. 여성은 파우더와 블러셔, 마스카라, 그리고 립스틱을 얼굴에 발라야 했다. 머리는 '뒤로 바짝 묶거나 컬을 넣거나 잘 손질해야' 했고 항상 차분해야 했다. 공개적으로 얼굴을 드러내는 어떤 직업에서든 여성은 남성에 비해 근무 준비에 더 많은 시간과 돈을 써야 한다.

제스는 나이가 들어감에 따라 아름다움에 지불할 대가를 생각하면 슬퍼진다고 했다. "나이 드는 걸 부끄러워하지 않을 거예요. 자신에 대해 알아가는 시간이고, 인생은 그렇게 변하는 거니까요. 저도 출산한 뒤 임신 동안 쪘던 살을 빼려고 운동을 했어요. 하지만 '헉, 아랫배가 접히네. 운동해야 해. 살이 텄네. 관리해야 해.'처럼 강박적이지는 않았어요. 물론 출산 때문에 살이 튼 자국을 얻었죠. 그리고 앞으로는 흰머리도 생길 거예요. 주름도 질 거고요. 그런데 그런 걸 부끄러워하고 싶지 않아요. 하지만 동시에…."

제스는 어깨를 으쓱하며 말꼬리를 흐렸다. 나는 "가능성을 열어두고 싶은 거군요?"라고 물었다.

"네, 맞아요. 그런 거 같아요." 제스는 체념 어린 한숨을 내쉬었다.

균 형 잡 기

나는 수업 중에 〈맨섬Mansome〉이라는 다큐멘터리 영화의 일부를 학생들에게 보여준다. 여기에는 외모에 집착하는 30대 남성이 등장한다. 그는 많은 시간과 제품, 시술을 통해 외모 점수에서 10점 만점에 10점을 받고자 노력한다. 그는 피부와 매니큐어 관리를 받는다. 그리고 눈썹을 다듬는다. 다양한 미용 제품을 사들이고 체육관에서 많은 시간을 보낸다. 그리고 틈틈이 거울을 오래 들여다본다. 쉼 없이 쏟아지는 남성의 외모 강박적 모습에 학생들은 그가 고통받고 있다는 것을 알면서도 숨이 넘어가도록 낄낄댔다. 우리는 이렇게 많은 비용을 외모에 투자하는 남성을 우습게 생각한다. 왜일까? 그 비용이 여성에게는 평범한 수준인데 말이다.

　많은 여성이 외모를 꾸미는 일부 행위를 즐기고 거기서 힘을 얻는다. 그러나 어떤 행위는 의무처럼 느낀다. 시간과 돈이 귀중하다는 것을 안다면, 자신에게 물어보자. 이 시간과 돈으로 내가 가장 하고 싶은 것은 무엇인가. 어쩌면 이 시간을 가족과 친구, 또는 중요한 누군가와 보낼 수도 있다. 아니면 이 돈을 모아 휴가를 가거나 자선단체에 기부할 수도 있다. 또는 새로운 무언가를 배우기 위해 학원에 등록할 수도 있다. 우리의 목표는 우리가 지키고 싶은 가치에 따라 인생을 살아가는 것이다. 그 선택이 원치 않은 문화적 기대에 좌우되어선 안 된다.

　스콧 웨스터펠드Scott Westerfeld의 소설 『프리티』는 엄격하고 높은 이상적인 미의 기준을 충족하기 위해 열여섯 살이 되면 모든 사람이

외모 강박이 여성에게 미치는 영향

성형수술을 받아야 하는 종말 이후의 세계를 그리고 있다. 이 책에서 내가 가장 좋아하는 부분은 주인공 텔리가 꾼 꿈에 대한 부분이다. 성에 갇힌 공주가 창문 너머 바깥 모습에 매료되는 꿈이었다. 작가는 다음과 같이 묘사했다. "공주는 골칫덩어리 여학생들이 그러하듯 자신의 모습보다 창밖의 풍경을 바라보며 더 많은 시간을 보내기 시작했다"

소녀와 여성이 이 세계를 더 나은 곳으로 바꿀 골칫덩어리로 성장하길 바라는가? 그렇다면 우리는 거울에 비친 모습에 더 이상 집착하지 않도록 서로 도와야 한다. 신체 모니터링의 대가는 너무나 크다.

미디어는
외모 강박을 부추
긴다

3

미디어는 이상적인 미인을 _____
_____돈, 성공, 인기, 사랑과
짝지을 뿐만 아니라_____
이런 이상에 위배되는 것은 _____
_____부정적인 결과나 직접적인
조롱과 짝을 짓는다.

왜곡된

미디어

내가 대학교 2학년 때 동네 술집에서 웨이트리스로 일했다. 일에 대해서만 이야기하자면 꽤 재미있었고 방값을 벌기에 괜찮은 방법이었다. 비록 여기저기 술이 묻어 끈적거리는 몸으로 오래된 재떨이 냄새를 풍기며 새벽 2시에 집에 돌아오긴 했지만 말이다. 바텐더들은 모두 남성이었다. 그들은 나를 어린 여동생처럼 생각하고 내 머리를 쓰다듬곤 했다. 그런데 어느 날 누군가가 비키니를 입은 모델의 사진으로 바 뒤쪽 종업원들이 일하는 공간을 도배해버렸다.

　지금이었다면 아마도 비키니 사진이 SNS를 통해 퍼지고 사진을 붙인 사람은 비난받았을 것이다. 그러나 지금과는 다른 시대였다. 나는 그 사진에 대해 아무 말도 하지 않았다. 붐비는 술집이라는 직장 환경에 특별한 기대를 하지 않았기 때문이다. 그리고 어떻게 행동해야 할지, 무슨 말을 해야 할지 몰랐기 때문이기도 하다. 어쨌든 그 사진은 정확히 표현할 수 없는 방식으로 나를 수치스럽게 하고 상처를 줬다. 사진 속의 비키니 모델은 오빠 같은 바텐더들을 다른 눈으로 바라보게 했고 그들이 나를 어떻게 보고 있는지 궁금하게 했다.

다른 직원들(모두 여성이었다)과 그 사진에 대해 이야기를 나누지는 않았지만 어쩌면 불편함을 느낀 사람은 나만이 아니었을 것이다. 어느 날 사진이 갑자기 사라졌기 때문이다. 누가 왜 그 사진들을 치웠는지는 모른다. 그 사람이 나였다면 좋았겠지만 어린 나는 과감하지 못했다.

그 후 나는 진 킬본Jean Kilbourne의 영화 〈여전히 우리를 부드럽게 녹여주시네요: 광고에 나타나는 여성의 이미지Still Killing Us Softly: Advertising's Image of Women〉라는 영화를 보았다. 영화에서 킬본은 능수능란하게 사진과 사진을 엮어가며 미디어에서 다루는 여성의 이미지가 어떻게 여성이 스스로를 생각하는 방식을 바꾸는지 체계적이고 설득력 있게 보여준다. 킬본은 수많은 패션 잡지에서, TV 광고에서 도자기 같은 피부의 여성이 마스카라를 들이대는 모습이 얼마나 불편한지를 표현했다. 덕분에 그동안 술집에서 내가 느꼈던 감정을 이해할 수 있었고 나와 똑같은 생각을 하는 동지가 있다는 사실을 확인했다. 그리고 미디어가 어떻게 외모 강박을 부추기는가에 처음으로 눈을 뜨게 됐다.

오늘날 미디어가 외모 강박에 대해 책임감을 가져야 한다는 움직임이 광범위하게 일어나고 있다. 그러나 사실 이는 비교적 최근에야 발생한 현상이다.

수많은 여성이 거울을 보면서 끔찍함을 느낀다는 사실에 누군가 책임을 져야 한다면, 지금으로서는 미디어가 가장 유력한 표적이 되

미디어는 외모 강박을 부추긴다

겠다. 체중 감량 셰이크를 권하는 피트니스 모델부터 인생을 바꿔준다는 아이섀도 광고까지. 이들은 모두 같은 목소리를 내고 있다. "나는 당신에게 자괴감을 안겨주려고 만들어졌어!"[26]

내가 여성이 자신의 몸과 맺고 있는 관계에 대해 연구하기 시작했을 때는 미디어 이미지가 최악의 악당이었다. 당시에는 인터넷이 아직 걸음마 단계였다. 잡지에서는 '포토샵'을 한 빛나는 머릿결에 날씬한 모델들이 물건을 팔고 있었다. 물론 이런 이미지는 광고에만 국한된 것은 아니었다. 방송 프로그램과 영화, 그리고 다른 형태의 미디어에도 등장했다. 이런 묘사를 연구자들은 '미디어상의 이상화된 여성 이미지Idealized Media Image of Women'라고 표현한다.

미디어상의 이상화된 여성 이미지가 외모 강박적인 문화를 만들어낸 유일한 원인이라고는 할 수 없다. 그러나 도처에 이런 이미지가 존재한다는 점에서 영향력을 과소평가해서는 안 된다. 당신은 방호벽 뒤에 숨으면 미디어로부터 안전할 수 있을 것이라고 믿고 싶겠지만 그건 사실상 불가능한 일이다. 미디어의 영향력은 은밀히 퍼져나가고 이를 막아줄 마법의 결계 따윈 존재하지 않는다.

미디어가 우리의 눈과 귀를 막고 여성의 아름다움을 좁은 범위의 이미지로 한정하지 않았다면, 미의 기준이 이토록 왜곡되지 않았을 것이다. 그리고 여성의 신체 사이즈를 강조하는 광고가 없었더라면 신체 사이즈에 대한 집착이 이토록 극심해지지 않았을 것이다. '문제 부위'를 기적적으로 바꿔주는 다이어트 제품 광고가 삐쩍 마른 모델과 함께 곳곳에 포진해 있지 않았다면, 여성의 신체 불만족은 널리 퍼지지 않았을 것이다. 지금의 환경은 여성에게 전혀 자연스럽지 못하다. 미디어의 확연한 개입이 없었다면 이런 상황까지 오지는 않았을 것이다.

외모 강박에 대한 미디어의 영향력을 생각해봤을 때, 미디어에 등장하는 여성의 이미지에는 세 가지 문제점이 있다. 우선, 이미지가 비현실적이고 비전형적이다. 이는 현실의 여성에 대한 우리의 감각을 왜곡한다. 두 번째로, 그 이미지는 성공, 연애, 행복과 끊임없이 연결되어 특정한 유형의 아름다움이 더 나은 삶으로 향하는 열쇠라는 개념을 강화시킨다. 마지막으로 가장 중요한 문제는, 이런 이미지 속의 여성은 빈번히 성적으로 대상화되어 여성을 사물로 취급하는 경향을 강화시킨다는 것이다. 미디어의 흐름은 여성에 대한 여러 부정적인 심리와 연결되어 왔다.

현 실 은 어 떠 한 가

거의 모든 사람이 이미 알고 있는, 미디어상의 여성 이미지에 대한 비판으로 시작해보자. 먼저, 이미지가 현실적이지 않다는 점이다. 비현실적이라는 것은 맥락상 여러 의미를 지닌다. 첫 번째로 미디어상의 이미지 대부분은 통계적으로 극단에 속하는 여성을 담고 있다. 우선, 나이가 어리고 키가 크다. 깨끗한 피부에 빛나는 머릿결, 매력적인 이목구비를 가졌다. 우리가 뉴욕이나 LA에 있다 하더라도 각종 광고나 잡지에서 보는 여성과 같은 사람은 거의 보지 못할 것이다. 이런 여성들이 존재하지 않는다는 뜻은 아니다. 그저 극도로 드물 뿐이다.

주변에 주의를 기울여본다면 다양한 몸매와 사이즈, 머리 색, 이목구비, 나이의 여성이 보일 것이다. 그러나 미디어가 보여주는 범위는 매우 한정적이다.

여성의 이상적인 미가 존재한다는 점은 전혀 새롭지 않다. 어떤 문화에든, 어떤 시기에든 늘 존재해왔으니까. 그런데도 지금의 이상적인 미는 거의 모든 여성에게 터무니없을 정도로 도달하기 어려운 수준이라는 점에서 특별하다. 이런 왜곡은 신체 사이즈와 몸매에서 가장 명백하게 드러난다. 이상적인 미녀는 매우 날씬하고 긴 다리를 가졌다. 커다란 가슴과 풍만한 엉덩이도 필요하다. 하지만 우툴두툴한 셀룰라이트는 안 된다. 최근에는 근육질의 탄력 있는 몸매라는 요구 사항이 더해졌다. 모든 요구 사항을 동시에 충족시키는 여성을 가려내기란 쉽지 않다. 일반적으로 아름답다고 칭송받는 연예인조차 이 모든 기준에 부합하기 어렵다. 풍만한 몸매로 유명한 여배우에게도 감독은 몸무게를 감량하라고 요구할 것이다. 그리고 긴 다리에 극도로 마른 패션모델은 뼈밖에 없다고 비판을 받을 것이다. '고지'에 가장 가까이 접근한 몸매조차 여전히 고지를 점령했다고 볼 수는 없다.

지난 몇십 년간 여성의 평균 몸무게가 증가하는 동안 미스 아메리카 선발 대회, 플레이보이 화보 등에 등장하는 여성은 더욱 날씬해졌다. TV에 나오는 장면도 다를 바 없다. 프라임 시간대에 방송되는 시트콤 열여덟 편에 등장하는 여주인공을 분석한 결과, 76퍼센트는 저체중이었다.[27] 56개 프로그램의 275개 에피소드에 등장하는 1,000명 이상의 주요 등장인물을 대상으로 한 또 다른 연구에서 여주인공

세 명 가운데 한 명은 저체중이었다.[28] 참고로 미국 성인 여성 중 저체중이 차지하는 비율은 3퍼센트 미만이다.

잡지 화보 역시 동일한 패턴을 따른다. 애리조나주립대학교 연구팀은 평균적인 몸무게의 모델을 보여주는 것이 여성에게 어떤 영향을 미치는지 연구하기로 했다. 하지만 연구에 앞서 평균 사이즈의 모델을 찾는 것이 쉽지 않아 결국 몇몇 '플러스 사이즈' 잡지로 눈을 돌려야만 했다.[29]

미디어상의 여성 이미지는 그 이미지를 만들어내는 데 투입되는 작업 때문에 더욱더 비현실적이 된다. 그 작업에는 언제나 메이크업 아티스트, 헤어 스타일리스트, 숨겨진 옷핀, 전략적으로 배치된 선풍기 등이 동원된다. 물론 이 작업은 사진 촬영만으로 끝나지 않는다. 이미지는 포토샵을 통해 세심하게 다듬어진다. 다시 말해, 이미 통계적으로 극단치인 여성에 갖가지 작업을 추가하여 거의 허구에 가까운 모습으로 탈바꿈하는 것이다.

광고주들은 이런 터무니없는 이미지 조작을 막지 않는다. 골반은 머리만큼이나 좁고, 눈과 입술은 마치 만화 주인공처럼 크고, 허리는 현실에선 도저히 살아 있을 수 없을 것처럼 가늘다. 또한 최근에는 극도로 마른 모델의 몸에 드러난 갈비뼈와 쇄골을 포토샵으로 지워버림으로써 저체중인 몸이 건강해 보이게 한다.

그것이 바로 우리가 현재 마주하고 있는 이상적인 미다. 이런 아름다움은 신체적으로 불가능한 것이기 때문에 수백 가지의 운동, 꼼꼼한 칼로리 계산, 두터운 화장, 심지어 성형수술로도 그런 이상적인 모습을 만들기 힘들다. 그러나 아름다운 여성을 실제로는 볼 수 없기

미디어는 외모 강박을 부추긴다

때문에 우리의 시선은 그런 이미지에 오히려 끌린다. 그리고 광고주도 이를 잘 알고 있다. 이런 이미지가 여성의 소비 행동을 이끄는 동인이 된다는 것을.

광고주는 여성이 이상적인 미와 스스로를 비교해 자신이 부족하다고 느끼길 원한다. 그러면 그 모습에 가까워지기 위해 제품을 구입하려고 할 테니 말이다. 우리는 주름을 지우다 못해 시간을 거스르겠다는 화장품 광고의 문구를 보면 '말도 안 돼.'라고 비웃곤 한다. 그러나 그 광고 속 모델을 오래 바라보다 보면 '이게 효과가 있을까?'라고 자연스레 궁금해진다. 이것이 가장 화나는 부분이다.

미디어상의 여성 이미지가 지닌 또 다른 비현실적인 측면은 오늘날 전 세계에 존재하는 여성의 다양성을 전혀 대표하지 못한다는 것이다. 상징적 소멸Symbolic Annihilation은 다양한 집단의 구성원이 미디어에서 사라져버린 정도를 표현하는 강력한 용어다. 뚱뚱한 여성은 가끔 상징적으로 소멸되고 유색인종과 노인층 여성 역시 마찬가지다. 최근《엘르Elle》나《인스타일InStyle》같이 패션과 미용에 초점을 맞춘 인기 여성 잡지를 연구한 결과 잡지에 실린 여성 모델의 90퍼센트 이상이 백인이었고 80퍼센트 가량이 30세 미만이었다.[30] 주요 미디어에 실린 이미지를 자세히 살피고 조금이라도 우리처럼 보이는 사람이 없으면 우리는 상처를 받는다. 아무도 우리를 원하지 않은 것 같고 마치 투명인간이 된 것처럼 느껴진다.

사샤Sasha[*]는 마케팅업계에서 일하는 스물다섯 살의 여성이다. 그리고 미디어 이미지에 의해 자신이 존재감 없고 부적합하다고 느끼는 것이 어떤 것인지 잘 알고 있다. 외모 강박에 관한 사샤의 이야기는 아주 어렸을 적부터 시작된다. 사샤의 생물학적 부모 가운데 한 명은 흑인이었다. 그리고 다른 한 명은 흑백 혼혈이었다. 사샤는 아기였을 때 백인 부부에게 입양됐다.

나는 구석진 작은 크레이프 가게에서 사샤를 만났다. 사샤의 형제들은 백인이다. 그녀가 자란 마을과 공부했던 학교는 거의 배타적이다 싶을 정도로 백인이 많은 곳이다. 어린 시절 그녀는 몇 년 동안이나 또래 중에 유일한 유색인종이었다. 일상생활에서 다양성의 부재는 그녀의 내부지각에 영향을 미쳤다. 그러나 문제의 초점은 그녀가 어린 시절과 청소년 시절 미디어를 통해 소비하는 여성이 거의 모두 백인이었다는 것이다. 그녀는 그런 미디어 이미지로 자신을 비춰볼 수가 없었다.

사샤가 외모에 대해 걱정했던 최초의 기억은 다섯 살 혹은 여섯 살로 거슬러 올라간다. 사샤는 "엄마에 대한 기억이 또렷이 떠올라요. 제 머리를 어떻게 손질할까 고민하고 계셨죠. 매일 제 머리를 손질하느라 곤욕을 치르셨어요."라고 설명했다. 그때 그 고군분투의 원인이 무엇이라고 생각했냐고 물었다. 사샤는 고개를 젓더니 웃으면서 설명했다. "부모님이 제 머리를 손질할 줄 모르는 게 잘못이 아니라 제 머리가 잘못됐다고 생각했어요. 그 후 시간이 흘러서 중학교에 다닐 때, 저는 갑자기 곧은 생머리가 정말 정말 하고 싶었어요. 할 수 있는 모든 걸 다 해봤어요. 몇 년간 부모님은 제가 머리를 붙이거나 땋을 수 있도록 거의 300달러를 쓰셨어요. 그래서 제 머리는 여기까지 닿았고 머리를 묶을 수 있었어요." 사샤는 자신의 땋은 머리가 얼마만큼 길었는지 보여주기 위해 몸을 돌려 등 한복판을 손으로 툭툭

미디어는 외모 강박을 부추긴다

쳤다. "저는 정상적인 포니테일 스타일로 묶고 싶었거든요."

사샤는 어린 시절의 기억을 떠올리며 얼굴을 찌푸렸다. 여전히 그 힘겨운 시절에 무슨 일이 벌어졌는지 이해하려고 노력하는 듯 보였다. 나는 사샤가 자신이 원하는 포니테일의 모양을 묘사하면서 "정상적인"이라는 단어를 쓴 것에 주목했다. 정상적인 포니테일이 어떤 거냐고 묻고 나서야 정상이 '백인'을 의미하는 것임이 분명해졌다. 사샤는 머리 뒷부분이 "붕 떠 있는" 것을 원치 않았다. 그녀는 당시 자신이 어떤 생각을 했는지 정확히 기억하고 있었다. "글쎄요, 분명한 건 다른 여자애들의 생머리를 따라 해도 제 머리는 똑같이 보이지 않았다는 거예요. 그걸 깨닫자 마음이 매우 불편해졌어요. 그러니까, 일단 깨달음을 얻자 '아, 나는 이런 면에서 다른 사람이구나.'라고 생각한 거죠."

머리카락 때문에 느끼는 고뇌는 발레 수업을 듣기 시작하면서 더욱 심각해졌다. 수업을 위해서는 모두 머리를 동그랗게 말아야 했다. 사샤는 "저는 머리카락을 모두 매끈하게 뒤로 넘기기 위해 엄청난 양의 젤을 발라야 했어요. 발레 선생님은 언제나 저를 지적하셨죠. 왜냐하면 제 머리가… 그러니까…"라고 회상했다. 그녀는 두 손을 들어 머리 위를 꾹꾹 강하게 누르는 시늉을 했다.

"매끈하지 않았던 건가요?" 나는 물었다.

사샤는 손으로 탁자를 내리치며 강한 어조로 말했다. "맞아요! 저는 진짜, 그러니까 '내가 이걸 똑바로 못 하고 있는 건가?'라고 생각했어요. 그리고 제가 거기 있을 만한 사람이 아니란 사실을 누군가에게 들킬지도 모른다는 느낌이 들었어요."

머리는 문제가 아니었다. 사샤는 자신의 몸이 이상적인 무용수로부터 너무 동떨어졌으며 친구들처럼 보이지 않는다고 생각했다. "이제 와 돌이켜보면, 발육기가 시작됐을 때 저는 친구들보다 조금 더 무거웠어요. 그러니 피부색 문제와 머리 문제 같은 게 뒤섞여서 거북한 느낌이 들었던 거예요. 이제 저는 수많은 소녀가 거북함을 느낀다는 걸 알아요." 어린 사샤는 다른 소녀들 역시 거북함을 느끼고 있을지 모른다는 사실을 깨닫지 못했다.

사샤는 10대 초반에 《코스모걸》을 구독했다. 그리고 그 잡지를 포함한 여러 잡지를 통해 정상적인 머리란 백인의 머리라고 배웠다. 또한 화장이란 백인 여성을 위한 것이라는 사실도 깨달았다. 그녀의 피부색으로는 절대 화장이 본래의 목적대로 잘 표현되지 않았던 것이다. 그녀는 나에게 분통을 터트렸다. "저는 잡지를 읽고 가게에 가서 다른 여자애들과 똑같은 제품을 사려고 했어요. 그런데 제가 그 화장을 하면 절대 똑같이 되지 않는 거예요. 우선, 당시 《코스모걸》과 같은 잡지들은 모두 백인 소녀를 대상으로 했으니까요. 저는 불편한 마음이 들었어요. 왜냐하면 '나에게 어울리는 건 없을 거야.'라고 느꼈기 때문이에요. 그게 저를 부끄럽게 만들었죠."

언젠가 사샤는 메이크업 아티스트 바비 브라운Bobbi Brown이 쓴 메이크업 책을 샀다. 그 책은 그녀에게 희망을 안겨주었다. 그녀는 "바로 이거야. 일단 이걸 읽으면 어떻게 해야 여성스러워질지 알게 될 거야."라고 생각했다.

"그냥 일반적인 의미에서 여성 말인가요, 아니면 백인 여성 말인가요?" 나는 궁금했다.

사샤는 한숨을 쉬었다. "백인 여성이겠죠, 아마. 하지만 절대 알수 없었어요. 어떻게 해야 그렇게 보일 수 있는지를요. 그건 분명하죠." 사샤는 자신이 사들인 아름다움의 지침에 따라 살아갈 수 없다는 패배 의식 때문에 무섭고 참담한 기분이 들었다고 했다.

때로 사샤는 다른 여성들은 언제나 "가지런한" 모습을 유지하는 초능력을 타고난 것이라고 생각하기도 했다. 그 여성들은 땀도 흘리지 않는 것 같다. 옷을 구기지도 않는 것 같다. 피부는 매끄럽고 예뻐 보인다. 머리는 절대 흐트러지지 않는다. 사샤가 보고 자란 미디어 이미지는 분명 이런 느낌에 크게 기여했다. 그렇지 않다면 누군가 "완벽하게 가지런한" 모습으로 보일 수 있다는 생각을 어떻게 하겠는가.

사샤는 분명 좌절감을 느끼고 있었지만 나는 살짝 웃을 수밖에 없었다. 왜냐하면 나도 그렇게 느끼기 때문이다. 아름다움에 대한 암묵적인 규칙은 때론 당황스럽게 했다. 그래서 나 역시 제스처럼 여성을 위한 일종의 유니폼이 있었으면 좋겠다고 느끼기도 했다. 다양한 상황에서 어떤 규칙을 따라야 하는지 생각하지 않아도 되니까 말이다.

나는 그녀가 어느 정도 심각하다는 것을 알았다. 그녀는 여전히 《코스모걸》에 나오는 여성들처럼 보이고 싶어 한다. 그리고 그 비밀을 알고 싶어 한다. 그 세계에 들어가고 싶어 한다.

메 시 지 의 침 투

사샤처럼 우리 문화에서 지배적인 미의 기준을 충족하지 못한 것에 수치심을 느끼는 경우는 드물지 않다. 수많은 연구에서 미디어 이미지가 여성에게 중요하고도 충격적인 방식으로 영향을 미친다는 것이 증명됐다. 가장 분명하고도 많이 연구된 영향력은 여성의 신체 존중감이다. 이 주제에 관한 스물다섯 편의 연구는 이상화된 미디어 이미지에 노출되면 여성의 신체 불만족이 증가한다는 점을 밝혀냈다.[31] 그리고 이런 이미지는 신체 불만족뿐만 아니라 우울감과 분노를 증가시키고 긍정적인 감정과 자아 존중감을 감소시킨다고 했다. 특히나 이미 위험군에 속해 있는 청소년에게는 더욱 그러했다.

하버드의과대학원의 앤 베커Anne Becker는 피지에서 소녀의 신체 이미지에 대한 미디어의 영향력을 파헤친 연구를 실시했다.[32·33] 피지는 이런 주제를 연구하기에 특별히 흥미로운 문화를 가진 지역이었다. 이 연구가 시작된 당시 피지에서는 풍만한 몸매를 귀하게 여겼기 때문이다. 통통한 몸은 미적으로도 아름다울 뿐 아니라 잘 돌봐주고 잘 먹여주는 강력한 사회적 네트워크를 가졌다는 증거로 받아들여졌다. 베커는 피지에서는 식사 시간에 가족들이 "먹으렴, 그래야 더 살이 찌지."라고 말하며 왕성한 식욕을 장려했다고 기록했다.

1990년대 초반 피지에는 여성이 다이어트나 운동을 통해 날씬한 몸매를 가져야 한다는 문화적 규범이 존재하지 않았다. 베커는 1995년 TV가 보급된 피지 지역의 소녀를 연구했다. TV에서 방영되는 프로그램은 주로 서구의 것이었다. 예를 들어 호주 드라마와 미국 청소

미디어는 외모 강박을 부추긴다

년 드라마 〈베벌리힐스 아이들Beverly Hills 90210〉 등이 인기가 높았다. 〈베벌리힐스 아이들〉에서는 영화배우 제니 가스Jennie Garth와 섀넌 도허티Shannen Doherty가 예쁘고 인기 많은 여자아이의 역할을 맡고 있었다. 이 배우들은 미국 기준으로는 놀랄 정도로 마르지 않았지만 피지 기준의 이상적인 신체와는 전혀 비슷한 구석이 없었다.

베커와 동료들은 TV가 보급된 지 겨우 몇 주 된 시점에서 10대 소녀들의 기준 데이터를 수집했다. 그리고 3년 후 새로운 소녀 집단으로부터 데이터를 수집했다. 기준 데이터를 수집할 당시에도 몸무게를 줄이기 위해 일부러 구토를 하는 소녀는 전혀 없었는데, 3년 후에는 11퍼센트의 소녀가 일부러 구토를 했다. TV가 보급된 지 3년이 지나자 74퍼센트의 소녀가 스스로를 너무 뚱뚱하다고 생각한 것이다.

어떻게 TV 시청이 피지 소녀들의 신체에 대한 생각을 이렇게 철저하게 바꿔놓았을까. 날씬한 신체 이상형에 노출된 미국이나 다른 국가의 여성에게 영향을 미친 것과 동일한 방식이다. 우선, 이런 유형의 미디어를 더 많이 소비할수록 미디어에서 말하는 이상적인 미를 내면화할 가능성이 높다. 그리고 이런 아름다움의 표준을 흡수하는 것은 좌절감을 안길 뿐 아니라 섭식 장애로 발전할 수 있다.

여성이 스스로를 부적합하다고 느끼게 만드는 두 번째 경로는 바로 사회적 비교Social Comparison다. 사회적 비교는 우리 모두가 관여된 과정이다. 사샤가 자기 머리를 잡지에 나온 모델의 머리와 비교하거나 자신의 몸을 발레 수업을 함께 듣는 학생들의 몸과 비교했듯이 말이다. 우리는 인간 본성에 따라 서로 다른 특징의 다양성 위에서 스스로가 어느 지점에 서 있는지 파악하도록 되어 있다. 당신이 얼마나 상냥한 사람인지 알고 싶다면 당신이 아는 사람들과 미디어에서 보는 사람들과 비교해 자신이 어디 즈음에 있을지 파악한다. 당신이 육체적으로 얼마나 매력적인지 알고 싶다면 같은 과정을 거치면 된다.

여기저기서 접하게 되는 미디어상의 이상화된 여성을 회피하기란 쉽지 않다. 슈퍼마켓의 계산대에 줄을 서서 비현실적으로 아름다운 연예인이 실린 잡지 표지를 마주하게 되면, 반사적으로 그 연예인과 자신의 외모를 비교하게 된다.

대학원생 시절 나는 여성들이 얼마나 자주 미디어의 여성 이미지를 통해 사회적 비교의 희생양이 되는지 궁금했다. 200명이 조금 넘는 여학생들에게 여성 잡지에 실린 광고를 볼 때 어떤 생각이 드는지 적어달라고 했다. 광고에는 모델이 등장하기도 하고 제품만 등장하기도 했다. 모델이 등장하는 경우 사회적 비교는 매우 흔하게 이뤄졌다. 응답자의 80퍼센트 이상이 적어도 한 번 이상 사회적 비교를 했다. 참여자들이 어떻게 비교했는지 글을 읽는 것만으로도 마음이 아팠다.

- 모델처럼 완벽하게 납작한 배를 가졌으면 좋겠다.
- 나는 왜 저렇게 날씬하지 않지?
- 내 허벅지가 저렇게 가늘면 행복할 것 같다.
- 세상에, 저 모델 정말 예쁘네. 나는 왜 저렇게 예쁘지 않지?
- 저 모델은 모든 남성이 꿈꾸는 이상형이겠지? 그게 나였으면 좋겠다.

- 이 모델에 비하면 나는 뚱뚱한 코끼리 같다.
- 내가 싫어하는 모든 신체 부위가 떠오르네. 내 외모를 바꿔야겠다
  는 생각이 든다.

　이런 광고는 여성에게 자신의 외모에서 마음에 들지 않는 점과 바
라는 점을 기록하게 했다.

- 내 엉덩이가 싫다. 내 가슴은 너무 크고 배가 나왔다.
- 내 눈 색깔이 달랐으면 좋겠다.
- 나는 너무 뚱뚱하다.
- 내 주근깨가 싫다.
- 내 피부색이 좀 더 짙었으면 좋겠다.
- 내 허벅지는 너무 두껍다.
- 쌍꺼풀이 있었으면 좋겠다.
- 나는 여드름이 너무 많다.
- 나는 별로 예쁘지 않다.
- 내 속눈썹은 너무 짧다.
- 내 몸매는 별로다.

　조교들과 함께 이 연구에 참여한 여성들의 답변을 코드화하는 작
업을 마치자 신체 불만족 지수가 높게 나타난 여성이 사회적 비교를
가장 많이 한다는 사실이 드러났다. 이미 외모에 대해 열등감을 느낀
다면 외모에 대해 더 많은 정보를 찾게 된다. 이는 신체 혐오의 잔인

한 순환을 낳는다.

자신의 몸에 대해 좋은 감정을 가지기 위해 노력하는 여성은 미디어상의 여성 이미지에 대해 소위 주의 편중Attentional Bias을 보였다. 이들의 시선은 날씬한 여성의 몸에 쏠려 있고, 자신의 몸에서 가장 마음에 들지 않는 부위에 박혀 있었다. 우리 연구팀은 80명이 넘는 여성을 대상으로 각 신체 부위별 만족도 조사를 했다. 그리고 여성들을 아이트래커 앞에 앉히고 날씬한 여성 모델의 사진을 보게 했다. 아이트래커는 적외선을 이용해 시선이 어디에 머무는지 세심하게 표시해준다. 연구에 참여한 여성들은 여성 모델의 사진에서 자신이 콤플렉스를 갖고 있는 신체 부위를 제일 먼저 쳐다보는 경향이 있었다. 이런 패턴은 무의식적으로 굉장히 빨리 일어난다. 그리고 의심할 여지도 없이 사회적 비교 과정에 기여한다.

사샤는 커가면서 아름다움과 관련된 사회적 비교가 그녀의 인생에 영향을 미친다는 것을 느끼게 됐다. 너무나 자주 이상적인 미와 비교하고 부족함을 느끼면서 결국 사샤는 그녀에겐 예뻐지는 것이 허용되지 않았다고 결론 내렸다. 그녀는 제대로 경쟁할 수 없는 아름다움의 시합에서 기권하기로 했다. 사샤는 "저는 그냥 손을 뗀 거예요. 그리고 다른 역할을 맡기로 결심했어요."라고 설명했다. 그 역할이 뭐냐고 묻자, 그녀는 곧바로 대답을 내놓았다.

"조수였어요." 그녀는 어깨를 으쓱하면서 말했다. "중학교와 고등학교를 거치며 수많은 친구를 위해 그 역할을 해냈죠. 저는 언제나 조수였어요."

사샤는 조수가 된다는 것이 무엇인지 정확히 알고 있었다. "저는 사람들이 예쁘다고 생각하는 유형의 소녀가 아니었어요. 하지만 저는 착하고 항상 유쾌한 아이였죠. 그리고 언제나 친구들이 원하는 걸 얻도록 도와주는 데 능숙했어요. 그게 남자 친구든 성적이든 간에요. 저는 다른 사람들이 되고 싶은 모습으로 빛을 발하도록 돕는 걸 잘했어요." 그녀는 설명했다.

어떤 면에서 이는 괜찮은 이야기로 들린다. 다른 사람들을 돕는 것이나 유머 감각은 모두 사랑스러운 능력이다. 그러나 사샤의 이야기를 찬찬히 들어보면 전혀 괜찮지 않다. 미디어가 제시하는 식의 '예쁜' 소녀가 되지 못한다면 대신 존재감이 사라지는 듯하다. 사샤는 다음과 같이 덧붙이며 내 걱정을 확인시켜줬다. "이건 스스로 보상받기 위해서였어요. 저는 제 인생 자체로 빛나는 대신 다른 사람들 인생에서 부차적인 사람이 된 거죠. 저도 매력적인 사람이 되고 싶었어요. 그런데 그렇지 않다는 걸 알았어요. 그리고 은근히… 모든 사람이 제게 안됐다는 감정을 가지고 있다는 걸 느꼈어요. 그런 연민의 감정이 싫었어요."

완 벽 함 이 란

2009년 프랑스의 패션·문화 잡지인 《WAD》는 창간 10주년을 기념하면서 나체의 여성이 엎드려 있는 사진을 표지에 실었다. 그 모습은 조금 기괴했다. 왜냐하면 케이크로 만들어진 여성이었기 때문이다. 심지어 여성의 엉덩이 부위에서 한 조각의 케이크가 잘려나왔다. 생일 축하해! 엉덩이 한번 맛볼래! 이 걸작이 궁금하다면 인터넷에서 'WAD cake woman cover'라는 검색어를 쳐보면 된다. 더욱 어처구니없는 것은 이 여성 이미지는 갈비뼈가 다 드러나도록 너무 말랐다는 것이다. 그녀는 케이크가 되어버렸지만 케이크는 한 입도 먹지 못한 것이다.

왜 이런 이해할 수 없는 예술적 작업이 여성의 신체를 상대로 이뤄지고 남성의 신체는 배제되는지 물을 필요가 있다. 이 질문에 대해서는 대상화의 성별 간 특성을 인식하지 않고서는 정직하게 답할 수 없다. 물론 남성을 대상으로서 생각해본 적이 없다는 것이 아니다. 그러나 남성의 신체를 노골적으로 대상화하는 것은 규범이 아니다. 여성의 신체를 대상화하는 것이 규범이다.

미디어는 여성을 성적으로 대상화하는 주요 원천이다. 미디어는 여성의 신체가 다른 이들이 마음대로 평가하고 사용하기 위해 존재한다고 끊임없이 전한다. 미디어 이미지 속에서 대상으로 그려진 여성을 볼 때마다 여성이 얼마나 자주 신체로만 평가받는지 느끼게 된다. 이런 이미지가 주는 메시지는 분명하다. 여성은 시선의 대상으로서 존재한다는 것이다. 여성은 사진에 담겨서 대상화하는 누군가의 관점을 받아들이도록 강요받는다.

이런 여성의 대상화를 걱정하는 이들은 특히나 최근 돌체 가바나 광고에 분노했다. 광고에서는 셔츠를 입지 않은 남성이 노출이 심한 드레스를 입은 채 바닥에 누운 여성의 팔을 여성의 머리 위쪽에 단단히 고정하고 있다. 그리고 다른 세 명의 남성이 곁에서 여성을 바라보고 있다. 이 여성은 분명 광고의 중심에 있지만 현실 감각이 없

미디어는 외모 강박을 부추긴다

어 보인다. 그녀는 저 먼 곳을 응시한 채 거의 유체를 이탈한 듯 보인다. 그리고 그곳에 있고 싶어 하지 않은 듯하다. 이 여성은 자신과 섹스를 하기 위해 차례를 기다리는 것처럼 보이는 남성들의 시선을 받고 있다. 이처럼 광고에서는 여성이 위험해 보이는 상황에서조차 주변을 살피는 대신 허공을 응시하고 현실과 동떨어져 있는 듯 묘사한다.[34]

최근 '할리우드의 머리 없는 여성들The Headless Women of Hollywood'이라는 이름의 텀블러 페이지가 SNS에서 엄청난 관심을 끌었다. 이 텀블러는 여성의 몸을 성적으로 부각시키면서도 머리 부분은 보여주지 않는 영화 포스터들을 모아놓았다. 이는 미디어 이미지에 담긴 여성의 대상화에 관한 또 다른 예시다. 마치 할리우드는 여성에게 얼굴이 있다는 것을 잊은 것처럼 보였다.

여성의 이미지에서 얼굴이 사라지는 현상은 전혀 새롭지 않으며 영화 포스터에만 국한된 것도 아니다. 사람들은 남성의 이미지에서는 얼굴을 볼 가능성이 훨씬 높다. 그리고 이미지에 여성과 남성의 얼굴이 모두 등장할 때도 남성의 얼굴이 더 많이 보이는 경향이 있다. 이런 현상은 전 세계 여러 잡지, 신문, 예술 작품, 프라임 시간대의 방송 프로그램, 심지어 아마추어 그림에서도 등장한다.[35·36] SNS 프로필에서조차 여성의 얼굴보다 몸 사진을 더 많이 볼 수 있다.[37]

우리는 사물의 이미지와 인간의 이미지를 서로 다르게 처리하며 인간의 이미지의 경우 외형 처리Configural Processing라는 과정을 거친다. 우리는 보통 얼굴을 구별하기 위해서 눈, 코, 입을 각각 따로 보지 않고 서로 어떻게 연계되어 있는지를 본다. 코는 입에서 얼마나 멀리 떨어져 있는지, 한쪽 눈은 다른 쪽 눈과 어떻게 연결되어 있는지. 그래서 인간의 이미지를 거꾸로 놓으면 구분하기 어려워진다. 이를 역전 효과Inversion Effect라고 부른다. 반면 집과 같은 사물의 이미지는 거꾸로 놓아도 쉽게 구분할 수 있다. 학술지《심리 과학Psychological Science》은 여성과 남성의 성적인 사진을 실험 참여자들에게 보여줬다.[38] 사진 속 인물은 모두 속옷이나 수영복을 입고 있었다. 실험 참여자들은 거꾸로 된 남성의 이미지는 구분하는 데 어려워하며 역전 효과를 증명했다. 그러나 여성의 성적인 이미지의 경우 역전 효과는 나타나지 않았다. 여성의 이미지는 거꾸로 있든 똑바로 있든 쉽게 구분됐다. 성애화된 여성은 사물의 이미지와 동일한 방식으로 처리되고 있는 것이다.

대상화된 여성 이미지에
자주 노출되면

사회과학자들은 여성이 미디어 이미지에서 대상화되는 이유에 대해 다양한 주장을 내놓고 있다. 아마도 인간이 여성의 외모에 더 많은 관심을 갖도록 진화했기 때문일 것이다. 아마도 노골적인 성차별 때문일 것이다. 아마도 마케팅 담당자들은 우리가 원하는 것을 내놓았을 뿐일지도 모른다. 이유가 무엇이든 간에 결과는 당혹스럽다.

미디어의 대상화에 잠시만 노출되더라도 우리가 여성을 생각하는 방식에 영향을 받는다. 한 실험에서 두 남성 집단에게 각각 서로 다

미디어는 외모 강박을 부추긴다

른 유형의 비디오를 보여주었다.[39] 첫 번째 남성 집단에게는 여성이 성애화되거나 비하된 방식으로 그려진 영화를 보여준다. 영화 〈쇼걸 Showgirls〉에 나오는 스트립쇼 장면이다. 두 번째 남성 집단에게는 애니메이션 페스티벌에 출품된 만화를 보여준다. 그다음 양쪽 집단에게 데이트 강간을 당한 여학생에 대한 기사를 읽게 한다. 〈쇼걸〉을 본 남성들은 강간을 당한 여성이 아마도 섹스를 즐겼을 것이며 "결국엔 그녀가 원하는 바를 얻어냈다"라고 말할 가능성이 더 높았다. 또 다른 실험 연구에서도 팩맨Pac-man이나 심스The Sims 같은 게임을 한 남성보다 25분간 레저 슈트 래리Leisure Suit Larry라는 성인 게임을 한 남성이 성희롱에 대해 좀 더 용인하는 태도를 보였다.[40] 레저 슈트 래리를 한 남성은 단어 인식 게임에서도 '걸레 같은 여자Slut', '창녀Whore', '나쁜 XBitch'와 같은 단어를 더 빨리 인식했다. 게임에서 대상화된 이미지가 실험 참여자들에게 영향을 미친 것이다.

대상화된 이미지는 여성을 부정적인 관점에서 보게 할 뿐만 아니라 무능하고 미숙한 인간으로 보게 할 가능성 또한 높았다. 사우스플로리다대학교 연구팀은 학생들에게 당시 부통령 후보였던 세라 페일린Sarah Palin이나 영화배우 앤젤리나 졸리Angelina Jolie를 대상으로 글을 쓰라고 했다.[41] 그리고 실험 참여자의 절반에게는 "이 사람들의 외모에 대한 당신의 생각과 감정을 쓰시오"라는 지시가 주어졌다. 이것이 대상화 조건이었다. 예상대로 외모에 초점을 맞춘 집단의 경우 페일린과 졸리 모두 덜 유능한 인간으로 평가했다. 이는 사람의 외모에 대해 더 많이 생각할수록 그 사람을 무능하게 볼 가능성이 더 높아진다는 것을 의미한다.

* * *

사샤는 《코스모걸》을 구독한 후 몇 년 사이에 꽤 변했다. 그녀는 "문득 '아, 그래. 이 사람들은 아무도 나처럼 생기지 않았어. 그래서 내가 더더욱 힘들었던 거야.' 하고 깨닫게 됐어요. 하지만 그 후에도 꽤 오랫동안 그런 잡지를 읽었죠. 그러다 어느 시점에 잡지를 내려놨어요. 멀리 치워버렸죠."라고 말했다. 사샤는 이런 과정이 신중한 선택이었다고 기억한다.

사샤는 당시에 자신이 어떻게 느꼈는지를 회상했다. "제가 어땠냐면요. '이건 내 현실이 아니야, 이건 나에게 건강하지 않아.'라고 생각했어요. 아마도 마음 한구석으로는 '나는 절대로 이렇게 되지 못할 거야.'라고 생각했을지도 몰라요. 하지만 '이건 가치가 없어. 현실적이지 않아. 그리고 내가 이걸 일찍 깨달아서 다행이야.'라는 생각도 했어요. 저는 절대, 절대로 그 규범에 가까워질 수 없었어요. 그래서 어느 순간 그냥 '이건 쓰레기야.'라고 생각하게 된 거죠."

나는 사샤가 그 상황을 쓰레기라고 부른 것에 기분이 좋아졌다. "맞아요, 어느 시점에는 화를 내야 해요." 나는 대답했다. 사샤는 여기에 동의했지만 아직 완전히 이겨낸 것은 아니라고 했다.

사샤는 단어를 신중하게 고르느라 잠시 말을 멈췄다. "여전히 마음속 한구석으로는 좌절감을 느끼는 것 같아요. 저는 그런 이상적인 미를 얻기 위해 몇 년이나 노력했거든요."

사샤처럼 지적이고 매력적인 사람이 어째서 모델처럼 되면 인생이 극적으로 변할 거라고 믿게 됐을까. 그 질문에 대한 답을 찾기 위

미디어는 외모 강박을 부추긴다

해 멀리까지 볼 필요도 없다. 미디어상의 여성 이미지는 절대 홀로 제시되지 않으며 풍족한 삶과 연결되는 라이프스타일이나 제품과 짝을 이룬다. 미디어는 이상적인 미인을 돈, 성공, 인기, 사랑과 짝지을 뿐만 아니라 이런 이상에 위배되는 것은 부정적인 결과나 직접적인 조롱과 짝을 짓는다. 예를 들어, 프라임 시간대의 방송 프로그램 열 개에 등장하는 1,000여 명의 캐릭터를 분석한 결과 마른 여성일수록 주로 로맨틱한 관계에 등장할 가능성이 높은 것으로 드러났다.[42 · 43] 반면 뚱뚱한 여성일수록 스스로 농담의 대상이 될 가능성이 훨씬 높았다. 우리가 이런 유형의 미디어를 계속 소비한다면, 거울에 비친 이미지와 실질적인 인생의 성공을 분리해낼 수 없게 된다.

사샤는 페미니스트가 무엇인지 알 정도로 나이가 들자마자 자신을 페미니스트라고 선언했다. 그리고 백인 같은 피부나 길고 빛나는 생머리 등의 특권을 누리지 못했기 때문에 전반적으로 특권이라는 이슈에 더욱 민감해졌다. 그녀는 자신이 언제나 조금은 아웃사이더처럼 느낀다는 점에 감사하다면서 다음과 같이 말했다. "왜냐하면 모든 사람이 저를 조금씩 다른 세계로 이끌어줬거든요. 그렇게 저는 제게 소중한 것들을 찾아내기 시작했어요."

이제 사샤에게 중요한 것이 무엇이냐고 묻자 그녀는 잠시 고민하더니 대답했다. "저는 언제나 진실한 자신으로 살아가는 게 매우 중요하다고 생각해요. 겉모습이 아니라 그 안의 사람을 소중하게 여겨요."

사샤는 자신이 많이 발전했다고 말했다. 왜냐하면 이제는 머리를 그냥 늘어뜨리는 것이 편안하게 느껴지기 때문이다. 사샤는 나에게 보여주기 위해 붙임머리를 뽑기까지 했다. 인터뷰를 끝내고 사샤에게 이 책에 소개될 가명을 직접 고르고 싶냐고 물었다.

"어렸을 적엔 킴벌리Kimberly라는 이름을 갖고 싶었어요. 저보다 몇 학년 위인 동경하던 언니가 있었어요. 그 언니의 이름이 킴벌리였거든요. 언니는 풍성한 금발머리를 가진 백인이었어요. 킴벌리는 백인 소녀의 이름이죠."

"아직도 킴벌리라는 이름이 좋나요?"

"아뇨." 사샤는 분명하게 이야기했다. "저는 제가 킴벌리가 아니란 걸 알아요."

사샤는 나를 보고 미소를 지으며 고개를 끄덕였다. 나는 마음속으로 사샤가 어린 시절 그녀를 괴롭히고 잘못된 방향으로 이끌었던 잡지들을 쌓아놓고 불을 지르는 모습을 상상했다. 마침내 그녀는 자신의 이미지를 통제했던 잡지에서 벗어난다.

미디어는 외모 강박을 부추긴다

SNS와

온라인 강박

셀카가 넘쳐나는 SNS 시대, 내가 요즘 태어나지 않았다는 점에 감사한다. 스마트폰이 등장하기 이전에는 우리는 더 자유로운 인생을 살았다. 예전에는 학교에서 사진 촬영을 하는 날에만 꾸몄다. 그러나 오늘날의 소녀와 여성에게는 매일매일이 촬영하는 날이다. 바로 SNS 덕이다.

SNS와 디지털 사진이 생겨나기 이전에도 수많은 여성이 항상 진열대에 진열되어 있는 듯한 느낌을 받게 하는 문화적 영향력은 존재했다. 수십 년 전이라고 길거리 성희롱이 없었다든지 미디어상의 여성 이미지가 덜 대상화됐던 것은 아니다. 특히나 젊은 여성의 경우 SNS가 등장하기 전에도 일상생활에선 여전히 여성의 주요한 사회적 통화가 외모임을 끊임없이 상기시키는 일이 많았다. 내가 대학생이던 시절 남학생 기숙사 앞을 지날 때면 현관에 있는 남학생들이 숫자가 쓰인 표지판을 들고 서 있는 경우가 많았다. 지나가는 여성의 점수를 매기는 것이었다. 꽤 끔찍한 일이었다. 하지만 그들이 스마트폰으로 사진을 찍어 레딧(미국의 뉴스 공유 사이트 - 옮긴이)이나 인스타그램에 올리고 점수를 매겼다면 얼마나 더 끔찍했을까.

외모 강박적인 문화의 가장 큰 문제 가운데 하나는 여성이 항상 자신이 어떻게 보일지를 세세하게 의식하게 하는 것이다. 이번에 소개할 스물다섯 살의 마리아는 이런 환경을 "거의 파파라치가 따라다니는 듯한 상황"이라고 묘사했다. 여성은 모델과 연예인처럼 보여야 한다는 압박감을 느낄 뿐 아니라 이제는 연예인들에게 국한됐던 일종의 불안감까지 경험하게 된다.

앞서 이야기했듯 온라인 이미지는 기본적으로 사회적 비교 과정을 활성화시킴으로써 여성에게 영향을 미친다. 당신이 팔로우 하는 친구가 바로 적절한 비교의 대상이 될 것이다. 그들이 올린 이미지 역시 대부분 신중하게 포즈를 취하고 수십 장(혹은 수백 장)씩 찍은 사진 가운데 골라서 포토샵을 거쳐 필터링된 작품이지만, 그 사실은 쉽게 잊혀진다. 우리는 결국 우리의 실제를 가공된 인생에 비교하게 된다.

* * *

마리아Maria*는 스물다섯 살의 백인 여성이다. 길고 짙은 머리카락에 반짝이는 갈색 눈, 그리고 발랄한 미소를 지녔다. 미국 중서부 지방에서 인생 대부분을 보낸 마리아는 최근 언론계에서 직업을 구하기 위해 뉴욕으로 이사 왔다. 그리고 현재 SNS에 올리는 이미지와 현실 사이의 불일치를 폭로하는 웹 사이트를 공동 운영하고 있다.

미디어는 외모 강박을 부추긴다

나는 마리아와 한 시간 넘게 통화를 했다. 마리아는 자신의 어린 시절과 청소년기, 그리고 청년기의 단편들을 엮어 외모 강박에 대한 복잡하고도 풍부한 이야기를 들려주었다. 그녀는 자신이 어떻게, 그리고 왜 지금의 모습이 됐는지 알아내는 과정에서 자기반성을 많이 했다. 마리아의 자아 개념은 대부분 다른 사람과의 비교를 통해 쌓아온 것이었다. 이는 SNS가 그녀의 인생에서 의미 있는 역할을 하기 이전부터 형성된 흐름이다.

마리아는 여덟 살 무렵에 처음으로 다른 소녀들과 자신을 비교하기 시작했다. 마리아는 무용 수업을 들었고 무용복 회사에서 몇몇 직원들이 찾아왔다. 그들은 소녀들이 춤추는 모습을 잠시 지켜본 후 몇 명을 카탈로그에 실을 모델로 선택했다. 마리아는 뽑히지 않았다. 마리아는 그때 처음으로 아름다움을 재는 척도가 존재한다는 것을 깨달았다고 한다.

마리아의 부모는 절대로 외모를 강조하지 않았다. 외모는 그녀의 가족 사이에서 중요한 것이 아니었다. 대신 학문적 성취 같은 것에 초점이 맞춰졌다. 그런데도 어린 시절 마리아는 자신이 남에게 어떻게 보이는지를 매우 의식했다. 또한 완벽주의의 고통에도 시달렸다. 마리아는 모든 것에서 최고가 되고 싶었다. 그래서 다른 사람들이 외모를 평가한다는 것을 깨닫자 그녀는 '와, 내가 잘해야 하는 것이 한 가지 늘어났구나.'라고 생각했다. 예뻐지는 것은 그녀가 뛰어나야 한다고 압박을 느끼는 또 다른 분야가 되어버렸다.

마리아는 인생의 다른 분야에서는 얼마든 자신의 성과를 잘 조절할 수 있었다. 점수를 더 잘 받고 싶으면 더 열심히 공부하면 됐다.

축구를 잘하고 싶으면 더 열심히 연습하면 됐다. 그러나 "예뻐지기" 분야에는 아무리 노력해도 좌절감만 느꼈다. 예뻐지기 위해 할 수 있는 일이 제한적이라는 사실이 불공평하게 느껴졌다. 그녀는 당시를 회상했다. "제가 너무 못생겨 보이던 그 시절을 기억해요. 그리고 맞아요. 저는 뭐랄까, 불공평하다고 느꼈어요. 그러니까 '나는 여기서 더 나아질 수가 없어! 다른 분야는 내가 노력하면 바꿀 수 있어. 그런데 외모는 내가 바꿀 수 없는 거야.'라고 생각했어요."

무엇보다도 암묵적인 미모 경쟁에서 기준이 무엇인지 그리고 누가 그 기준을 세우는지 정확히 알 수 없다는 것이 좌절감을 주었다. 마리아는 "초등학교 시절 우리 반에서 제일 예쁜 여자애가 누구인지 순위를 정하던 게 기억나요. 저도 순위에 오르고 싶었던 것 같아요. 강렬한 기억이에요."라고 말했다.

나는 마리아가 그 순위에 올랐는지 물었다. 그녀는 잠시 생각했다. "나중에는 올라갔어요. 여러 번이요. 중학교 때요. 그런데 전 언제나 '내가 1, 2등은 아닐 거야. 하지만 꽤 괜찮아.'라고 생각했어요. 그리고 이런 생각도 했어요. '괜찮아. 난 몰리도 아니고 브룩도 아니야. 하지만 체면치레는 했잖아.'"

"그래도 괜찮았나요?" 나는 전혀 믿기지 않는다는 듯 물었다.

"그냥 우스운 일이라고 생각했어요. 좋다는 생각은 들지 않았어요. 분명 '이런 일이 벌어지다니 한심하고 끔찍해.'라고 생각했죠. 하지만 저에 대한 평가에는 만족했던 것 같아요." 마리아는 이제는 감정이 다 사라져버린 듯 사무적으로 말했다.

그녀는 다시 한번 이야기했다. "하지만 기준이 있다면 저는 최고

미디어는 외모 강박을 부추긴다

점을 기록하고 싶었어요. 걔네들이 멍청한 순위를 만들었다고 생각하냐고요? 네, 그래요. 하지만 그런 순위가 있다면 저는 5위 안에 들고 싶었어요. 그러니까, 기준이 존재한다면 거기서 최선을 다하는 게 낫다는 거죠."

마리아는 이런 식의 사고방식이 SNS 덕에 더욱 강화됐다고 했다. 그녀는 초등학교 시절의 순위 매기기를 오늘날의 트위터 팔로워 수나 '좋아요' 수에 비교했다. "이런 식의 점수 측정을 어느 정도는 멍청하다고 생각해요. 하지만 사람들이 그 숫자를 보기 때문에 가장 높은 숫자를 받고 싶어요." 그녀에게는 이것이 기본 논리였다.

SNS에 무엇을, 얼마나 소비하는가

2015년 퓨 센터의 연구 결과, 미국 10대 청소년 가운데 92퍼센트가 매일 온라인에서 시간을 보내며 하나 이상의 SNS를 사용하는 것으로 나타났다. 18세에서 34세 사이인 조사 참여자 가운데 5분의 1이 매일 여섯 시간 이상 SNS를 한다고 응답했다. 여성과 남성 모두 SNS를 지나치게 사용할 가능성이 있지만, 대개는 여성이 남성보다 SNS에서 더 오랜 시간을 보낸다.

외모 강박을 주입하는 주범이었던 TV, 영화, 잡지는 SNS라는 강력한 라이벌에게 점차 밀려나고 있다. SNS는 이미지와 대인 상호작용을 하나의 미디어에 갖추었다. TV, 영화, 잡지에서도 포토샵을 거친 이상적인 여성의 이미지가 노출됐지만 SNS에는 여러 사람들의 코멘트까지 곁들여진다. 앞서 이야기했듯이 우리는 대상화된 여성 이미지에 노출되는 것만으로도 충분히 좋지 않은 영향을 받는다. 그런데 이 이미지에 각종 코멘트가 달린다면 사진의 영향력은 얼마나 확대될까. 어느 정도는 코멘트가 긍정적이든 부정적이든 문제되지 않을 것이다. 그러나 이는 여성의 외모에 대해 코멘트하는 것이 중요한 일, 적어도 즐거운 일이 되게 한다. 하루 종일 여성의 사진을 들여다보고 외모에 초점을 맞춘 코멘트를 읽는다면 당신은 자신의 외모에 대해서도 동일한 정밀 검사를 하게 되지 않을까.

잡지와 방송 프로그램이 오직 하나의 이상적인 미를 보여주듯 온라인 미디어도 마찬가지다. 성애화된 여성의 이미지는 온라인에 만연해 있고 다이어트 프로그램과 성형수술 광고도 곳곳에 포진해 있다. 미국 10대들에게 인기 있는 스무 개의 웹 사이트를 분석해본 결과, 각 사이트에서 가장 흔한 광고는 화장품과 미용 제품이었다.[44] 이런 사이트는 소녀를 대상으로 만들어졌는데도 광고의 거의 30퍼센트는 외모를 강조하는 메시지를 담고 있었고 6퍼센트는 다이어트 제품 광고였다(예를 들면 광고 제목이 '뱃살 줄이는 팁'이었다). SNS 피드상에 불쑥 등장하여 거의 통제가 불가능한 광고는 외모에 초점을 맞춘 전략으로 여성을 노린다.

SNS 플랫폼뿐 아니라 다이어트와 아름다움에 초점을 맞춘 온라인 커뮤니티도 내가 어떻게 보이는지, 혹은 어떻게 몸매를 바꿀 수 있는지에 대해 생각하게 한다. 그중 가장 노골적인 커뮤니티는 피츠퍼레이션(Fitspiration 이하 피트스포 Fitspo, 운동을 열심히 하도록 동기부여하는 콘텐츠-옮긴이)과 신스퍼레이션(Thinspiration 이하 신스포 Thinspo, 날씬해지도록 동기부여하는 콘텐츠-옮긴이)과 관련되어 있다. 신스포 사이트에는 다이어트를 장려하는 인용구(예: "음식에 '고맙습니다만 사양할게요.'라고 말하면 날씬함에 '네, 여기 하나 주세요.'라고 말하게 된다.")와 삐쩍 마른 모델의 뻔한 사진으로 가득 차 있다. 피트스포 사이트는 표면상 건강과 근성에 초점을 맞춘다. 식스팩 복근 사진과 함께 운동만 열심히 해도 모델과 같은 몸매가 될 수 있다는 미사여구로 가득하다(예: "스쿼트를 하세요. 저 엉덩이는 저절로 얻어지는 게 아닙니다."). 2016년에 피트스포 및 신스포 웹 사이트들을 분석한 결과, 사이트 간에는 차별성이 없었다. 피츠퍼레이션은 어설프게 변장한 신스퍼레이션의 친척일 뿐이다. 이 둘은 동기부여를 하기보다는 수치심을 안겨준다. 두 사이트 모두 대상화된 포즈의 사진을 담고 있으며 과체중에 낙인을 찍거나 음식물 섭취에 죄의식을 연결시키고 위험한 식습관을 장려하는 메시지를 전달한다.[45]

최근에는 섭식 장애에 찬성하는 토론의 장이 되기도 한다. 사이트마다 친親폭식증 또는 친거식증이라고 불리면서 라이프스타일의 하나로써 섭식 장애를 장려하는 한편 위험한 식습관을 유지하고 확대시키는 방법을 조언한다. 벨기에 청소년 700명을 조사한 결과, 응답자의 16퍼센트가 9학년 이전에 친거식증 사이트를 방문해본 경험이 있었다.[46] 이런 웹 사이트를 방문하는 소녀와 여성은 자신이 다른 사람보다 뚱뚱하고 못생겼다는 느낌에 더 슬퍼하고 분노할 가능성이 높았다.

신스퍼레이션 사이트가 이를 이슈화하기 전까지 여성은 '허벅지 사이의 간격' 따위를 거의 걱정하지 않았다. 오늘날 활성화된 해시태그와 미디어 덕에 허벅지 사이의 간격이 거의 없는 여성에게는 온갖 악플이 달리게 됐다. 플러스 사이즈 모델인 로빈 롤리Robyn Lawley는 두 허벅지가 맞닿았다는 이유로 '돼지'라는 페이스북 댓글을 받았다. 또한 2016년 중국의 SNS에서는 'A4 용지 허리' 경쟁이 일었다. 여성은 자신의 허리가 20센티미터 남짓한 너비의 종이 뒤에 가려질 만큼 가느다랗다는 것을 보여주기 위해 몸 앞에 A4 용지를 대고 포즈를 취했다. 이것이 바로 SNS의 위력이다.

수많은 소녀와 여성은 광고에 나오는 여성 이미지를 전문가 못지않게 비판한다. 그러나 SNS에서 그런 이미지를 접하다 보면 비판적 사고가 순조롭게 작동하지 않는 경우가 있다. 마리아는 자신의 SNS 피드에 올라오는 사람들에게서 이런 미묘함을 완벽히 잡아냈다. 그들은 화려한 삶을 보여주기 위해 거의 광고처럼 포스팅하는 사람들이었다. 온라인에 올라온 비키니 차림의 사진은 여성으로서의 존재가 무엇을 의미하는지, 그리고 우리 문화에서 중요한 것이 무엇인지에 관한 메시지를 전달한다. 우리는 대상화되고 비현실적인 여성의 이미지를 싣는 패션 잡지를 비난하면서도 친구들이 그런 식의 자기 이미지를 포스팅할 때는 비판적 사고를 발휘하지 못한다.

완벽한 셀카 만들기

몇 년 전 우리 연구팀은 온라인 플랫폼에 대해 궁금해졌다. 우리는 레딧의 '내가 못생겼니?' 게시판에서 200명이 넘는 게시자를 대상으로 설문조사를 벌였다. 설문조사에서 여성은 '내가 못생겼니?' 게시

미디어는 외모 강박을 부추긴다

판에 글을 올리고 피드백을 받은 이후 외모에 대해 더 속상해하고 자신감을 잃을 가능성이 높았다. 이는 부정적인 피드백을 받든 긍정적인 피드백을 받든 상관이 없었다. 물론 레딧 게시판에 사진을 올린 남성도 여러 피드백을 받으면서 여성이 매일 외모에 대해 어떤 피드백을 받는지 경험했다. 하지만 이는 그저 맛보기에 불과하다.

한 여성이 친구들과 함께 가볍게 사진을 찍은 후에 그걸 살펴보고 다시 찍자고 요구하는 모습을 얼마나 자주 볼 수 있는지 생각해보라. 남성이 그런 행동을 했을 경우 매우 기묘하게 여겨질 것이다. 여성은 친구들 사이에서 자신의 모습이 마음에 들지 않는다는 이유로 사진에 태그를 하지 않을 가능성이 남성보다 높다. 또한 소녀와 여성은 페이스튠이나 퍼펙트365 같은 앱으로 사진을 편집할 가능성이 높다.[47] 피부를 매끄럽게 보이게 하거나 여드름을 숨기는 정도가 아니라 얼굴형이나 눈 사이즈, 코 모양까지 바꾸기 위해 사진을 편집하기도 한다. SNS에 올릴 완벽한 사진을 만드는 데에도 역시 시간이 든다.

전문적인 미의 기준이 일상생활로 흘러들어오는 낙수 과정은 포토샵은 물론 전문적인 메이크업 아티스트와 헤어 스타일리스트까지 동원해서 사진을 만드는 연예인들 때문에 더욱 강화된다. 화장실 거울 앞에서 찍는, 겉보기에는 편안한 셀카에서는 카메라 뒤의 노력이 전혀 드러나지 않는다.

우리는 실제 세계보다 온라인에서 외모를 통제하기가 훨씬 쉽다. 수백 장의 사진 가운데 가장 잘 나온 한 장을 고르면 된다. 조명을 고를 수도 있고 매력적인 포즈를 취할 수도 있다. 필터를 씌울 수도, 포토샵을 할 수도 있다. 그러나 실제로 존재하지 않는 모습의 당신을 더 많이 볼수록, 거울 속의 여인은 더욱더 낯설게 느껴지고 불만족스러워진다. 이제는 더욱 파괴적인 형식의 비교에 엮이게 된다. 당신의 진짜 자아와 당신이 만들어낸 자아 간의 비교다.

고등학교 시절 마리아는 페이스북에만 신경을 썼다. 그녀는 다른 사람들의 사진과 계정을 클릭해서, 그들이 누구인지, 사회적 위계질서 가운데 어디에 자리하는지를 파악하기 위해 많은 시간을 보냈다. 그녀는 그들의 외모를 평가하고 자신을 그들과 비교해 어떻게 하면 자신이 이길지를 고민했다. 그러나 당시 페이스북은 셀카 중심이 아니었다. 마리아가 대학교에 진학할 때 인스타그램이 등장했고 외모 강박의 목소리를 키웠다.

"제가 더 어릴 때 인스타그램이 유행하지 않아서 다행이에요." 그녀는 건성으로 웃었다. "아마 저는 미쳐버렸을 거예요. 고등학교 때 정말 예뻤던 여자애들, 만약 제가 걔네 인스타그램을 봐야 했다면, 윽, 전 꽤 안 좋아졌을 거예요."

마리아는 사진 속의 자신의 모습에 만족해본 적이 없었다고 한다. 그녀는 자신이 나온 거의 모든 사진에서 마음에 안 드는 치명적인 결점을 재빨리 잡아냈다. 그녀는 가끔 '아, 안 돼. 내가 누구 사진에 태그되어 있네. 가서 무슨 사진인지 봐야지.'라고 생각했다. 그녀의 사진이 어디엔가 올라와 있고 그녀의 뜻과는 상관없이 지인들이 그 사진을 보리라는 사실은 그녀를 괴롭게 했다.

"대학 시절에는 제가 어떤 사진에 찍힐지 너무 의식하곤 했어요. 문제는 행사에는 사진작가가 고용된다는 거였어요. 저는 그게 싫었거든요. 그러면 저는 '이 행사에서는 좋은 시간을 가질 수 없겠구나.

미디어는 외모 강박을 부추긴다

사진에 찍히기 싫은데.'라고 생각했어요. 그건 여러 의미에서 제 정신 건강에 큰 영향을 미쳤어요. 제가 원치 않은 때에도 사진을 찍을 준비가 되어 있어야 했죠." 그녀는 설명했다.

"언제나 카메라 앞에 설 준비가 되어 있어야 했다고요?" 나는 물었다.

"네, 저는 사진이 잘 나오고 싶었어요. 가능하다면 말이에요." 그녀는 분명하게 말했다.

마리아는 자신이 온라인 사진 강박에서 잠시 풀려났던 때를 회상했다. 그녀는 대학교에서 언론학을 공부했고 교지 기자로 1년간 일했다. 특히나 학점을 꽉 채워 듣는 학생에게는 힘든 자리였다. 이 일 때문에 그녀는 친구들과 놀거나 잠을 잘 시간이 거의 없었지만 역설적으로 마치 감옥에서 풀려난 듯 자유로움을 느꼈다고 한다. 이 자리는 그녀를 사진에 대한 압박에서 놓아주었다.

그녀는 당시 빡빡했던 시간을 되돌아보며 아쉬워했다. "대학 시절 가장 정신적으로 건강했던 때는 《더 데일리The Daily》의 기자로 일했던 때예요. 놀라운 일이죠. 왜냐하면 잠잘 시간도 거의 없었고 실제로는 전혀 건강하지 않은 때였거든요. 그런데 언제나 똑같은 사람들에게 둘러싸여 있었다는 점이 저를 정신적으로 건강하게 했어요. 그래서 제 모습이 어떤지 전혀 신경 쓰지 않았어요. 전혀요. 오직 한 가지에만 신경 썼어요. 바로 《더 데일리》였죠. 그 외의 것들은 그냥 다 중요하지 않았어요. 그리고 제 모습은 엉망이었죠. 지금 생각해보면 끔찍한 모습이었어요. 매일 넝마를 주워 입고 머리도 빗지 않아 엉망이었어요. 그러나 별로 중요하지 않았어요."

"그런 것에 대해 생각하지 않을 자유가 있었나요?" 나는 궁금했다.

마리아는 그 말을 마음에 들어 했다. "완전히요. 저는 '미안해, 남자들. 나는 시간이 없어. 그런 거에 신경 쓰기엔 너무 바빠.'라는 식이었어요. 당시에 저는 밖에 나가 놀지 않았어요. 근 6개월간은 제 사진이 하나도 없었어요. 그런데 그게 정말 좋았어요. 제가 그런 것을 걱정할 필요가 없다니 마치 축복받은 기분이었죠." 그녀는 동의했다.

나는 조금 더 깊이 파고들었다. "당신은 언론계의 신성이 되고 싶었기 때문에 그런 바보 같은 일에 쏟을 시간이 없었던 거네요?"

"맞아요." 마리아는 말을 이어나갔다. "그건 마치 영광의 훈장처럼 느껴졌어요. 정말 좋았어요. 그러니까, '그래, 너희들이 옷은 잘 차려입었어. 그런데 난 그럴 수가 없어. 왜냐하면 너도 알겠지만 난 《더 데일리》에서 일하거든.' 같은 식의 기분을 느낀 거죠. 아니면 '난 그런 것들을 걱정하기엔 너무 진지한 사람이야. 그런 거에나 신경 쓸 수 있다니 좋겠다, 애들아.'라든지요. 저는 그렇게 느꼈어요."

나는 "일종의 자유처럼 느껴지네요. 바쁘다는 건 그런 기준에서 빠져나올 허가증 같은 거군요. 미리 준비된 핑계 말이에요."라고 말했다.

"100퍼센트 맞아요." 마리아는 동의했다. "저는 시험에서 제외된 것처럼 느껴졌어요. 외모와 관련 있는 모든 상황에서 그 핑계를 대고 빠져나갔죠."

마리아는 자신이 "예뻐지기"를 의무로 받아들였음을 깨달은 듯했다. 이는 외모 강박이 얼마나 강력한 것인지 보여준다. 외모 강박이 있는 여성은 일시적으로나마 아름다움의 경쟁에서 빠져나가려면 일종의 허가증이 필요하다고 느끼게 된다.

보 디 트 롤

어린 시절, 우리 할아버지는 손주들에게 '염소 삼형제' 이야기를 들려주곤 하셨다. 이 이야기에 등장하는 악당은 흉측하게 생긴 트롤이다. 트롤은 다리를 건너고 싶어 하는 염소들을 잡아먹겠다고 협박한다. 할아버지는 으르렁거리는 커다란 목소리로 트롤을 흉내 내셨다. 동화책에 나오는 트롤은 여성의 자존감에 구멍을 내기 위해 온라인에 숨어 있는 실제 트롤Troll(주제에서 벗어난 내용이나 다른 사람의 화를 부추기고 감정을 상하게 하는 내용을 일부러 공격적으로 올리는 사람-옮긴이)에 비하면 아무것도 아니다. 사이버 폭력은 모든 성별에게 일어나는 일임에도 소녀와 여성은 특히나 외모 관련 사이버 폭력의 표적이 될 가능성이 높다. 진짜 세계에서든 온라인 세계에서든, 여성에게 상처를 주기 위해 외모와 관련된 단어가 가장 자주 사용되는 경향이 있다. 외모와는 상관없는 포스팅조차 그 글을 쓴 여성의 몸매에 대한 댓글들로 뒤덮인다. 그리고 남성만이 아니라 여성도 다른 여성을 대상으로 이런 일을 한다.

어느 포커스그룹 연구에서 스웨덴의 10대 소녀가 SNS를 통해 받은 어마어마한 양의 외모 비하적인 댓글을 조사했다.[48] 대부분의 트롤링Trolling(인터넷에서 공격적이고 반사회적인 행위를 하는 것-옮긴이)이 뚱뚱한 몸매와 신체 사이즈뿐 아니라 가슴과 머릿결, 피부에 초점을 맞췄다. 또한 예일대학교와 버지니아 코먼웰스대학교 연구팀은 '뚱뚱한Fat'이란 단어를 포함한 트윗 4,500개를 단 네 시간 만에 수집했다.[49] 체중을 언급하는 부정적이고 경멸적인 트윗은 남성보다 여성을 노릴 가능성이 높았으며 여성은 노골적으로 뚱뚱함과 섹시함이 연계된 트윗의 표적이 됐다(예를 들어, "나는 뚱뚱한 여자들이랑 섹스하는 건 상상도 하기 싫다."라든지 "헐벗은 몸은 관능적으로 보일 거라고 착각하는 수많은 뚱녀에게. 제발 그러지 마."라는 식이었다).

「트롤은 그저 즐겁고 싶을 뿐」이라는 제목의 최근 기사에 따르면 캐나다 연구팀이 1,000여 명의 인터넷 사용자들을 조사한 결과, 온라인 트롤링에 가담한 이들은 '일상적인 가학 성애자'에 해당하는 것으로 나타났다.[50] 다른 사람의 감정적인 고통이 이들에게는 '행복'이었던 것이다.

S N S 의   심 리 학 적   대 가

중학생 소녀와 성인 여성을 대상으로 한 여러 연구에서 SNS를 강도 높게 사용하는 여성은 다음과 같은 특징을 보였다.

- 이상적인 미의 강한 내면화
- 더 강한 자기 대상화
- 더 빈번한 사회적 비교
- 더 강한 수준의 섭식 장애
- 성형수술에 대한 더 강한 열망
- 외모에 대한 더 큰 투자
- 우울 증세의 증가

미디어는 외모 강박을 부추긴다

한편, 영국의 연구팀은 약 100명의 여성에게 10분간 패션 잡지 사이트나 수공예 사이트, 페이스북 가운데 한 곳을 방문하게 했다.[51] 페이스북에서 시간을 보낸 여성은 전반적으로 좀 더 부정적인 기분을 얻게 됐다. 또한, 외모를 비교하는 성향이 있는 여성이 10분 동안 페이스북을 스크롤하는 경우 머릿결과 피부, 얼굴을 비롯한 외모 구석구석을 바꾸고 싶다는 바람이 커졌다. 미국 대학생 800여명을 대상으로 한 또 다른 연구에서는 페이스북에서 많은 시간을 보내는 여성은 자신을 대상화할 가능성이 높고 그에 따라 신체 혐오가 더욱 커지고 성적 자기표현이 줄어드는 것으로 보고됐다.[52] 성적 자기표현은 자신의 성적 욕망과 기분을 존중해 달라고 목소리를 내는 것으로, 싫을 때는 싫다고 이야기하는 자신감을 갖는 것과 원하지 않는 것을 해야 한다는 압박감을 느끼지 않은 것을 포함한다.

마리아가 뉴욕으로 이사 가면서 SNS에서 벌어지는 미모 경연은 더욱 강한 영향력을 발휘했다. 그녀는 뉴욕 친구들과 동료들이 얼마나 '잘 차려입는'지를 인스타그램으로 볼 수 있었다. 나는 마리아에게 그때의 느낌을 물었다.

마리아는 깊은 한숨을 쉬더니 이야기했다. "제가 서 있는 기반이 흔들리는 느낌이었어요. 기댈 곳이 없는 느낌이었어요. 그렇다고 '아, 운이 나쁘네.'라는 식으로는 생각하지는 않았어요. 제 결론은 '마리아, 네가 더 잘해야 할 일이 있잖아.'였어요. 이를테면, '더 어려운 게임을 해보자. 바로 지금 더 잘할 수 있는 무언가가 있어. 너에겐 고쳐야 할 게 많아.'라는 거죠." 그녀의 SNS 피드는 그녀가 '고쳐야 할' 것에 대한 암묵적인 추천으로 활성화되어 있었다.

마리아는 그녀의 경험에 대중문화적인 프레임을 씌웠다. "완전히 저는 영화 〈악마는 프라다를 입는다The Devil Wears Prada〉의 변신하기 전 앤디(〈악마는 프라다를 입는다〉의 여주인공으로, 패션 잡지 기자로 취직하면서 패션 문외한에서 패셔니스타로 변신하게 된다 - 옮긴이) 같았어요. 저는 진심으로 '아, 세상에. 나 완전 촌스러워 보이네. 패션 센스란 게 뭔지 좀 알아봐야겠어.'라고 생각했어요. 다른 사람들에 비해 제 옷이 정말 후줄근하다는 걸 알았거든요. 패션에 대한 온갖 것을 다 들여다보았죠. 그러면서 옷이란 게 정말 중요해졌어요. 그 전까진 한 번도 생각하지 않았던 것이지만요."

변신 과정은 마리아에게 엄청나게 큰일이었던 것 같다. 그러나 그녀는 여전히 변신은 진행 중이라고 했다. 아직은 완성된 것이 아니었다. "완전히 지치는 일이에요. 전 이미 오랫동안 연습을 했는데 다시 하프 마라톤을 위한 훈련을 시작한 거죠. 머리와 메이크업, 옷 등 모든 것을 파악하려고 노력하면서요. 어디든 부족한 부분이 느껴질 때면 그걸 고치려고 모든 노력을 다할 생각이 있어요. 머리에 부분 염색을 하고 이제는 세포라(미국의 화장품 전문 매장 - 옮긴이)로 달려가서 온갖 화장품에 엄청난 돈을 쓰는 거예요. 저는 피부과도 다녀요. 예전에 제가 바보 같다고 생각했던 것들, 경솔하다고 생각했던 것들이죠. 예를 들어, 정말 정기적으로 눈썹을 다듬고 그런 것들이요."

"돈이 많이 들겠어요!" 나는 덧붙였다.

"돈이 정말 많이 들죠. 정말 비싸요." 마리아는 웃었다. "이 모든 게 '뉴욕 여성 스타일'을 만들기 위한 거예요. 사진이나 거울 속 제 모습을 보면 제가 바꿔야 할 아주 작은 부분들만 눈에 들어와요. 두

미디어는 외모 강박을 부추긴다

더지 게임을 하는 거나 마찬가지예요."

마리아는 '뉴욕 여성 스타일'을 갖추기 위해서 돈뿐만 아니라 시간도 투자하고 있다. 매일 아침 그녀는 머리 손질과 화장에 거의 한 시간을 쓴다. 다른 일에 쓰일 수도 있는 시간이다. 그녀는 두 남동생이 매일 아침 무엇을 하는지 떠올리면 불공평하다는 생각이 든다고 한다. 그러나 "이런 게임의 규칙이 마음에 드냐고요? 아뇨. 하지만 규칙이 그러니까, 능력치를 최대한 끌어올려 경기에 임하고 싶은 거예요." 그녀는 설명했다.

아이러니하게도 내가 이 부분을 쓰는 동안 나 역시 이 책에 실릴 사진을 찍기로 약속되어 있었다. 무엇을 입고 사진을 찍을지 우스꽝스러울 정도로 오래 고민했다. 정장을 입어야 할까? 새 옷을 사야 할까? 화장도 고민했다. 보통 메이크업 아티스트에게 화장을 받는데 그러면 이상해 보이지 않을까? 본래 나보다 나아 보일까? 그 모습이 내 마음에 들까?

이 경험 자체가 일종의 외모 강박으로 느껴졌다. 촬영이 끝나고 사진을 고르기 위해 200여 장의 사진을 꼼꼼히 훑어보다가 내 왼쪽 눈이 오른쪽 눈보다 약간 작다는 것을 의식하게 됐다. 또한, 웃을 때 잇몸이 너무 많이 드러나고, 미소 지을 땐 마치 화난 늑대처럼 입 주변이 일그러진다는 것을 깨달았다. 나는 알고 싶지 않은(실제로 나와 마주한 사람들은 나의 단점들을 거의 눈치채지 못하는 것이다)것을 생각하느라 시간을 낭비하고 싶지 않았다.

사진 속에서 예뻐 보이고 싶다는 바람이 잘못된 것은 아니다. 하지만 내가 느끼는 문제점은 SNS가 날씬함을 미화하는 것 말고도 전문적인 모델과 여배우의 세계를 젊은 여성의 일상생활에 침투시킨다는 것이다.

마리아는 자신을 비롯한 여성들의 고통에 맞서기 위해 다른 온라인 경험을 쌓기로 했다. 그녀는 직업상의 이유로 SNS를 완전히 배제할 수는 없었다. 대신 누구를 팔로우하고, 팔로우하지 않을지 까다롭게 선정한다고 했다. "그 사람이 하는 일이 마음에 들지 않으면 절 팔로우했다는 이유로 그 사람을 팔로우하지 않아요."라고 말했다. 덕분에 사람들이 어떻게 지내는지 지켜보는 '관음증적' 성향에서 벗어날 수 있었다. 그녀는 더 이상 누가 약혼을 했는지 말았는지 왈가왈부하는 가십이 재미있다거나 유용하다고 생각하지 않는다. 그녀는 자신이 원하는 삶에만 집중하고 있다.

"이젠 SNS에 대해 어떻게 생각하나요?" 마리아에게 물었다.

"인생의 모든 면을 알 방법은 없다는 걸 깨달았어요. 제가 한때 우러러봤던, 혹은 정말 근사하게 살고 있다고 생각했던 사람들에 대해 말이죠. 드디어 커튼을 걷어버리고 '저런 근사함은 진짜가 아니야. 실제로 저들이 어떻게 사는지는 알 수 없는 거야.'라고 생각하는 거예요." 마리아는 무척 진지하게 말했다. 그녀에게는 강렬한 교훈이었기 때문이다.

마리아는 단순히 SNS 사용량을 줄이는 것에 그치지 않았다. 사람들의 인식을 왜곡시키는 SNS에 적극적으로 대처하기로 결심했다. 마리아는 자신과 비슷한 생각의 사람들을 찾아냈다. 그리고 "잘 가꿔지고 관리된 SNS 피드에서 드러난 모습과 그 뒤의 진짜 모습의 차이를 보여주기 위해" 무언가를 할 수 있을지 생각했다. 그녀는 웹 디

미디어는 외모 강박을 부추긴다

자이너인 친구와 함께 '크롭트Cropped('잘라낸'이라는 의미-옮긴이)'라는 사이트를 만들었다. 크롭트wearecropped.com는 아름다운 SNS 프로필 뒤에 가려진 삶을 1인칭 시점으로 풀어나간다. 예쁘지 않은 부분을 잘라내지 않은 진짜 삶에 대한 이야기를 만나는 것이다.

"크롭트로 여러 이야기들을 그러모으면서 환상이 깨졌고 그게 중요한 의미가 됐어요." 마리아는 강조했다. "크롭트는 누군가가 SNS에 올린 사진이 그 사람의 진짜 인생이 아니라는 점, 적어도 진짜 삶을 모두 보여주는 그림이 아니라는 걸 알려줬어요. 그 사실을 깨닫기 위해 많은 이야기들을 읽었어요. 이제는 SNS에 대한 생각이 이전과는 매우 달라졌죠."

"여전히 다른 여성의 외모와 당신의 외모를 비교하나요?"

마리아는 잠시 생각하면서 숨을 들이쉬었다. "지난 2년간 저는 신경 쓰지 않기 위해 열심히 노력해왔어요. '어떤 정해진 모습으로 보여야 할 이유는 없지.'라고 생각해왔죠. 객관적으로 생각하려고 노력하고 있어요. '여기에 신경 써야 할 이유가 있나?'라는 식으로요." 마리아는 스스로의 질문에 답하기 전 잠시 말을 멈췄다. "시간이 갈수록 그건 정말 중요한 게 아니라는 확신이 생겨요. 그리고 제 곁에는 저를 외모로 평가하지 않는 사람들이 있고요. 그저 내 인생의 목표는 무엇인지, 그리고 거기 내 시간을 투자할 필요가 있는지를 판단하려고 노력해요."

외 모 강박과
싸 우 는
방 식

4

더 잘 아는 것만으로는 _____
_____ 충분하지 않다.
_____이미 우리는 이미지에
한 방 맞은 후에야 _____
응전을 시작하기 때문이다. _____

미디어
리터러시로는
충분하지 않다

몇 년 전 열다섯 살의 세라Sarah[*]에게 이메일이 왔다. 세라는 신체 이미지 행동주의와 관련해 연락해온 수많은 고등학생 중 하나다. 그녀는 광고가 어떻게 소녀들에게 영향을 미치는지에 관한 미니 다큐멘터리를 만들었다면서 유튜브 링크를 보냈다. 다큐멘터리는 유력 용의자들의 몽타주로 시작된다. 비인간적으로 완벽한 피부를 보여주는 화장품 광고, 터무니없이 포토샵된 모델이 등장하는 패션 화보, 속옷 브랜드 빅토리아 시크릿 패션쇼 등이었다. 세라는 이런 이미지 뒤에 열두 살부터 열일곱 살 사이의 여학생들의 인터뷰를 붙였다.

인터뷰는 아름다움의 의미에 대한 이야기로 시작한다. 그들의 대답은 부모나 선생님이 자랑스러워할 만한 것이었다. 아름다움은 내면에 있다고 소녀들은 설명했다. 한 소녀는 사람들이 열정적으로 몰두하고 무언가를 함께 나눌 때 가장 아름다워 보인다고 이야기했다. 이 시점에서 영상을 꺼버렸다면 아마 이 소녀들은 모두 멀쩡하다고 생각했을지도 모른다. 그러나 몇 분쯤 더 보다 보니 그렇지 않다는 것이 분명해졌다.

이 다큐멘터리의 다음 부분에는 소녀들이 여성이 등장하는 광고를 보는 장면이 나온다. 소녀들이 본 것은 잡티 없는 피부, 극도로 말랐는데도 굴곡 있는 몸매 같은 것이었다. 소녀 중 누군가는 인간 바비 인형 같다고 말한다. "이런 사진을 보면 기분이 어떠니?" 화면 저편에서 세라의 목소리가 들려온다. 전반적인 대답은 "슬프다"였다. 이 소녀들은 자신이 광고에 나오는 여성과는 다르다는 것을 알고 있고, 그 사실이 그들을 슬프게 했다.

세라의 선생님은 이 다큐멘터리를 수업 시간에 보여줬다. 몇몇 여학생들은 영상을 보고 울었다. 그리고 한 소년은 자신이 했던 신체 혐오적인 발언에 대해 세라에게 직접 사과했다. 이 20분짜리 다큐멘터리는 보는 이 모두에게 강력한 경험이 됐다.

그러나 이토록 똑똑하고 비판적인 소녀들도 여전히 포토샵된 이미지처럼 보이기를 원할까? 그렇다. 의심의 여지도 없다. 이는 일반적으로 미디어 리터러시Media Literacy(미디어 문해력이라고도 불리며 다양한 매체의 메시지에 접근해 이를 분석·평가하고 의사소통할 수 있는 능력 – 옮긴이)에 수반되는 근본적인 약점이다. 미디어 리터러시는 다양한 과업을 포함한다. 우선 여성의 아름다움에 대한 메시지의 유형을 인식하고 그 안에 담긴 노골적이거나 암시적인 주장을 인지한다. 또한 미디어 리터러시는 이런 메시지의 영향력을 고려하여 좀 더 건강한 미디어 환경을 조성하기 위한 행동주의를 지지한다. 기본적인 개념은 미디어 메시지에 대해 더 많이 알수록 메시지에 저항하기 쉽다는 것이다.

미디어 리터러시는 올바른 방향으로 나아가는 첫걸음이지만 외모 강박의 전투에서 이길 확실한 무기는 아니다. 더 많이 안다는 것만으로는 이상적인 미로부터 당신을 보호할 수 없다. 특히나 행복은 이상을 달성하느냐에 달려 있다고 말하는 문화에서는 말이다.

내가 어리고 어리석었던 옛날 나는 적절한 시기의 미디어 리터러시를 통해 외모 강박을 완화시킬 수 있다고 생각했다. 미디어 리터러시가 만병통치약이라고 믿었던 것이다. 여성이 그런 이미지가 얼마나 허무맹랑한지 알기만 한다면 이상화된 여성들과 자신을 비교하지 않을 것이라는 논리를 펴던 때가 있었다.

처음부터 분명히 말하자면, 나는 틀렸다.

미디어 리터러시는
어디까지 영향을 미칠까

세라의 다큐멘터리를 감상한 후 나는 그녀에게 인터뷰를 요청했다. 세라는 백인으로 홍콩에서 태어났다. 나와 이야기를 나누던 당시 그녀는 하와이에 있는 작은 고등학교에서 3학년에 올라갈 참이었다. 세라는 하와이로 이사 오기 전까지 캐나다에서 몇 년간 살기도 했다.

다른 젊은 여성과 마찬가지로 세라도 거울에 비친 모습과 심리적인 전투를 벌이고 있었다. 그녀가 투쟁하는 대상이 신체 이미지냐고 묻자, 그녀는 내가 이야기를 나눴던 다른 여성과 비슷한 이야기를 털어놓았다. 어렸을 적에 그녀는 외모와 관련한 문제에 시달리지 않았다. 그러나 청소년기에 거울이 눈에 들어왔고 거기에 비친 모습을 절대 좋아할 수가 없었다는 것이다. 그녀는 "모든 소녀들은 어느 순간 자의식을 갖게 돼요. 저는 중학교 때까지 관심이 없었어요. 그러다가 8학년이 됐을 때 자의식이 엄청 강해졌고 특히 몸무게에 신경 쓰기 시작했죠. 과체중 같은 것은 아니었어요. 그냥 언제나 제 몸에 대해 자의식을 가졌던 것이에요."라고 설명했다.

외모에 대한 세라의 걱정은 그녀의 행동과 정신적 에너지의 방향을 바꿔놓았다. 당시 거울 앞에서 많은 시간을 보냈냐고 묻자 그녀는 "네, 저는 정말 지나치게 자의식 과잉이었어요. 당시엔 심한 곱슬머리였기 때문에 매일 고데기로 머리를 폈죠. 그리고 화장을 하고 제가 먹는 걸 감시했어요."라고 말했다.

"그런 자의식 과잉이 네 인생에 어떻게 영향을 미쳤니?"

세라의 대답은 매우 신중했다. "자의식이 제 생각의 전부였어요. 제 인생에 큰 타격을 줬죠. 그리고 저는 8학년 때의 제가 싫어요. 제 겉모습에 너무나 초점을 맞추다 보니 다른 사람도 겉모습으로 판단했거든요. 저는 겉모습에 완전히 집착했죠. 그리고 진짜 제 모습이나 다른 사람의 내면에는 전혀 관심이 없었어요."

세라는 지금은 건강하지 못한 미의 기준에 일조한 미디어 이미지와 싸우고 있지만, 아이러니하게도 그녀가 어렸을 적엔 그런 이미지에 등장했었다. 네 살부터 아홉 살 때까지 세라는 홍콩에서 살면서 모델로 잠깐 일했다. 홍콩에서는 어린 백인 모델의 인기가 좋았다고 한다. 당시 세라는 사람들이 그녀를 큰 눈에 마른 백인이라서 특별하게 생각했다는 것을 어렴풋이 알고 있었다. 그러나 세라는 백인이 지닌 미의 기준을 다른 문화에 수출한다는 것이 어떤 문제가 있는지 인식하기엔 너무 어렸다. 이제야 세라는 자신이 부지불식간에 달성할 수 없는 백인의 미의 기준을 아시아 여성에게 파는 데 일조했다는 것을 깨달았다.

세라는 당시 경험을 회상해보며 자신이 어떤 영향을 받았는지 궁금해했다. "내면적으로 저에게 어떤 영향을 미쳤을 거라고 생각해요. 왜냐하면 '와, 너는 정말 예쁘구나.'라는 말을 듣고 다녔거든요. 그리고 그 말은 '넌 정말 똑똑해, 넌 정말 친절해.'라는 말과는 반대로 중요한 건 오직 하나라는 느낌을 주었어요. 제 가치는 예쁘다는 사실 오직 하나라고 느꼈어요."

세라는 《세븐틴Seventeen》과 《틴 보그Teen Vogue》를 구독했다. 그러나 고등학교에서 처음으로 미디어 리터러시를 배우면서 그녀의 인생은 크게 달라졌다. 인생의 전환점이었다. 그녀는 이에 대해 "그 전까지는 사회에서 어떤 일이 벌어지는지 전혀 눈치채지 못했어요. 그러다 그 수업을 듣고 나니 제가 눈치채지 못했던 일들이 사방에서 들어오는 거예요."라고 말했다. 그리고 이렇게 덧붙였다. "주변을 둘러보니 미디어가 사회 곳곳에 영향력을 발휘하고 있었어요. 그리고 일상생활뿐만 아니라 자신과 다른 사람을 느끼는 방식에 완전히 영향을 미쳤어요."

"미디어가 너에게 어떤 영향을 미친다고 생각하니?" 나는 물었다.

세라는 미디어와의 상호작용이 사회적 비교의 동인이 된다고 분명히 밝혔다. "글쎄요, 이 프로젝트를 시작하기 전에는 잡지와 TV에 등장하는 소녀를 보고 '아, 나는 저렇게 생기지 않았어.'라고 생각했

미디어 리터러시로는 충분하지 않다

어요." 그러나 세라는 다큐멘터리를 만들면서 바뀌었다. 그녀는 다큐멘터리 제작이 미디어와 광고를 인식하는 방식을 바꿔놓았다고 말한다. 이제 세라는 미디어 이미지를 수동적으로 받아들이지는 않는다. 그리고 더욱 중요한 것은 그런 이미지를 비판하면서 세라와 친구들은 그동안 왜 그토록 외모에 집착했는지 궁금해한다는 점이다.

세라는 "제 친구들만 보더라도 예전에는 불만을 늘어놓거나 심술만 부렸고 외모에서 어떤 부분이 마음에 안 드는지에 대해서만 이야기하기도 했어요. 하지만 이제는 그러지 않아요. 외모를 강조하고 싶지도 않고요. 그리고 외모에 대해 거의 이야기를 나누지 않죠."라고 말했다. 나는 그녀가 친구들과 무엇에 대해 이야기를 나누는지 궁금했다. "뭐든지요!" 세라는 자랑스럽게 말했다.

최근 초등학교와 중학교에 다니는 소녀를 대상으로 미디어 리터러시 프로그램을 진행하여 미디어상의 여성 이미지에 대한 비판적 분석 능력을 키워주자 몸무게와 몸매에 대한 걱정과 이상적인 미의 내면화가 줄어드는 것으로 나타났다. 뿐만 아니라 미디어 리터러시 프로그램은 장기적으로 섭식 장애를 줄여주는 것으로도 나타났다. 그러나 이런 프로그램은 고등학생이나 대학생에게 진행하면 효과가 그다지 크지 않은 것으로 보인다. 따라서 미디어 리터러시를 널리 전파하고 싶다면 이른 시기에 자주 교육을 실시하는 것이 필요하다. 하지만 거기서 멈춰서는 안 된다. 미디어 리터러시 프로그램을 이른 시기에 잘 진행했다 하더라도 그것만으로는 충분하지 않기 때문이다.

미디어 리터러시는 오늘날 대세가 됐다. 인터넷에서 몇 분만 검색해도 매일 접하는 여성의 이상화된 이미지에 의문을 제기하는 여러 사이트를 발견할 수 있다. 포토샵을 폭로하는 글은 여기저기에서 터져 나온다. 능력 있는 영화 제작자와 운동가들은 강력한 비평을 널리 퍼뜨린다. 그러나 전 세계 여성은 여전히 미디어가 조장하는 미의 기준에 부합해야 한다는 압력과 부단히 싸우고 있다. 우리는 우리에게 덤벼드는 모든 것과 맞서 싸워야 하며, 하나의 무기로는 충분하지 않다는 것을 깨달아야 한다.

주 의 : 포 토 샵 을 했 습 니 다

미국, 영국, 프랑스, 이스라엘, 호주에서는 비현실적인 미디어 이미지와 싸울 새로운 무기를 도입하려는 시도가 한창이다. 그것은 바로 그 이미지가 포토샵을 거쳤거나 그래픽적으로 조작됐음을 알리는 경고문이다. 공중 보건을 향상하기 위한 경고문의 역사는 아주 길다. 담배 관련 질병과 사망을 줄이기 위해 많은 국가가 담뱃갑에 경고문을 붙이고 있다. 이런 경고문은 건강하고 행복한 흡연자를 등장시키는 담배 광고에 대한 잠재적인 대응책이다. 현재 미디어가 제시하는 이상적인 여성상 역시 공중 보건 문제라고 할 수 있다. 이 문제는 여성의 섭식 장애, 분노, 우울증으로 연결된다. 그러니 소비자들에게 그들이 보는 모습은 현실이 아니라고 경고해줘야 한다는 것이다.

이런 접근법을 뒷받침하는 사고는 분명하다. 미디어 이미지 속의 여성이 비현실적이라는 것을 인지시키면 소녀와 여성은 그 이미지가 적절한 기준이 아니라고 느끼게 된다는 것이다. 그러나 안타깝게도 경고문이 여성의 신체 이미지에 긍정적인 영향을 미치지는 않는 것 같다. 일부 연구에서는 경고문이 사진 속 모델처럼 보이고 싶은 여성의 욕구를 오히려 증가시키는 것으로 나타났다. 또한 날씬해지려는 욕구를 강화할 뿐만 아니라 신체 불만과 섭식 장애를 증가시킬 수도 있다고 한다.

2015년 1,500명 이상의 영국 청소년과 성인을 대상으로 한 설문 조사에서 소녀와 여성은 포토샵된 이미지가 신체 이미지에 부정적인 영향을 미친다는 점에 전반적으로 동의한 것으로 나타났다(74퍼센트의 소녀와 86퍼센트의 여성이 동의했다).[53] 그러나 동일한 연구에서 이미지의 악영향을 경감시키기 위한 경고문의 효력에 대해서는 회의적인 시각이 드러났다. 일부 여성들은 '비포Before' 사진 없이는 얼마나 수정이 이뤄졌는지 알 수가 없기 때문에 단순한 경고문은 그다지 많은 정보를 주지 않는다고 지적했다. 그리고 무엇보다도 이미지는 문자보다 더욱 강력한 힘을 가진다고 주장했다. 이는 수많은 광고주가 이미 알고 있고 이윤을 올리기 위해서 사용하는 지식이기도 하다.

미디어 리터러시의
역효과

몇 년 전 우리 연구팀은 미디어상의 이상화된 여성 이미지를 비평하고 따질 수 있는 능력을 갖추면 외모 강박으로부터 보호받을 수 있는지 궁금했다. 우리는 여성이 미디어에서 보는 아름다운 이미지를 얼마나 자주 비판적으로 받아들이는지 측정하기로 했다. 수백 명의 여성으로부터 데이터를 수집해 세 가지 유형의 질문지를 만들었다. 첫 번째 유형은 여성이 미디어 속 이미지가 비현실적인 가짜라는 것을 얼마나 자주 인식하는지 측정하는 것이다. 두 번째 유형은 여성이 미디어에 등장하는 모델이 너무 말랐다거나 섭식 장애로 고통받을지 모른다는 생각을 얼마나 자주 하는지 알아보는 것이었다. 마지막 유형의 질문지에서는 광고주가 사용하는 이미지가 여성들에게 상처를 준다는 점을 직접적으로 언급하고 그런 이미지를 선택하는 이유에 대해 물었다. 설문의 문항은 미디어 리터러시 프로그램에서 가르치는 내용을 담고 있다.

수백 명의 여성이 1점(나는 절대 그렇게 생각하지 않는다)에서 5점(나는 언제나 그렇게 생각한다)까지 각 문장에 점수를 매겼다. 아래 표에 예시 문장을 소개했다. 독자 여러분도 표를 보고 점수를 매겨보자.

잡지나 TV, 또는 길거리 광고에서 여성 모델을 보았을 때 얼마나 자주 다음과 같은 생각을 합니까?

유형 1	유형 2	유형 3
이미지는 가짜다.	모델은 너무 말랐다.	광고주는 저런 이미지로 여성을 괴롭힌다.
누구도 이토록 완벽할 수 없다.	모델은 건강하다고 하기엔 너무 말랐다.	저런 이미지는 여성이 스스로를 비하하게 한다.

저렇게 보이기 위해서는 메이크업 아티스트가 있어야 한다.	모델은 더 많이 먹어야 한다.	저런 이미지는 완벽해 보여야 한다는 강박을 여성에게 심어준다.
저렇게 보이기 위해서는 카메라 트릭이 필요하다.	모델은 지나치게 말랐다.	모델은 왜 모두 완벽하게 보여야 하는가.
컴퓨터 트릭 없이는 누구도 저렇게 보일 수 없다.	그녀는 영양실조처럼 보인다.	이런 식으로 여성을 보게 하는 건 여성에게 좋지 않다.

응답을 기반으로 여성이 미디어에 나오는 여성상을 얼마나 자주 비판적으로 받아들이는지를 살펴보았다. 그 결과 폭넓은 변동성이 드러났다. 그러나 불행히도 이런 비판적 논쟁이 여성에게 정말로 도움이 되는지는 확실하지 않았다. 앞의 두 유형에 속하는 주장(이 이미지는 가짜이며 모델은 너무 말랐다)은 여성의 신체 이미지를 보호하는 데는 전혀 도움이 되지 않는다. 미디어 리터러시의 수준이 높다 해도 외모 강박에 대해 아무런 면역력도 생기지 않는 것으로 보였다. 더욱 우려되는 점은, 마지막 유형(광고주는 여성을 괴롭힌다)에서 높은 점수를 기록한 여성은 낮은 점수의 여성보다 자신의 외모에 대해 덜 만족스러워한다는 점이다. 내가 의심하는 부분은 이런 이미지에 맞서 여성이 만들어내는 주장은 대개 이미 심리적 손상을 입은 후에야 등장한다는 점이다. 즉 우리는 이미지에 한 방 맞은 후에야 응전을 시작한다는 것이다.

또 다른 관점은 페미니스트적 태도를 지닌 여성이 미디어상의 이상화된 아름다운 여성에 어떻게 반응하는지를 연구하는 것이다. 페미니스트로 분류되는 여성은 미디어의 여성상에 대해 비판적인 관점을 가질 가능성이 높다. 따라서 페미니즘이 외모 강박으로부터 우리를 보호해줄 것이라고 추측할 수도 있다. 그러나 연구 결과는 좀 더 복잡했다. 수십 개의 관련 연구를 분석한 케니언대학 연구팀은 페미니즘이 미디어가 조장하는 이상적인 미를 내면화하는 경향을 감소시킨다는 결론을 내렸다. 이는 좋은 소식이다.[54] 그러나 안타깝게도 페미니즘이 여성이 자신의 몸을 실질적으로 어떻게 느끼고 생각하는지에는 거의 영향을 미치지 못한다고 한다. 다시 말해, 페미니즘은 미디어가 제시하는 미의 기준에 동조하지 않게는 해주지만 거울 앞에서는 그다지 도움이 되지 않는다는 것이다.

앞서 「왜곡된 미디어」에서 언급한 200여 명의 여학생을 대상으로 진행한 연구(여성 모델의 잡지 광고를 보고 떠오르는 생각을 적는 연구)에서 참여자의 대부분이 이미지에 대해서는 매우 비판적이었다. 이들은 미디어 리터러시 전문가였다. 실험 참여자의 4분의 3이 이런 광고에 나오는 미에 관한 메시지를 비판적으로 평가했다.

실험 참여자의 절반 이상이 광고 모델이 건강에 해로울 정도로 말랐다고 평가했다. 이들은 다음과 같이 썼다.

– 골반이 툭 튀어나온 모습이 매우 거슬린다. 이 모델은 너무 말라서 아파 보인다.
– 모델들은 어떻게 이렇게나 마른 거지? 정말 역겹다.
– 이 광고는 어쩌면 체중 감량 광고에 더 어울릴 수도 있겠다.
– 갈비뼈가 다 보여서 징그럽다.

- 왜 이 모델들은 다 젓가락같이 말랐지?
- 이 모델은 영양실조에 걸린 사람 같다.

　　실험 참여자의 3분의 1은 잡지의 이미지를 '가짜'라고 보았다.

- 이 모델은 분명 컴퓨터로 손을 본 것 같다. 자연스럽지가 않다.
- 사람 눈이 저렇게 초록색일 수는 없다.
- 이 광고를 들여다볼수록 진짜 사람으로는 보이지 않는다. 피부가
　너무 도자기같이 매끄러워서 꼭 그림 같다.
- 이 모델은 진짜 사람이 아니라 컴퓨터 그래픽처럼 보인다.
- 한마디로, 포토샵이다.
- 아무도 실제로는 이렇게 예쁠 수 없다. 이렇게 보이도록 수천 번은
　편집했을 것이다.

　　일부 여성은 미에 대해 파괴적인 메시지를 전달한다는 점에 대해
광고주를 비난했다.

- 우리는 광고에서 매번 이런 여성을 본다. 그러고 나면 우리는 자신
　의 몸을 비하하게 된다.
- 사람들의 자존감을 떨어뜨리기에 매우 알맞은 광고다.
- 이 광고는 남성은 열광하고 뚱뚱한 여성은 기분을 잡치게 하려고
　제작된 것 같다.
- 이런 사진 때문에 내 친구들이 굶는다.

- 이 광고는 우리가 이 사진처럼 보여야 한다는 생각이 들게 하지만, 궁극적으로 그건 거의 불가능한 일이기 때문에 모욕적으로 느껴진다.
- 이렇게 완벽하게 보이려고 많은 시간을 보내다 보면 시간과 돈과 에너지가 남아나지 않을 것이다.
- 이건 진짜 사람을 담은 사진이 아니다. 누구도 이렇게 완벽할 수 없다. 따라서 사회가 이런 완벽함을 기대하지 않았으면 좋겠다.

좋은 이야기다. 솔직히 나는 이 여성들이 열정적으로 이미지를 분석해준 것이 기뻤다. 그러나 이미 추측했을지 모르겠지만 여기엔 나쁜 이면이 있다. 광고에 나오는 미의 기준에 반대하는 비판적인 주장이 아무리 많아도 여성은 자신을 그 모델과 비교할 것이고 그 비교는 행복한 결론을 이끌어내지 못한다. 연구에 참여한 여성들은 위험할 정도로 마른 모델을 고용한 광고주를 비판했지만 이 비판은 모델만큼 마르고 싶다는 갈망과 연결되어 있었다.

오랫동안 미디어 이미지를 비판적으로 평가해온 사람이라면 더 많은 시간을 투자하여 좀 더 세심하게 그 이미지를 처리하게 된다. 이것이 포토샵 경고문이 사람들의 기대만큼 영향력이 없는 이유일 것이다. 경고문은 오히려 이미지에 더욱 초점을 맞추게 하고 완벽한 신체 부위나 얼굴에 특별한 관심이 쏠리게 한다. 머릿속에는 경고문이 아니라 이미지가 들어와 이상적 미를 상기시키는 또 하나의 요소가 되어버린다.

더 잘 아는 것만으로는 충분하지 않다. 여성의 미디어 이미지를 비판적으로 보는 것은 훌륭한 출발점이 되지만 사회적 비교로 인한 우울한 추락을 막아준다는 보장이 없다. 사회적 비교는 자동적이고 매우 신속하며 때론 무의식적으로 일어난다는 사실을 잊지 말자. 불쾌한 이미지를 분석할 때 이미 당신은 상처 입기 시작한다. 미디어 리터러시는 심리적 상처를 치유하는 데는 도움이 될지 모르지만, 처음부터 그 상처를 막아주지는 못한다.

고등학생 영화감독인 세라는 미디어 리터러시 덕에 일상에서 접하는 여성 이미지로부터 영향을 덜 받게 됐지만 그 이미지는 여전히 강력한 힘을 발휘한다고 했다.

"저는 비판적인 의식을 통해 이미지가 제 기분에 미치는 영향을 감소시킬 수 있었어요." 세라는 말을 꺼냈다. "하지만 영향력이 사라진 것은 아니에요. 이 프로젝트를 준비하면서 많은 조사를 하고 다큐멘터리를 보았으니까 그런 이미지가 진짜가 아니라 포토샵으로 편집한 거라는 걸 알면서도 여전히 영향을 받아요. 제가 정말 자유로워질 수 있을지 모르겠어요."

세라는 길거리 광고판이나 잡지에 나오는 이미지로부터 영향을 적게 받는다 해도 그 이미지가 만들어내는 기준은 여전히 계속된다고 설명했다. 그리고 무엇보다도 미디어 이미지에 대한 비판적인 접근은 그녀가 실물로 보는 '진짜' 여성들, 즉 포토샵을 거치지 않은 여성들과 자신을 비교하는 것을 막지는 못한다.

그냥 벗어나자

나는 포토샵된 이미지와 마주치면 그냥 떠나버린다. 잡지를 덮는다. 광고판에서 눈을 돌린다. 다른 웹 사이트로 옮긴다. 광고를 '스팸 처리'해버린다. 구독을 해지하고 팔로우를 취소하고 차단해버린다. 어떤 방법으로든 간에 나는 그냥 떠나버린다. 내 시선을 다른 어디론가 옮기고 내 생각을 다른 무언가로 바꿔버린다.

이런 이미지에 맞설 수 있다는 것은 멋진 일이다. 나는 깨우친 미디어 소비자를 믿는다. 소비자는 생각이 많고 분주한 시민에게 도움을 준다. 그러나 미디어 리터러시에 관한 논쟁을 알고 있다면 그런 이미지가 필요 이상으로 당신의 안구를 괴롭히는 것을 내버려 둘 필요는 없다. 그저 떠나버리면 되는 것이다.

우리를 둘러싼 아름다운 여성에 대한 미디어 이미지는 의도적이고 강력하다. 개인적인 수준에서 이런 이미지를 약화시키는 가장 좋은 방법은 그 이미지에 몰두하는 횟수를 제한하는 것이다. 독소가 이미 몸에 침투하고 나서 싸우는 것이 아니라 당신이 소비하는 대상을 바꿔야 한다. 당신의 관심은 매우 가치 있는 것이다. 그러니 좀 더 가치 있는 무언가에 관심을 가져야 한다.

세라는 다큐멘터리를 완성하고 난 후 이런 이미지에서 멀어지는 법을 배웠다. 이는 완벽한 대응책은 아니다. 언제나 떠나버릴 수는 없는 것이다. 그리고 떠난다 해도 이미 우리의 이상을 형성하고 강화한 그동안의 미디어 노출을 아예 백지화할 수는 없다. 그러나 분명 건강한 방향으로 나아가는 한 걸음이 된다.

미디어 리터러시로는 충분하지 않다

나는 세라에게 또 다른 대응책을 추천했었다. 그 이야기를 들어보자.

"어떻게 하면 외모에 많은 관심과 가치를 쏟지 않고 내면을 들여다볼지 생각해보라고 하셨잖아요. 시작했어요. 아니, 적어도 노력하고 있어요. 외모에 신경 쓰는 대신 내면을 들여다보고 제가 어떤 사람인지 관찰하고 있어요. 그리고 제 일과 행동, 버릇과 성격에 더 많은 가치를 두고 있어요."

"도움이 되니?" 나는 물었다.

나는 세라가 전화기 너머에서 고개를 끄덕이는 것을 느꼈다. "분명 도움이 돼요. 왜냐하면 상대가 어떻게 생겼는지가 아닌 어떤 사람인지에 초점을 맞추면 인간적으로 기분이 좋아지거든요. 그리고 그게 가장 중요한 것 같아요."

"그래서 행복하니?"

"네, 분명히요." 세라가 말했다. "제가 어떤 사람인지 받아들이고 미래에 초점을 맞추는 법을 배운 후로 더 긍정적인 삶을 살고 있어요."

그녀의 말을 들으며 우리가 가식적이고 병적이며 대상화된 여성의 이미지를 떠나 다른 무언가로 걸음을 옮길 가능성이 열렸다는 느낌이 들었다. 세라의 경우 미디어 리터러시가 첫걸음을 내딛는 데 도움이 됐다. 외모에 대한 관심을 거둬들이자 그녀가 되고 싶은 인간형으로 관심을 옮길 수 있었다. 그녀는 의학이나 심리학에 관심이 있다고 말했다. 세라는 사람들을 돕게 될 것이다. 그녀는 이 세상을 좀 더 좋은 곳으로 만들게 될 것이다. 그것은 바로 우리가 누리게 될 결과이기도 하다.

외모 강박과 싸우는 방식

'진정한

아름다움'이란

외모 강박에 관한 아주 짧은 동화를 들려주겠다.

옛날 옛적에 한 여자가 있었어. 이 여자는 거울을 들여다봤어. 그런데 자신의 얼굴이 마음에 들지 않았지. 그래서 한숨을 내쉬고는 거울에서 돌아섰어. 그러다가 다시 거울을 쳐다봤어. 마치 거울을 더 뚫어지게 바라보면 거울에 비친 모습이 바뀌기라도 할 것처럼 말이야.

아마도 몸무게 탓이었을 거야. 아니면 얼굴형이나. 마음에 안 들었던 것은 어쩌면 안색 탓이었을 수도 있어. 노화의 징후를 포착하고 거기에 얼굴을 찌푸린 것일 수도 있고. 아니면 머리 스타일이 마음에 안 들었을 수도 있어. 옷매무새가 나지 않았을 수도 있고. 아무 이유나 들어도 좋아. 이 동화에서 그 이유는 중요하지 않으니까.

여자는 거울을 통해 뒤에 누군가 나타난 걸 깨달았어. 착한 친구하나가 등장했어(아니면 그녀의 연인이나 가족이나. 아무나 골라보자. 이 이야기에서 그 사람이 누구인지는 중요하지 않으니까)!

"무슨 일이야?" 착한 친구는 여자 눈에 가득 찬 불만을 알아채고는 물었어.

"난 못생겼어." 여자는 대답했지.

"그렇지 않아!" 착한 친구가 찬찬히 이야기했어. "넌 못생기지 않았어. 넌 네 모습 그대로 아름다워."

여자는 거울을 들여다봤어. 환한 미소가 얼굴에 떠올랐지. "네 말이 맞아. 난 아름다워."

여자는 그 후 무슨 이야기를 듣든, 미디어에서 어떤 이미지를 보든, 사람들이 페이스북이나 인스타그램에 무엇을 올리든 간에 절대 자신의 아름다움에 의구심을 가지지 않았어. 그녀는 이후 오래오래 행복하게 살았지. 자신의 외모가 지금은 물론이고 앞으로도 언제나 매력적일 거라고 굳게 믿으면서 말이야. 끝.

현실적으로 들리는가.

이 이야기의 앞부분은 당신도 충분히 겪을 수 있는 일이다. 완전히 현실적이다. 그러나 마지막 부분은 여성에게 단순히 아름답다고 이야기해주는 것이 해결책이 되겠냐고 반문하기 위해 상상으로 만들어낸 이야기다.

당신의 목적이 여성이 좀 더 자신감을 가지고 의미 있는 방식으로 이 세상을 살아가도록 돕는 것이라면 여성에게 아름답다고 이야기하는 것은 그다지 좋은 방법은 아니다. 그런데도 여성의 자신감을 키워주기 위한 여러 캠페인은 누군가 아름답다고 말해주는 것만으로도 여성의 자아 인식이(그리고 아름다움에 대한 우리의 정의가) 변하여 자신의 모습에 만족할 것이라는 가정을 하고 있다. 언제부터인가 "당신은 아름다워요!"라고 쓰인 간판이나 광고, 화장실 거울 위의 스티커 등이 우리 눈에 들어오게 된 것도 바로 그런 까닭이다. 그래서 도브는 캠페인 영상을 만들었다(2003년부터 도브는 "나이·체격·인종에 관계없이 모든 여성은 아름답다"라는 메시지를 담은 〈리얼 뷰티Real Beauty〉 광고 캠페인을 통해 모델이 아닌 다양한 일반인 여성의 모습을 담았다 - 옮긴이). 우리는 마음 한편으로 이런 말들이 여성을 치유해줄 마법의 약이 되리라 믿고 싶어한다. 그러나 불행히도 그렇지 못하다. 미디어 리터러시가 때론 든든한 지원군이 되어주듯 여성들에게 아름답다고 이야기하는 것도 때로 도움이 된다. 그러나 여기엔 또 다른 이면이 존재한다.

* * *

베스Beth*는 스물세 살의 중국 여성이다. 미국에서 산 지는 갓 1년이 넘었다. 베스는 2년 정도 홍보 분야에서 경력을 쌓고 중국으로 돌아갈 계획이다. 베스의 친구는 나에게 베스를 소개하면서 "이 세상에서 가장 훌륭한 인간형이자 재기발랄한 사람"이라고 묘사했다. 이 친구는 베스가 아름다움에 대해 매우 다른 관점을 가지고 있어서 신선할 것이라고 했다. 그리고 그 친구의 말이 옳았다.

나는 사무실에서 베스와 만났다. 베스는 어린 나이에 아름다움이 중요하단 것을 깨달았다. 통계학자인 그녀의 어머니는 네 살이던 베스를 한 식당에 데려가 자신이 일하는 동안 그곳 종업원들과 놀게 했다.

"종업원들은 '와, 네 눈은 귀엽구나.' 아니면 '정말 속눈썹이 기네.'

같은 말을 했어요." 베스는 설명했다.

"그토록 어렸는데도 다 기억하고 있군요." 나는 물었다.

"기억하죠. 사람들이 귀염둥이라고 불렀어요. 그리고 어떤 부분이 부모님을 닮았는지 이야기했어요. '와, 너는 좋은 것들을 물려받았구나. 예쁜 부분 말이야.'라면서요."

"좋은 것들이란 게 뭔가요?" 나는 궁금했다.

베스는 그 목록을 읊었다. 깨끗한 피부, 큰 눈, 긴 속눈썹, 뾰족한 코, 마른 몸 등이었다. 나는 그게 서구적인 기준인지 물었다. "네, 연예인들이 그래요. 다른 사람이 기억할 만한 얼굴이요. 아름다움이 뭔지 알려주는 얼굴이죠." 베스가 대답했다.

베스는 그런 칭찬들을 들을 때 그저 어린아이였다. 그녀는 종업원들의 이야기를 액면 그대로 받아들였다. "그대로 받아들였어요. 그들의 말을 믿었죠." 그러나 베스는 좀 더 나이가 들면서 모든 사람이 지인의 자녀에게 귀엽다고 이야기한다는 것을 알았다.

초등학교에 들어간 베스는 선생님이 반에서 가장 예쁜 아이를 골라 학교를 방문한 정부 고관들에게 꽃을 전하게 하는 모습을 보았다. 또한 예쁜 여자아이들이 남자아이들에게 연애편지를 받는 것을 보았다. 그러나 베스는 무대 위에서 꽃을 전달하지도, 연애편지를 받지도 못했다.

독자들은 아마 이쯤에서 베스의 슬픈 이야기를 받아들일 마음의 준비를 할지도 모르겠다. 상처를 입고 거울 앞에서 울면서 왜 사람들이 자신을 더 예쁘다고 생각하지 않는지 궁금해하는 베스의 모습을 상상하면서 말이다. 그러나 베스의 이야기는 전혀 다르다. 베스는 그

외모 강박과 싸우는 방식

런 여성이 아니었다.

도브적 접근법

처음으로 자신의 모습이 이상적인 외모 기준에 맞지 않는다는 사실을 깨달은 어린 베스에게 대부분의 사람들(아니면 적어도 정상적인 사람들)은 "너는 아름다워"라는 말로 위로할 것이다. 그리고 다른 사람들이 어떻게 말하거나 생각하는지 상관없이 자신을 아름답게 바라보면 된다고 말할 것이다. 다시 말해, 그들은 앞에서 언급한 '도브적 접근법'을 시도할 것이다.

외모 강박과의 전투에 대해 이야기하기 위해서는 도브의 〈리얼 뷰티〉 광고 캠페인을 언급하지 않을 수 없다. 이 광고는 다양한 이유로 이상적인 미인이 되지 못하는 여성들을 절묘하게 클로즈업했다. 그리고 이 광고를 본 사람들에게 광고에 등장한 여성이 두 단어 중 어디에 해당하는지 도브 웹 사이트에서 투표하게 했다. 뉴욕 타임스 스퀘어에 걸린 광고판은 엄청난 수의 참여율을 기록했다. 질문은 다음과 같았다. 96세의 여성은 '주름진Wrinkled' 것인가, '멋진Wonderful' 것인가? 이후 다양한 신체 사이즈의 여성들(그들의 몸매가 여전히 호리병 같다는 점이 지적됐지만)이 등장하는 더 광범위한 광고들이 등장했다.

먼저 2006년에는 〈딸들Daughters〉이라는 제목의 광고가 공개됐다. 앞서 세라가 만들었던 다큐멘터리를 좀 더 매끄럽게 다듬은 영상이었다. 다양한 연령대의 여성이 스스로 못생겼다고 느끼는 방식에 대해 이야기를 나눈다. 두 번째 광고이자 칸 국제광고제 수상작인 〈진화Evolution〉는 흔히 길거리에서 마주칠 만한 여성이 화장과 머리 손질, 포토샵을 통해 광고 속 환상의 세계에만 존재하는 여성으로 변신하는 모습을 빠른 속도로 보여준다. 세 번째 광고 〈맹공격Onslaught〉은 모델들과 아름다운 광고들, 그리고 성형수술 장면을 빠르게 감기로 보여준다. 이 광고는 외모 관련 산업이 딸들에게 접근하기 전에 당신이 먼저 아름다움에 관해 이야기해주라고 촉구한다. 최근에는 여성이 자신의 모습을 묘사해서 그려진 그림과 다른 사람이 그 여성의 모습을 묘사해서 그려진 그림을 비교하여 보여줬다. 여기에는 다정한 메시지가 있었다. 당신은 당신이 생각하는 것보다 더 아름답다. 그러나 메시지가 다정하다고 해서 효과적이라 할 수는 없다.

〈리얼 뷰티〉 광고 캠페인에 숨어 있는 사명감은 참 기특하다. "여성들이 스스로에 대해 편하게 느끼게 하자. 아름다움이 자신감의 원천이 되는 세상을 만들자"라고 말하고 있으니 말이다. 도브는 자신들이 실시한 설문조사의 충격적인 결과에서 영감을 받았다고 주장했다. 설문조사 결과, 전 세계 여성 가운데 오직 2퍼센트만이 스스로가 아름답다고 믿고 있다는 것이었다. 그러나 이런 캠페인은 여전히 아름다움과 행복을 연결 지으며 우리가 아름답다는 사실을 받아들여야 덜 슬퍼질 것이라고 이야기한다.

도브의 주장에 대해 생각해보자. 이들의 목표는 더 많은 여성이 자신을 아름답다고 느끼게 하는 것이다. 그렇다면 여기서 중요한 것은 이런 접근법으로 여성이 자신을 정말로 아름답다고 느끼게 할 수 있냐는 것이다. 나는 그렇게 생각하지 않는다.

"당 신 은 아 름 다 워 요 "의
역 효 과

몇 년 전 한 동아리가 학생회관 앞에 현수막을 걸어놓고 지나가는 여성들에게 마음에 드는 신체 부위를 현수막 위에 써달라고 했다. 이 행사를 기획한 여학생들은 고맙게도 우리 연구팀이 현수막 위에 글을 쓴 여성들을 설문조사해도 괜찮다고 허락해주었다.

동아리 학생들은 한 여성에게 다가가 설득하고 펜을 건네줬다. 나는 수십 명의 여성이 현수막을 바라보다가 펜을 만지작거리는 모습을 보았다. 자신이 좋아하는 신체 부위를 떠올리려고 미친 듯이 노력하는 여성들의 얼굴은 마치 자동차 전조등 앞에 나타난 사슴처럼 보였다. 물론 여기에는 예외도 있었다. 자신감 넘치는 한 여성은 현수막으로 걸어가 갈겨썼다. "나는 내 다리와 엉덩이가 좋아" 또 다른 여성은 "내 옆구리 살을 사랑할 테야"라고 쓰기도 했다. 그러나 꽤 많은 여학생들이 자신의 몸에서 마음에 드는 부위를 찾느라 힘든 시간을 보내는 것처럼 보였다. 어떤 이들은 포기하고 펜을 내려놓았다. 그리고 분명 기분이 나빠진 모습으로 가버렸다. 다른 여학생들은 아주 작은 글씨로 애매한 신체 부위를 썼다. "내 손톱 거스러미가 마음에 들어"

자신이 좋아하는 신체 부위를 물으면 여성은 자연스럽게 자신이 싫어하는 신체 부위를 떠올리게 된다. 이 행사에 참여한 여성의 30퍼센트는 자신이 좋아하는 단 하나의 신체 부위를 떠올리는 것도 어려웠다고 대답했다. "당신의 몸을 사랑하라"는 현수막은 좋은 의도로 만들어졌지만, 의도와는 정반대의 효과를 불러일으킨 것으로 보였다.

베스의 이야기로 돌아가보자. 베스는 자신이 반에서 '예쁜 여자애들'에 속하지 않는다는 것을 깨달았다. 베스는 이런 깨달음에 그다지 실망하지 않았다고 한다. 왜냐하면 그녀가 웃으며 말했듯 그다지 상관없었기 때문이다.

베스는 "우리 엄마는 언제나 아름다움은 자신이 어떻게 행동하는지에 달려 있다고 했어요. 외모는 중요하지 않다는 거죠."라고 설명했다. 베스는 이런 생각이 자신을 보호해줬다고 말했다. 그녀는 다른 사람을 설득하기 위해 "공격적으로 나갈" 이유가 없었고, 외모는 그다지 중요한 것이 아니라는 생각으로 "방어를 잘한 것" 같다고 설명했다.

베스에게는 어머니 외에도 긍정적인 영향을 미친 또 다른 요소가 있었다. 베스가 자라면서 읽었던 책들이다. 책은 친절함이야말로 가장 중요하다는 사실을 가르쳐줬다. 그녀는 열심히 운동을 하고 무엇이든 배우는 데 초점을 맞췄다. "공부를 열심히 했어요. 자랑스러웠기 때문이에요. 외모가 아니라 제 성취가 자랑스러웠어요." 그녀가 말했다.

베스는 폴리애나(엘리너 포터의 소설에 나오는 주인공으로 모든 일에서 기쁨을 찾는 긍정적인 소녀 – 옮긴이)가 아니다. 그녀는 아름다움이 재능이나 노력과 상관없이 힘이 된다는 것을 분명히 안다. 그녀는 열여섯 살에 읽었던 소설을 기억한다. 여자 주인공은 매우 똑똑하고 '자신의 영역에서 훌륭한 성과를 내는' 사람이었다. 그러나 이 소녀는 아름답기까지 했다. 책에 나오는 다른 등장인물들은 이 소녀의 외모를 찬양했다. 소녀의 남자 친구는 '소녀의 외모를 자랑스러워했고' 친구들에게 그녀를 자랑했다.

이 책을 읽은 후 베스는 '어쩌면 예쁘다는 게 정말 중요할 수도 있겠다.'라고 생각했다. 그러나 그 생각은 옅어져갔다.

"지금도 그렇게 느낄 때가 있나요?" 나는 물었다.

"별로요." 베스는 웃었다. 나는 그녀를 따라 웃음을 터뜨렸다.

그녀는 "사람들은 예쁜 애들이 더 많은 기회를 얻는다고 말해요. 하지만 전 그 말을 그다지 믿지 않아요. 저는 예쁜 애들보다 뛰어나기 위해 노력하면 된다고 생각하거든요."라고 설명했다. 그녀는 또다시 웃었다. 노력하지 않고도 특권을 누리는 아름다운 여성들에게 아무런 악감정도 품지 않은 것이 분명했다. 사실, 베스는 그런 여성들을 약간은 부정적으로 생각했다. 그녀들은 화장에 많은 돈을 쓰고 항상 세련된 모습을 유지하기 위해 시간을 투자한다는 점에서였다. 이 두 가지는 베스가 전혀 관심이 없는 것들이었다. 대신 베스는 "자신을 좋은 사람으로 만들어주고 사회에 공헌하게 해주는 것"에 집중하기 위해 노력한다고 했다.

내가 베스의 이야기를 들으며 가장 좋았던 점은 그녀가 이야기의 중심을 외모에서 다른 일로 재빨리 옮겨갔다는 것이다. 외모 강박과 싸울 때는 이런 자세가 필요하다. 도브의 광고는 모든 여성이 스스로 아름답다고 느껴야 한다는 가정에 기댄다. 그러나 베스는 다른 프레임으로 접근한다. 굳이 외모를 긍정적으로 생각하려고 노력하기보다는 덜 생각하라는 것이다.

외모가 평가받고 있다는
사실을 상기시키지 마라

도브가 최근에 펼치고 있는 캠페인 가운데 하나인 〈아름다움을 선택하세요Choose Beautiful〉에 대해 이야기해보자. 도브는 다섯 개의 도시에서 빌딩 입구에 커다란 간판을 붙였다. 빌딩에 들어가고 싶은 사람들은 '아름다움 Beautiful'이라는 간판이 걸린 입구와 '보통 Average'이라는 간판이 걸린 입구 가운데 선택해야만 했다. 이 영상은 이런 선택에 우선 놀라움을 표하다가 슬픈 얼굴로 '보통'의 입구로 들어서는 여성들을 보여주며 시작된다. 그러다가 어느 한 여성이 당당하게 아름다움의 입구로 들어서고 고개를 꼿꼿이 세운 다른 여성들이 그 뒤를 따른다. 어떤 여성들은 자기 엄마나 딸을 끌어당겨 아름다움의 입구로 함께 입장한다.

이 영상에서 무슨 일이 벌어지고 있는지 잠시 생각해보자. 여성들은 평소 생각하는 것들을 머릿속에 떠올리며 하루를 시작하고 있었다. 그런데 갑자기 도브가 외모에 대해 불가피하게 평가하도록 강요하는 간판을 들고 그 앞에 나타난 것이다. 이 영상은 또한 보통의 입구를 선택한 여성들이 잘못됐다는 것을 암시한다. 불쌍해라, 자신감이 없구나!

그 여성의 외모는 어쩌면 '보통'일 수도 있다(일단 우리가 모두 보통 이상이라는 것은 통계학적으로 불가능하다). 보통의 외모에는 아무런 잘못이 없다. 사실 당연하게도 우리의 대부분은 보통이다. 여성이 자신의 아름다움을 '선택'할 수 있다는 개념은 강력한 문화적 미의 기준이 존재한다는 사실을 완전히 무시하고 있다. 〈아름다움을 선택하세요〉 캠페인은 오직 특정한 몸매와 얼굴만이 아름답다고 인정받는 환경에서는 성공할 가능성이 낮다. 이런 메시지들은 진공 상태에서나 가능한 것이다.

오히려 이 캠페인은 여성이 외모에 대해 더 많이 생각하게 한다. 광고주들의 의도가 아니었다 하더라도 이런 광고들은 실질적으로 신체 모니터링과 자기 대상화를 부추긴다. 좋은 의도로 시작했다고 하더라도 말이다.

신체 모니터링의 영향력은 반反직관적이다. 예를 들어 대부분의 사람들은 외모를 칭찬하면 여성들이 자신의 외모에 대해 더 긍정적으로 느낄 것이라고 가정한다. 그러나 외모에 대한 칭찬은 여성의 관심이 외모로 옮겨가게 하거나 자신의 몸이 평가받고 있다고 느끼게 하여 심하면 신체 혐오로 이어질 수 있다. "와! 이 남자가 날 섹시하다고 생각하네!"라는 생각에서 "잠깐, 이 남자가 내 배를 보고 있는 것 같아. 이 셔츠를 입었을 때 내 배가 납작해 보이던가? 그럼 내 다리는 어떻게 보이지? 내 머리는?"이라는 생각으로 옮겨간다. 절대로 도달할 수 없는 이상적인 미를 기준으로 자신의 몸을 점검하게 되는 것이다.

몇 년 전 우리 연구팀은 흔치 않은 연구를 진행했다. 우리는 실험 참여자인 척하는 '공모자'가 필요했다. 우리는 공모자 역할을 해줄 남학생 두 명을 고용했다. 남학생들의 역할은 단순했다. 그저 실험 참여자인 척하는 것이었다. 그리고 우리가 잠시 실험실을 비웠을 때 공모자가 진짜 실험 참여자(여성)를 칭찬했다.

우선, 우리는 공모자와 진짜 실험 참여자에게 과제를 내줬다. 사실이 과제는 실험과는 전혀 상관없는 내용이었다. 그저 실험 참여자를 분주하게 하기 위해 단어 검색을 요청했다. 우리는 실험 참여자와 공모자가 과제를 할 수 있도록 자리를 비워주었고, 공모자는 '실수로' 연필을 떨어뜨렸다. 실험 참여자들이 연필을 주워주면 공모자는 두 가지로 달리 반응했다. 먼저 "감사해요. 친절하시네요."라고 말했다. 그리고 다른 참여자들에게는 재빨리 위아래로 훑고 웃으면서 "감사해요. 저기, 그 옷이 잘 어울리네요."라고 말하는 것이었다.

우리는 연필 실험이 끝난 후 실험 참여자와 공모자를 각각 개인 컴퓨터 앞에 앉히고 '연구상 개인 성향을 측정'했다. 측정 대상은 자기 대상화와 외모 관련 자존감(외모에 대해 스스로 얼마나 긍정적인지)이었다. 결과는 어땠을까? 당연히 외모에 대해 칭찬을 들은 여성들이 더 높은 자기 대상화를 보였다. 그리고 더욱 중요하고 반직관적인 결과는 이 여성들이 스스로를 못생겼다고 느낀다는 것이었다. 즉 시선과 칭찬이 여성을 자기 대상화의 덫에 빠뜨렸을 뿐만 아니라 모순적이게도 스스로 덜 매력적이라 느끼게 했던 것이다.

나는 베스에게 그녀의 아버지가 여성과 아름다움에 대해 무엇을 가르쳐주었냐고 물었다. 그녀의 대답은 예상 밖이었다. 그녀는 아버지가 외적인 아름다움을 전혀 중요하게 생각하지 않았을 것이라고 했다.

"아버지가 그렇게 생각하는지 어떻게 알았어요?" 나는 물었다.

"아빠가 엄마를 대하는 모습을 보고 알았어요. 엄마는 옷을 찾거나 유행을 좇는 데 많은 시간을 보내지 않았거든요. 그런 엄마를 존중하는 태도나 엄마한테 외모의 기준을 내세우지 않는 모습에서 아버지가 외모를 중시하지 않는다고 느끼게 된 것 같아요." 다시 말해

외모 강박과 싸우는 방식

베스 아버지의 행동은 "당신은 아름다워요"라는 메시지보다 훨씬 강력했던 것이다.

아름다움에 무관심하려는 베스의 노력이 일상생활에서 어떤 역할을 하는지 궁금했다. 그녀에게 SNS를 하냐고 물었다. 베스는 페이스북과 인스타그램을 활발히 하고 있다고 했다. "SNS에서 다른 여성이 어떻게 생겼는지 보나요?" 나는 물었다.

"제 친구들을 포함해서 많은 사람이 이것저것 바꿔요. 더 예쁘게 보이기 위해 앱을 사용하죠. 저는 그런 걸 하지 않아요. 제 SNS를 보여드릴게요. 저도 제 사진을 올리기는 해요. 하지만 제가 웃기게 나온 사진이나 제 성격이 드러나는 사진을 올려요." 베스가 대답했다. 나는 그녀의 SNS에서 사진을 둘러보고 그녀의 말을 이해했다. 환한 웃음과 바보 같은 표정이 가득한 사진이었다.

베스는 여성들이 SNS 이미지를 포토샵하는 것에 대해 이렇게 말했다. "가상의 자아를 관리하는 행동이죠. 가상의 자아를 이상적인 자아에 가까워지게 하는 거예요. 그래서 포토샵하는 거겠죠. 하지만 저는 제 가상의 자아와 진짜 자아가 똑같았으면 좋겠어요."

"당신의 이상적인 자아는 어떤 건가요?" 나는 물었다.

"제 이상적인 자아는 사랑하는 사람들에게 편안한 사람이에요. 딸, 아내, 엄마, 또는 근로자로서 성실히 책임을 완수하는 사람이에요. 제 일을 잘하면서도 선善을 위한 일들을 하는 거죠. 그리고 실제로 중요한 것에 시간을 투자해야 해요." 베스는 잠시 말을 멈췄다가 마치 자신의 말에 마지막 도장을 찍듯 고개를 끄덕였다. 그리고 말했다. "네, 중요한 것에요."

어떻게
외모 강박과 싸울
것인가

5

_____말에는 무게와 의미가 있다.
때로 말은 우리의 상상보다 _____
더 큰 힘을 가졌다. 당신의 말을 통해 __
여성을 대상이 아닌, _____
_____세계를 바꿀 준비가 되어 있는,
_____능력 있는 인간으로 보는
문화의 흐름을 만들자.

볼륨을

낮춰라

나는 단골 카페에서 가끔 다른 손님과 수다를 떤다. 하루는 계산대에서 계산을 하고 있는데 노신사가 바리스타와 이야기를 나누고 있었다. 바리스타의 피어싱과 타투에 감탄하며 노신사는 대담한 주장을 펼쳤다.

"그거 아시오?" 노신사의 목소리가 안락한 카페 안에 울려 퍼졌다. "어느 문화에서 아름답게 여겨지는 것이 다른 문화에서는 흉하게 여겨지고 반대로 어느 문화에서 흉하게 여겨지는 것이 다른 문화에서는 아름답게 여겨지죠."

"틀렸어요." 나는 큰 목소리로 노신사의 말에 끼어들었다. 참을 수가 없었다. 노신사가 충분한 근거도 없이 내 학문적 영역을 무단침범했다.

"뭐라고요?" 노신사가 나에게로 몸을 돌리며 물었다.

"그건 사실이 아니에요." 나는 사무적으로 어깨를 으쓱이고 살짝 미소를 지으며 대답했다.

"예를 하나 대보시오!" 노신사가 요구했다. "모든 문화에서 여성의 아름다움으로 여겨지는 걸 하나 들어보시오."

"어린 피부요." 나는 대답했다.

노신사는 반박하지 못하고 얼굴을 찌푸렸다. 바리스타는 가까스로 웃음을 참으면서 자신의 어리고 깨끗한 얼굴 피부를 손가락으로 쓰다듬었다.

나는 본격적으로 말을 시작했다. "반짝이는 건강한 머릿결, 맑은 흰자위에 크고 빛나는 눈, 대칭을 이루는 얼굴과 팔다리, 호리병 같은 몸매요."

"그래요. 맞아요. 하지만 내가 무슨 뜻으로 말한 건지 알지 않소." 그는 투덜거렸다.

물론 나는 그의 뜻을 알고 있었다. 그는 "아름다움은 보는 사람의 눈에 달려 있다"라는 주장을 하고 있었다. 우리는 이런 주장을 늘 듣는다. 이 주장은 도브의 〈리얼 뷰티〉 캠페인을 끌어가는 철학적 연료다. 신체적 아름다움이 각 상황에, 각 사람에 의해 개별적으로 정의된다는 주장을 받아들여야 모든 사람이 아름답다는 극단적인 주장을 받아들일 수 있다.

"아름다움은 보는 사람의 눈에 달려 있다"라는 이 달콤한 주장에는 두 가지 문제가 있다. 우선, 그 주장을 받아들인다면 아름다움은 존재하지 않게 된다. 이 주장은 수많은 과학적 증거와 배치된다. 아름다움은 어느 정도 보는 사람에게 달렸지만 객관적 아름다움이란 것도 분명 존재한다. 두 번째로, '보는 사람'이라는 명제는 우리가 아름다움을 인식할 때 '희귀성'이 일부 작용한다는 사실을 무시한다. 극단적인 아름다움은 흔하지 않기 때문에 두드러진다. 만약 모든 사람이 아름답다면 그 누구도 아름답지 않은 것이 된다. 나는 아름다운 영혼이나 인격에 대해 이야기하는 것이 아니다. 나는 내 시선이 닿는 모든 곳에서 내면의 아름다움을 본다. 그러나 신체적 아름다움에는 동일한 규칙이 적용되지 않는다.

몇 년 전 저널리스트 에스터 호니그Esther Honig는 25개국의 포토샵 디자이너에게 자신의 사진을 포토샵으로 고쳐달라고 하여 인터넷에서 화제가 됐다. 그녀의 요구는 단순했다. "저를 아름답게 만들어주세요"였다. 원본 사진에서 호니그는 머리를 뒤로 넘겨서 바짝 묶고 화장을 거의 안했으며 무표정한 얼굴을 하고 있다. '비포Before' 사진과 '애프터After' 사진이 SNS를 떠돌 때 초점은 서로 다른 문화의 포토샵 디자이너들이 그녀의 외모를 다양한 방식으로 바꿔놓았다는 데 맞춰졌다. 어떤 디자이너는 호니그의 입술을 핑크색으로 반짝이게 했고 또 다른 디자이너는 짙은 빨간색으로 만들었다. 누군가는 그녀의 머리를 길게 늘어뜨렸다. 또 다른 누군가는 히잡을 씌웠다.

그러나 내가 여기서 읽은 것은 문화적 차이가 아니었다. 문제는 일관성이었다. 나는 모든 포토샵 디자이너들이 호니그의 피부색을 밝고 고르게 보정한 것에 주목했다. 디자이너들은 눈 아래 다크서클을 지우고 그녀의 얼굴이 좀 더 완벽한 균형을 이루게 했다. 눈은 더 크고 또렷하게 만들었다. 다시 말해, 이들은 모두 내가 카페 노신사에게 제시했던 미의 기준을 따랐던 것이다.

문화가 이상적인 미에 아무런 영향을 미치지 않는다는 이야기를 하려는 것이 아니다. 오히려 엄청난 영향력을 지닌다. 문화는 1980 년대에 찍은 사진 속의 내가 굵게 파마를 하고 앞머리를 비뚤비뚤하게 내린 채 웃고 있는 이유다. 문화는 시간과 장소에 따라 여성의 몸에 대한 선호(마르고 근육질이어야 하는지 아니면 부드럽고 풍만해야 하는지)가 다양해지는 이유다. 문화는 왜 미국의 백인 여성들이 인공 태닝을 받는 동안 아시아와 아프리카 지역의 여성들은 화이트닝 크림을 사는지를 설명해준다. 이 책은 근본적으로 문화에 관한 책이다. 그러나 아름다움은 복잡한 존재며, 언제나 인간의 마음속에서 중요한 자리를 차지할 것이다. 그러나 오늘날처럼 큰 문제가 되어서는 안 된다.

머리나Marina*는 위스콘신에 사는 쉰여덟 살의 백인 여성이다. 변호사인 그녀에게는 딸과 아들이 한 명씩 있다. 머리나의 스물다섯 살짜리 딸인 클로이Chloe*는 인터뷰 대상자를 찾는다는 내 포스팅을 보고 페이스북 메시지를 보내왔다. 클로이는 다음과 같은 메시지로 자신의 어머니를 극찬했다. "우리 엄마는 경이롭게도 저에게 어떤 신체 이미지 문제도 안기지 않고 저를 키우셨어요." 나는 이 부분에 대해 더 이야기를 듣고 싶어 머리나와 전화 인터뷰 약속을 잡았다.

나는 보통 어린 시절 외모가 어떻게 삶에 영향을 미쳤는지 기억하느냐는 질문으로 인터뷰를 시작한다. 머리나는 몇 년간 외모를 두고 어머니와 다투었다고 했다. 그 갈등은 머리나의 가슴과 엉덩이가 발달하면서 몸무게가 늘어나던 청소년기에 시작됐다.

"저는 그런 발달이 너무 불편했어요." 머리나는 설명했다. "그 과정을 이해할 수 없었어요. 제 옷이 맞지 않는다는 걸 알았죠." 머리나는 몸무게가 늘어났을 뿐만 아니라 자신이 남달리 키가 크고 팔다리가 길다는 사실을 받아들여야 했다. "제 옷은 항상 작았어요. 바지는 발목까지도 오지 않았고 팔목은 항상 삐죽 튀어나와 있었죠. 당연히 저는 '내 몸이 잘못됐어.'라고 생각했어요."

"10대였을 때 당신은 자신이 어떤 모습이어야 한다고 생각했나요?" 나는 물었다.

"바비 인형이요?" 머리나가 확실치 않은 목소리로 대답했다. 그녀는 애써 이야기했다. "저는 바비 인형과 함께 자란 첫 세대예요. 바비 인형처럼 보여야 한다고 생각했죠. 아니면 우리 어머니처럼 생겨야 한다고요. 우리 어머니는 정말 늘씬했어요. 그리고 단 1킬로그램도 뚱뚱했던 적이 없었어요. 저는 그 모습을 닮아야 한다고 생각했던 것 같아요. 하지만 그렇지 못했죠."

머리나의 어머니는 머리나의 몸매에 대해 굳건한 기준을 가지고 있었다. 머리나는 "어머니는 제가 너무 많이 먹고 너무 크며 너무 뚱뚱하다는 이야기를 계속하셨어요. 그리고 제가 너무 뚱뚱해보이기 때문에 거들을 입거나 배에 힘을 주고 있어야 한다고 하셨죠. 저는 청소년기부터 지금까지 45년 동안 그런 이야기를 들어야 했어요."라고 설명했다.

머리나의 어머니는 이제 여든여섯 살이다. 나는 어머니가 여전히 머리나의 몸무게에 대해 이야기하냐고 물었다.

"네, 당연하죠." 머리나는 슬프게 웃으며 대답했다. "어머니는 아직도 제 몸이 잘못됐고 보기 싫다는 이야기를 계속하세요."

"당신 이야기를 듣다 보니 어머니가 전혀 넌지시 말씀하신 게 아닌 것 같네요?"

"아이고, 절대 아니에요. 직설적이었어요. '너는 너무 커. 보기 싫어.'" 머리나는 말을 이었다. "어머니에게 몸무게는 정말 중요한 거였어요. 대부분의 사람을 바라보는 렌즈와 같았어요. 제가 어머니에게 날씬한 친구를 소개하면, 어머니는 그 친구를 훌륭한 사람이라고 생각하셨어요. 그리고 외출할 때면 어머니는 과체중인 여성들을 손가락으로 가리키며 얼마나 추한지 이야기하시죠. 체중은 어머니 인생에서 정말 중요한 문제예요."

"당신이 세상을 바라보는 렌즈도 어머니와 마찬가지인가요?" 나는 물었다.

"아니요, 아니에요. 그렇지 않아요." 머리나는 날카롭게 반응했다. "외모에 집착하는 문화 속에서 살면서 그런 관점에서 벗어날 방법을 모르겠어요. 미디어는 우리에게 이상적인 몸매를 계속 제시하고 아주 적은 수의 여성만이 그에 부합하죠. 그 부분을 이성적으로 이해하고 있는데도 제가 자유로운지는 모르겠어요."

나는 머리나에게 여성들이 다른 사람의 눈에 비치는 자신의 모습을 걱정하지 않는 때가 올 것이라고 생각하는지 물었다. 머리나는 깜짝 놀랄 대답을 했다. "진화 심리학적으로 본다면, 그런 날은 오지 않을 것 같아요."

"전망이 좋지 않나요?"

"네, 그다지 좋지 않아요." 머리나는 단호하게 대답했다. 머리나는 자신의 비관론에도 불구하고 딸에게 신체 긍정적인 환경을 만들어주기 위해 노력했다.

진화와 아름다움

몇 십 년간 과학자들은 아름다움의 합의에 대해 체계적으로 연구해 왔다. 수백 건의 연구를 분석한 텍사스대학교 연구팀은 우리가 다른 사람의 외모에 대해 놀랄 만큼 높은 수준의 일치를 보인다는 점을 밝혀냈다.[55] 어느 문화권의 성인이 동일한 문화권의 다른 성인의 매력에 순위를 매길 때 평가자간의 신뢰 계수, 즉 평가자들이 일치하는 정도를 나타내는 지수는 거의 0.90에 달할 정도로 매우 높게 나타났다. 여기에서 1.0은 완벽한 일치를 의미한다. 문화 간의 순위 매김(어느 문화권의 평가자가 다른 문화권의 누군가가 얼마나 아름다운지 순위를 매길 때)은 더욱 인상적인 수준의 일치를 나타냈다. 평균적인 신뢰 계수가 0.94로 나타난 것이다.

어쩌면 성인은 동일한 문화적 규범과 이상형을 바탕으로 순위를 매기기 때문에 아름다움에 대해 일치를 보인다고 주장할 수도 있다. 그러나 아기들조차 아름다운 얼굴을 구분해낼 수 있고 누가 매력적인지에 대해 성인과 동일한 결과를 보였다. 한 연구에서는 200명에 가까운 생후 6개월에서 10개월 사이의 아기들에게 이미 성인을 대상으로 매력 평가를 마친 사진을 보여줬다.[56] 아기들은 매력적인 얼굴 사진에 분명한 선호를 보였다. 덜 매력적인 얼굴 사진보다 매력적인 얼굴 사진을 더 오래 응시했다. 이런 패턴은 사진 속 사람의 인종과는 아무런 상관없이 나타났다. 이런 연구 결과에 대해 광고주나 SNS에 책임을 돌리기는 어려울 것 같다.

우리는 아름다움에 민감하도록 진화했다. 그리고 수백만 년에 걸친 진화 덕에 인간은 아름다운 사람들(특히 아름다운 여성들)에게 끌리게 됐다. 매력적인 얼굴을 바라볼 때는 보상 자극을 관장하는 두뇌 영역이 활성화된다. 아름다운 얼굴을 보는 것은 도파민을 분비시키는 즐거운 자극이 된다. 즉 배가 고픈 상태에서 누군가 당신에게 한 조각의 케이크를 권할 때 당신이 받는 자극과 같은 것이다. 그러나 아름다움에 대한 이런 반응은 오직 생물학적으로 발생하는 것만이 아니다. 여성의 이상적인 아름다움을 미화하는 문화에 의해 강화될 수도 있다.

신체적 특성과 관련해 사람마다 선호가 다양하다는 점에는 의심의 여지가 없지만(예를 들어 누군가는 금발을, 또 다른 누군가는 검은 머리를 좋아할 수 있다) 신체적 매력의 보편적 결정 요인은 존재한다. 아무도 메이크업 아티스트에게 "내 한쪽 눈이 다른 쪽 눈보다 크게 보이게 해주시겠어요?"라고 부탁하지 않는다. 그리고 아무도 주름이나 잡티를 더하려고 성형수술을 하지 않는다. 우리의 문화는 여성에 대한 미의 기준을 비난하지만 생물학적 특성은 이를 더욱 부추긴다. 여성이 겪고 있는 외모 강박에 맞서 싸우고 싶다면 이런 부추김과 원인에 대해 솔직해질 필요가 있다.

진화는 인간의 신체적 매력을 인식하는 데 두 가지 중요한 영향을 미친다. 첫째, 우리는 진화 덕에 매우 신속히 인간의 아름다움에 주목하고 평가한다. 다른 사람이 얼마나 매력적인지를 결정하는 데는 겨우 1,000분의 1초가 걸린다. 이는 놀라울 정도로 빠른 과정이고 보통 자동으로 처리된다. 우리가 새로운 사람을 만날 때는 그 사람의 민족적 배경이나 나이, 성별을 파악하는 것만큼 빠르게 매력도를 평가한다. 둘째, 우리가 아름답다고 느끼는 것은 부분적으로 진화의 결과다.

아름다움에 대한 진화론적인 주장의 기본 전제는 다음과 같다. 인간의 진화사는 건강한 배우자, 즉 성공적 번식으로 이어질 것 같은 배우자를 고르는 일로 이루어졌다. 여성의 건강함과 생식 능력을 나타내는 원시적인 지표가 아름다움의 상징이었고, 이는 오늘날 우리가 아름답다고 느끼는 것과 일부 일치한다. 젊음, 균형, 건강하고 깨끗한 피부, 호리병 같은 몸매.

그러나 여기서 진화론적 주장은 지지를 잃게 된다. 왜냐하면 아름다움과 건강을 동일시하는 것은 이상하게 들리기 때문이다. 물론 최근의 연구들은 여전히 우리가 매력적인 사람을 무의식적으로 더 건강하다고 평가하고 있음을 보여준다.[57·58]

오늘날 대부분 여성은 출산 가능 연령에 임신하지 않는 경향이 있다. 또한, 오늘날 그 어떤 남성도 최대한 많은 여성으로부터 많은 아이를 낳는 것을 목표로 삼고 있지는 않다. 우리의 현대 문화는 인간 진화의 역사에서 보았을 때, 그저 작은 점에 불과하다. 인간의 진화는 매우 고통스러울 정도로 느리게 이뤄진다. 진화 심리학자들이 주장하듯 우리는 현대사회를 살고 있지만 여전히 석기시대의 뇌를 가지고 있다. 우리의 뇌는 현재 우리가 사는 삶에 맞게 진화되지 않았다. 우리가 현재 직면하는 문제는, 다양한 인간의 외모에 민감하게 반응하는 뇌와 미의 이미지 속에 파묻히게 하는 문화 간의 부조화에서 발생한다.

외모 강박의
과다 투여

우리는 매일 끝도 없이 쏟아지는 완벽하고 비현실적인 여성의 아름다움에 파묻혀 있다. 여성의 얼굴과 몸의 몽타주는 극단적인 아름다움이 실제보다 더 흔한 것이라고 믿게 한다. 수백만 년의 진화를 거치는 동안 지금 우리가 매일 광고에서 보는 것만큼 아름다운 인간의 얼굴은 존재하지 않았다. 하지만 이제 우리는 그런 얼굴에서 거의 벗어날 수가 없다.

어떤 진화 심리학자는 현재의 미적 환경이 우리에게 어떻게 영향을 미치는지를 설탕에 비유해 설명했다. 우리는 설탕에 극도로 민감하고 이를 격렬히 추구하도록 진화했다. 인간이 진화하는 동안 대개는 칼로리가 충분하지 않았다는 점에서 이해되는 이야기다. 인간은 항상 다음 기근이 닥치기 전에 영양을 비축해둬야 했다. 하지만 오늘날 설탕은 값싸고 손쉽게 접근할 수 있는 대상이 됐다. 우리가 아름다운 이미지를 외면하기 어려운 것처럼 쿠키 역시 거부하기 쉽지 않다. 이상적인 세계라면 사탕 대신 채소를 갈망하고 건강은 더욱 증진되어야 한다. 그러나 우리의 뇌는 오늘날에 맞게 진화하는 대신 석기 시대에 머물러 있다. 과한 설탕이 건강에 부정적인 영향을 미치는 것처럼 여성의 아름다움에 대한 과장된 이미지는 우리를 아프게 만들 수 있다. 이는 진화한 인간의 성향이 문화와 상호작용하여 외모 강박을 만들어내는 주요 방식이다.

아름다움은 우리의 주의를 사로잡았고 이는 자연스러운 일이었

어떻게 외모 강박과 싸울 것인가

다. 그러나 아름다움의 이미지와 메시지가 끊임없이 쏟아지는 이런 문화는 이전에는 없었다. 현재의 미적 환경은 자연스럽지 못하다. 인간의 진화는 이런 문화에 대한 평계가 될 수 없다. 우리는 이런 환경을 바꿔야 한다. 건강을 위해 설탕을 덜 섭취하기로 한 것처럼 머릿속에서 아름다움에 대한 걱정을 줄여나가는 것이다. 아름다움에 민감하게 반응하는 뇌 부위를 완전히 꺼버릴 수는 없다. 그러나 방향을 바꿀 수는 있다. 컴퓨터에 비유해보자. 당신의 뇌는 아름다움의 모듈이 장착된 채로 배달됐다. 그 프로그램을 삭제할 수는 없겠지만 대신 다른 프로그램을 더 많이 돌린다면 이 모듈에 할당되는 처리 능력은 줄일 수 있을 것이다. 그렇다면 어떻게 해야 아름다움의 볼륨을 줄이고 더 중요한 가치의 볼륨을 높일 수 있을까.

당신이 세상을 바라보는 렌즈

앞서 만난 변호사 머리나는 아름다움의 볼륨을 줄이기 위해 노력하는 좋은 사례다. 머리나는 그녀의 어머니가 몸에 관해 했던 말들에 오래도록 상처를 받으면서 자극을 받았다. 머리나는 "정말 상처를 많이 받았어요. 큰 상처였죠. 저는 자존감이 정말 낮았어요. 몇 년 동안이나 제가 부족하고 사랑받을 자격이 없는 사람이라고 진심으로 생각했으니까요."라고 설명했다. 그녀의 어머니가 외모라는 렌즈로 여성을 바라보지만, 그녀는 다른 방식으로 세상을 바라보기 위해 노력 중이다.

나는 렌즈 대신 '스키마 Schema'라는 심리학적 용어를 쓰겠다. 스키마는 자신과 세상에 대한 지식을 조직하고 구조화한다. 스키마는 어디에 주의를 쏟을지, 그리고 불안정하거나 모호한 정보를 어떻게 메울지를 도와준다. 만약 당신이 부정적인 자기 스키마를 가지고 있다면 친구에게 문자메시지의 답변을 못 받았을 경우, 그 친구가 당신을 좋아하지 않거나 당신에게 화가 났다고 해석할 가능성이 높다. 반면 좀 더 긍정적인 자기 스키마를 가졌다면 그 친구가 그저 바쁘거나 깜빡했다고 생각할 가능성이 높다. 다시 말해, 스키마는 우리의 경험을 조직하고 현실에 대한 인식을 바꿔놓는다.

우리는 모두 외모 스키마를 가지고 있다. 그러나 이 스키마가 모두 동일하게 생성된 것은 아니다. 누군가는 신체적 매력에 대한 인식에서 전적으로 영향을 받을 것이다. 그 때문에 이들의 외모 스키마는 항상 활동 중인 것처럼 보인다. 반면 외모 스키마가 거의 작동하지 않고 휴면기에 있는 사람들도 있다.

스키마를 지식의 다른 영역으로 갈라지는 네트워크와 같다고 생각해보자. 머리나의 어머니는 강력하게 발달된 외모 스키마를 가졌다. 그녀에게 신체적 외모란 성격과 도덕성, 훌륭함, 그리고 성공과 연결된다. 모든 대상 가운데 신체적 외모에만 관심을 집중하는 경향이 있다. 이런 집중은 다른 사람을 판단하는 기준을 만들었고 행동에 영향을 미쳤다. 그래서 그녀는 자신의 딸에게 반복해서 상처를 주었다.

머리나는 어머니의 초점을 외모 이외의 것으로 바꾸려고 수없이 시도했다. 어머니의 신체 혐오적 발언이 다른 사람을 향할 때는 이를 멈추게 하려고 노력했다. 머리나의 전략은 어머니의 발언을 놀림으로써 그녀의 말투를 부드럽게 바꾸려는 것이었다. 어머니가 어떤 여성을 뚱뚱하다고 하면 머리나는 비꼬는 말투로 "아, 저 사람이 그렇게 뚱뚱해요? 그럼, 저 사람은 사랑받을 자격도 없고 살아갈 이유도 없겠네요. 그렇죠?"라고 응수했다.

"그런 뜻이 아니야." 어머니는 재빨리 수습했다. 하지만 또 다른 비만 혐오적인 발언이 이어졌다.

머리나가 어머니의 말에 직접적으로 개입하는 것은 효과가 없었다. 그래서 그녀는 자신의 삶과 자식들의 삶을 더욱 건강하게 구축하는 것에 초점을 맞추기로 했다. 그녀는 적극적으로 싸워서 외모와 자아 존중감 간의 연결을 끊었다. 예를 들어 머리나는 가끔 거울 앞에 서서 엉덩이 사이즈에 한탄하는 자신을 발견한다. 그럴 때는 스스로 "너 그거 아니? 나는 만족하는 사람이야. 내 엉덩이가 좀 크더라도 말이야."라고 말한다고 했다. 몸매 대신 성격에 가치를 부여하는 스키마를 전면에 내세운 것이다.

머리나가 외모에 대한 모든 관심을 거부한다는 의미는 아니다. 이는 거의 불가능한 목표다. 머리나는 "저는 제 외모와 아름다움에 집착하지 않아요. 하지만 제 외모가 다른 사람이 저를 인식하는 방식에 영향을 미친다는 걸 알아요. 그래도 그 세계에 완전히 사로잡혀 있지는 않을 거예요."라고 설명했다.

머리나는 미의 경쟁에서 벗어나기 위해 화장을 하지 않는다. 머리나는 변호사다. 분명 직장에서 전통적이고 이상적인 여성의 아름다움을 충족해야 한다는 압력을 받았을 것이다.

"글쎄요." 그녀는 설명했다. "립글로스는 조금 발라요. 아주 조금이요. 그게 제 타협점이죠. 그러나 저는 두꺼운 화장은 하지 않을 거예요."

"어느 순간, 의식적으로 내린 결정이었나요?" 나는 물었다. "예전에는 화장을 하다가 나중에 그만둔 건가요?"

머리나는 잠시 말을 멈추고 생각에 잠겼다. 그녀는 청소년기와 20대에 접어들 무렵에는 화장을 했었다. "일을 시작했을 때 '화장을 해야겠구나. 왜냐하면 프로답게 보여야 하니까.'라고 생각했어요. 그래서 화장을 조금 했죠. 그러다 화장이 지겨워졌고 그만뒀어요. 그러니까… 그래요. 화장을 하지 않기로 의식적으로 결정한다는 게 뭔지 알아요. 외모에 대한 규범의 일부를 어기는 거죠. 저는 이렇게 말하고 싶어요. '그거 알아? 사람들은 내가 화장을 하지 않아도 일을 잘한다는 걸 알아. 그러니 그만해!'라고요." 그녀는 말했다.

머리나는 화장을 재미있어하는 여성들이 있다는 것을 안다. 화장은 예술이 되거나 개인적인 표현이 될 수 있기 때문이다. 그러나 그녀는 "어떤 여성들은 자신을 결점투성이라고 생각해요. 그래서 얼굴의 얼룩덜룩한 부분을 화장으로 감추지 않으면 창피해서 밖에 나가지 못하죠."라고 했다. 그리고 "여성이 화장을 하는 데엔 수많은 이유가 있어요. 하지만 저는 휘둘리지 않을 거예요."라고 재차 강조했다.

머리나의 다정하고 헌신적인 남편은 그녀의 노력을 지지한다. 남편의 사랑은 어머니의 입에서 나온 그 어떤 말보다 강했다. 머리나는 남편의 다정함을 '힐링'이라고 묘사했다. 뚱뚱한 엉덩이를 가지고도

어떻게 외모 강박과 싸울 것인가

사랑받는다는 느낌을 받는다면, 신체 사이즈와 가치 간의 연관성을 완전히 떼어내 버리게 된다. 물론 머리나는 외모 스키마에서 완전히 벗어날 수는 없었다. 스키마를 재활성시키는 문화적 요소가 곳곳에 존재하기 때문이다. 그녀는 "미디어가 다루는 여성의 이미지를 보면 예전에 비난받고 스스로 부족하다고 느꼈던 감정이 깊고 강렬하게 되살아나요. 정말 벗어나기 힘들어요."라고 설명했다.

머리나는 딸의 인생이 외모 스키마에 지배당하지 않기를 바란다. "부모로서 제 목표 중 하나는 딸이 자신에게 만족하도록 키우는 것이었어요. 저처럼 콤플렉스에 휘둘리지 않고 말이에요." 그녀는 말했다. "제가 갇혀 있던 함정에 빠지지 않도록 의식적이고 분명한 노력을 쏟았어요."

"그래서 어떻게 했나요?" 나는 물었다. 이 인터뷰는 머리나의 딸의 강력한 증언 덕에 이뤄진 것이었다. 머리나가 무슨 일을 했든 꽤 잘해낸 셈이다.

머리나는 웃었다. "그러니까, 어머니와 반대로 했어요."

음식과 관련해 딸 클로이와 부딪혔을 때 머리나는 극단적인 것을 피했다. 딸이 무엇을 먹는지 따지거나 너무 많이 먹는다고 이야기하지 않았다. 그녀는 "저는 음식이 문제가 되지 않도록 노력했어요. 그래서 딸은 자신이 먹고 싶은 걸 먹으면서 포만감과 허기에 대해 몸이 보내는 신호에 관심을 기울이게 됐어요. 그리고 저보다 건강하게 먹는 방법을 배웠죠."라고 말했다.

"어린 딸을 가진 사람들은 대부분 '와, 너 정말 귀여워! 정말 예뻐!'라는 말을 자주 하는데, 당신도 클로이에게 그랬나요?" 나는 물었다.

"아니요. 그렇게 많이 하지는 않았어요. 저는 '너는 정말 훌륭한 친구야. 정말 멋있어. 너는 정말 똑똑하고 좋은 사람이야.'라는 말을 의식적으로 하려고 노력했어요. 외모에 대한 말보다 다른 능력에 대한 다양한 메시지를 주려고 했어요."

또한, 머리나는 클로이가 보는 방송 프로그램을 감시했다. 그래서 잠재적으로 부정적인 신체 이미지로 이어질 가능성이 있는 외모 중심의 미디어나 방송 프로그램은 걸렀다. 그리고 클로이를 위해 《뉴 문New Moon》이라는 잡지를 구독했다. 《뉴 문》은 여성의 아름다움에 집착하는 대중문화에 대한 해결책에 초점을 맞춘 잡지였다.

클로이가 어느 날 바비 인형을 사달라고 졸랐을 때, 머리나는 매우 난감했다. 하지만 클로이가 바비 인형을 원하는 이유는 친구들과 놀고 싶어서였기 때문에, 이를 크게 문제 삼지 않기로 했다. 부부는 클로이와 함께 바비 인형의 '이미지'와 그 의미에 대해 이야기를 나눴다. 그리고 클로이에게 바비 인형을 사주고 그녀가 바비 인형으로 무엇을 하는지 그저 지켜봤다. 머리나는 자랑스럽게 "친구들이 놀러 오면 클로이는 바비 인형을 꺼내서 놀았어요. 그리고 친구들이 없을 때는 장난감 수납장 안에 넣어놨어요."라고 강조했다.

머리나의 접근법은 특정한 것을 이야기하지 않음으로써 초점을 맞추지 않는 것이었다. 머리나는 음식에 대해 말하지 않았다. 몸무게에 대해 말하지 않았다. 누가 매력적인지, 매력적이지 않은지에 대해 말하지 않았다.

"저는 딸에게 몸에 대한 메시지를 공급하는 원천이 되지 않기 위

어떻게 외모 강박과 싸울 것인가

해 노력했어요. 제 딸은 가정 밖에서 이미 그런 메시지를 충분히 받을 테니까요. 제 딸이 부모한테 받아야 하는 건 사랑과 지지, 그리고 자신이 잘하고 있다는 메시지예요. 그래서 남편과 저는 '너는 잘하고 있어.'라는 일관된 메시지를 전달했어요. 딸뿐만 아니라 아들에게도요. 우리는 '너희는 있는 그대로의 모습으로 완벽해.'라는 긍정적인 메시지를 주려고 정말 노력했어요. 아이들이 스스로에게 긍정적인 마음을 가지도록요."

머리나와 그녀의 남편은 아들에게도 동일한 접근법을 택했다. 어쨌든 소년은 신체 이미지에는 관심이 없지만 어떤 성별이든 외모에 대한 집착을 장려할 이유는 없다. 외모 강박과 싸우는 일은 그저 여성만의 문제는 아니다. 모든 사람이 이에 협력해야 한다.

행복 연구가 에드 디너Ed Diener는 대학생 200명을 조사한 결과, 가장 행복한 학생이 평균 수준의 행복 지수를 보인 학생보다 반드시 매력적인 것은 아니라는 점을 발견했다.[59] 신체적 매력은 전반적인 행복과는 낮은 상관관계를 보였다. 그러나 이를 해석할 때는 주의해야 한다. 행복한 사람은 행복하지 않은 사람보다 스스로를 신체적으로 더 매력적으로 인식하기 때문이다. 사실 외모와 행복 간의 약하고 일관된 연관성은 일상생활에서 큰 의미가 없다. 왜냐하면 신체적 아름다움보다 더 강력한 행복의 예측 요인이 존재하기 때문이다. 더 중요한 것은 인간관계나 일일지도 모른다. 다른 사람이 당신을 대할 때, 외모의 영향력은 생각만큼 크지 않다. 아름다움에 대한 편견은 당신에게 영향을 미치거나 당신을 파괴하지 않는다. 아름다움은 마법의 총알이 아니다.

선 택

미국 오리곤 연구소 신체 이미지 연구가 에릭 스타이스Eric Stice는 여성의 신체 이미지를 개선하고 건강한 식습관과 운동 습관을 장려하는 새로운 방법을 창안했다.[60] 이 대책은 인지 부조화라는 개념을 바탕으로 한다. 인지 부조화의 기본 전제는 우리가 생각과 행동이 어느 정도 조화를 이루는 것을 좋아한다는 것이다. 예를 들어, 자신을 너그럽고 친절한 사람이라고 생각하는 사람이 잔혹하거나 이기적인 행동을 하게 되면 불안함을 느끼게 된다. 그러면 다양한 방식으로 그 불일치를 제거하고 일관성을 되찾으려 한다. 스스로에 대해 잔혹하고 이기적인 사람으로 재정의할 수도 있고, 반대로 행동을 자아 개념에 맞게 교정할 수도 있다.

스타이스의 프로그램은 미디어상의 이상적인 여성 이미지에 대한 젊은 여성의 반응을 바꾸기 위해 인지 불일치의 힘을 이용한다. 실험에 참여하는 젊은 여성은 역할극과 집단 토의를 통해 이상적인 날씬한 몸매를 거부한다. 예를 들어, 어떤 활동에서는 조장이 심각한 식이 장애에 시달리는 역할을 맡고 나머지 여성들은 극단적인 날씬함이 건강과 행복으로 이어질 것이라는 믿음에 의문을 제기한다. 다른 활동에서는 참여자들이 신체 이미지와 투쟁하는 한 10대 소녀에게 편지를 쓴다. 이 편지를 통해 미디어가 조장한 극단적으로 마른 신체의 위험성과 대가에 대해 설명한다. 그런 다음 참여자들은 카메라 앞에서 자신의 편지를 큰 소리로 읽는다.

스타이스 프로그램의 참여자들은 이상적인 신체를 격렬히 비판한 후에 다시 그런 몸을 추구하려 하는 경우 인지 불일치에 직면하게 된다. 이런 통제 실험을 여러 차례 반복한 결과 인지 불일치에 기초한 프로그램은 젊은 여성이 미디어가 조장한 이상적인 신체를 내면화하는 것을 장기적으로 줄여주는 것으로 나타났다. 이는 메시지의 영향력을 약화시킬수 있다는 점을 시사한다.

그러나 우리가 인간의 아름다움에 민감하게 반응하는 성향을 완전히 없앨 수는 없기 때문에 건강하지 못한 이상적인 미를 거부하는 노력만으로는 부족하다. 그래서 아름다움에 초점을 맞춘 이미지와 주제를 제한하는 노력이 필요하다.

그렇다고 아름다움을 완전히 회피하자는 것은 아니다. 더 중요한 것들 뒤에 아름다움을 놓자는 것이다. 아름다움보다 중요한 것이 무엇인지 모르겠다면 잠깐 시간을 내서 목록을 만들어보자. 당신은 내면 깊숙이에서 아름다움보다 중요한 가치를 수없이 찾아내고 깜짝 놀랄 것이다.

아름다움을 제자리에 놓는 것은 일련의 선택을 연습하는 것이다. 외모 강박의 파도에 아무 생각 없이 몸을 맡기는 것이 아니라 그 흐름을 밀어내는 연습을 하는 것이다. 또한 아름다움을 의식적으로 선택할 수 있는 곳으로 헤엄쳐 나가는 연습을 하는 것이다. 그곳은 아름다움에 대한 압박이 작은 물방울 소리처럼 들리는 곳이어야 한다.

내가 머리나에게 거울 속에 무엇이 보이냐고 묻자 그녀는 희끗희끗해지기 시작한 금발의 키 큰 중년 여성이 보인다고 답했다. 머리나는 아직 흰머리를 받아들이기가 어렵다는 말을 겨우 꺼냈다.

"염색할 거란 뜻인가요? 아니면 심리적으로 인정하기 힘든 시간을 보내고 있다는 뜻인가요?" 나는 물었다.

"아, 염색은 안 할 거예요. 익숙해져가고 있어요. 지금 이 모습 그대로가 저예요. 모든 사람이 제 나이에는 다 이렇게 되잖아요." 그녀는 명쾌하게 대답했다.

머리나는 그녀만의 길을 걷고 있었다. 그녀가 옮기는 발걸음 하나하나가 차이를 만들고 있다. 우리도 함께할 수 있다면 소녀와 여성에게 더 건강한 세상이 만들어질 것이다. 이제부터는 그런 선택이 가능한 세상을 어떻게 만들 수 있을지 살펴보겠다.

어떻게 외모 강박과 싸울 것인가

보디 토크를

멈춰라

내가 대학원에 입학한 1998년 TV 드라마 〈섹스 앤 더 시티Sex and the City〉에서 '모델집착증Models and Mortals'이라는 에피소드가 방영됐다. 당시 나는 그 드라마를 보지 않았지만 몇 년간 학생들이 그 에피소드 가운데 특정 장면을 계속 내게 보내줬다. 네 명의 여자 친구들(캐리, 미란다, 샬럿, 서맨사)이 캐리의 아파트에 모여 배달 음식을 먹으면서 모델들이 길거리를 활보하는 도시에 살고 있다는 사실을 한탄하고 있었다. 이 여성들은 모델들에게 험한 저주를 쏟아냈다. 미란다는 "모델들은 머리가 비었고 게으르지. 눈앞에 나타나면 바로 쏴버려야 해."라고 말하면서 모델들을 '가슴 큰 기린'이라고 묘사한다.

그리고 그녀들은 자신의 외모가 얼마나 불만족스러운지 이야기를 나눈다. 샬럿은 허벅지를, 미란다는 턱을, 캐리는 코를 마음에 안 들어 한다. 이들은 서맨사도 신체 비하에 동참하길 기대하지만 서맨사는 어깨를 으쓱이며 "나는 내 모습 그대로를 사랑하는데."라고 말한다. 다른 친구들은 서맨사의 자신감을 칭찬하는 대신 짜증을 낸다. 그러고는 서맨사는 이미 얼굴에 "돈을 들이지 않았느냐"고 신랄한 말을 쏟아낸다.

독자들을 위해 이 상황을 다음과 같이 요약해보겠다.

1. 한 여성이 오직 외모를 기준으로 모델을 헐뜯는다.
2. 네 명의 여성 가운데 세 명이 자신의 외모를 비하한다.
3. 네 명 가운데 세 명은 나머지 한 명이 자신의 외모를 좋아한다는 점에 화를 낸다.
4. 이때 한 여성이 친구의 외모에 대해 나쁜 평가를 하고 다른 두 친구가 그 평가에 동조하며 웃는다.

물론 이건 그저 TV 드라마일 뿐이다. 그러나 많은 여성이 공감한다는 것은 슬픈 현실이다. 우리는 자존감을 갉아먹는 문화에 맞서는 목소리를 내는 대신 자신과 다른 여성의 몸을 공격하는 데 목소리를 낸다.

우리는 여성의 몸을 비하하는 목소리를 들으며 자랐다. 그 결과 두 가지 사태가 발생했다. 첫째, 우리는 이런 메시지를 내면화하여 자신을 겨누게 됐다. 우리는 스스로 못생겼다면서 신체적인 결함을 짚어낸다. 둘째, 우리는 다른 여성의 외모를 깎아내리는 것이 사회적 규범이라고 배우고 여기에 동참하는 것을 마치 *끈끈함*을 나누는 무해한 의식이라 여긴다. 자신뿐 아니라 다른 여성까지 겨냥하는 이 두 가지 대화법 모두 외모 강박에 불을 지핀다. 이제는 이를 어떻게 멈출지 생각해볼 때다.

나는 서른아홉 살인 두 여성의 이야기를 소개하려 한다. 두 여성 모두 보디 토크Body Talk가 인생에 미친 영향에 대해 이야기했다. 이들의 이야기는 여성의 외모에 초점을 맞춘 대화를 자제하기 위한 새로운 규범이 될 것이다.

* * *

스테퍼니Stephanie*는 피닉스시 교외에 사는 서른아홉 살의 백인 여성이다. 곧 결혼 10주년을 맞는 그녀는 어린 딸과 아들을 하나씩 두고 있다.

여느 여자아이와 마찬가지로 스테퍼니도 여성의 외모를 강조하는 분위기에서 자랐다고 한다. 스테퍼니에게는 남동생이 두 명 있다. 어린 시절 셋은 서로를 쓰러뜨리고 질질 끌고 다니며 싸우곤 했다. 한 번은 남동생이 스테퍼니의 얼굴을 긁은 적이 있다. 그러자 외할머니는 어머니에게 "쟤가 스테퍼니 얼굴에 상처를 내지 않게 해라! 여자애 피부가 얼마나 소중한데! 흉터가 있으면 안 돼."라고 말했다. 어린 스테퍼니는 그 이중잣대를 깨닫지는 못했다. "제가 남동생 얼굴을 긁을 수도 있었어요. 그런데 그건 별일이 아니었죠." 스테퍼니는 왜 자신의 얼굴이 남동생의 얼굴보다 중요한지 궁금했다.

나는 스테퍼니에게 당시로 돌아가 외할머니에게 "왜 할머니는 제 얼굴은 걱정하시고 동생 얼굴은 걱정하지 않으세요?"라고 묻는다고 상상해보라고 했다. 스테퍼니는 외할머니가 어떤 대답을 하셨을 거

보디 토크를 멈춰라

라고 생각할까.

스테퍼니는 외할머니의 대답을 쉽게 떠올렸다. "외할머니는 이렇게 말씀하시겠죠. '여자 얼굴은 이렇게 저렇게 생겨야 한다.' 그러고 나서는 '여자 피부는 부드럽고 탱탱해야 해.'라고 말씀하셨을 거예요. 그 안에 담긴 뜻은 남자아이들은 그런 걸 걱정하지 않아도 된다는 거죠."

청소년기에 스테퍼니는 자신이 '운동선수같이 탄탄한 체격'이었다고 했다. 스테퍼니는 키가 작았고 가슴이 큰 편이었다. 그녀는 다른 여학생들은 모두 '길고 가느다란 몸'을 가진 반면 자신은 그런 체격이 아니란 점에 분노했다.

나는 스테퍼니가 왜 자신의 체격이 매력적이지 않다고 생각하게 됐는지 궁금했다. "왜 키가 크고 마른 체격을 원했나요? 어린 시절의 환경 때문에 그런 체격이 미학적으로 더 아름답다고 생각하게 된 건가요?" 나는 물었다.

스테퍼니는 자신의 신체 이상형이 미디어 이미지나 바비 인형에서 비롯됐다고 보지 않았다. 그녀는 여자 식구들이 스스로의 몸에 대해 이야기하는 것을 들으며 이를 배웠다.

스테퍼니의 여자 식구들은 모두 친했다. 외할머니와 어머니, 그리고 두 명의 이모는 많은 시간을 함께 보냈다. 그녀는 몇 년 동안 그들의 대화를 들으며 이를 내면화하게 됐다.

"저는 여자 어른들이 자기 몸과 다른 사람들 몸에 대해 이야기하는 것을 들었어요. 그분들은 길고 마른 몸이 더 낫다고 이야기했고 어느새 저는 그걸 마음에 새겨두게 됐죠."

어떻게 외모 강박과 싸울 것인가

"그분들은 자기 몸을 비판했나요?" 나는 물었다.

"네. 네 명의 여자들이 모여서 하는 일이 그거였어요. 엄마가 자주 그랬지만 외할머니와 이모도 마찬가지였어요. 자기 비하적인 거였죠." 스테퍼니는 그들이 사실 과체중은 아니었다고 강조했다. 그들은 모두 비슷한 체격이었다. 스테퍼니도 똑같은 체격을 물려받았다. 그래서 그들이 스스로의 몸을 깎아내릴 때면 마치 스테퍼니의 몸을 비난하는 것처럼 들렸다.

"'어머, 내 허벅지 양쪽이 딱 붙네!'라는 말을 듣는 일은 흔했어요. 그리고 우리 엄마는 팔뚝 살이 불만이었어요. 엄마가 팔뚝 살에 대해 불평할 때마다 1달러씩 받았다면 저는 백만장자가 됐을 거예요."

스테퍼니는 외모에 대한 대화가 여자 식구들의 관계에서 중심이었다고 설명했다. 항상 보디 토크였다. "누군가의 집에서 저녁을 먹거나 요리를 하거나 그럴 때면 대화의 주제는 늘 몸매였어요." 그들은 주로 부엌의 개수대 주변에 모였다. 그리고 몸매를 위해 어떻게 노력하고 있는지 이야기했다. 아니면 다른 사람의 몸에서 어느 부분이 마음에 안 드는지 이야기했다.

이런 대화들이 스테퍼니의 몸에 대한 개념을 형성했다. 고등학교 1학년 때 스테퍼니는 자신의 몸을 "완전히 혐오했다"고 한다. "저는 매일 밤 거실에서 에어로빅을 했어요. 운동선수처럼 말이에요. 정말 바보 같죠. 음식에도 집착했어요. 탄수화물을 먹지 않으려고 허튼짓을 했죠. 엄마는 늘 '탄수화물은 악마야.'라고 하셨어요. 사실 전 탄수화물을 좋아했지만 먹지 않으려고 노력했어요. 더 솔직히 이야기하면 폭식증 환자가 될 뻔했어요. '한번 토해볼까?'라고도 생각했어요. 하지만 저는 토하는 게 싫었어요." 스테퍼니는 한동안 다이어트 약도 먹어보았지만 다행히도 오래가지 않았다.

"당신은 몸매를 원하는 대로 바꿀 수 있다고 생각했나요? 당시엔 그런 게 현실적으로 느껴졌나요?" 나는 물었다.

"네, 좋은 질문이에요. 그랬죠. 한동안 저는 자신에게 화가 났어요. 제가 생각하는 예쁜 몸매, 제가 갖지 못한 몸매로 바꿀 수 없다는 점 때문에요. 그런데 언젠가 그런 생각이 사라졌어요. 언제 그럴 수 없다는 걸 깨닫게 됐는지는 모르겠어요."

"키도 더 크고 싶었겠네요?"

"키가 크려고 안 해본 일이 없어요!" 스테퍼니는 웃었다.

부정적 보디 토크, 노화, 비만, 못생김에 대하여

2010년 우리 연구팀은 여성이 자신의 몸에 대해 이야기하는 방식을 연구하기 시작했다. 당시 팻 토크Fat Talk는 여성이 자신의 몸을 비하하는 대화를 표현하는 전형적인 용어였다. 대학교의 한 여학생 동아리는 '팻 토크 안 하기 주간'을 기획하기도 했다. 그러나 여성이 얼마나 자주 팻 토크를 하는지, 왜 그런 이야기를 하는지에 대한 자료는 그다지 많지 않았다.

우리는 우선 150여 명의 여학생을 대상으로 팻 토크에 관한 기본적인 설문조사를 실시했다. 그 결과는 눈을 번쩍 뜨이게 했다. 우선, 90퍼센트 이상이 팻 토크를 한다고 응답했다. 30퍼센트는 매우 자주 팻 토크를 한다고 했다. 그들은 친구들과 어떤 내용의 팻 토크를 하는지도 적어주었다.

우리의 질문지는 다음과 같이 시작했다.

강의실 안에서 친구들과 수업이 시작되길 기다린다고 상상해주세요. 당신 친구가 자신의 허벅지를 꼬집으며 "아, 나 너무 뚱뚱한 거 같아." 라고 말합니다. 이 말 다음에 당신과 친구가 나눌 대화를 써주세요.

한 응답자가 써낸 내용은 다음과 같다.

친구: 아, 나 너무 뚱뚱한 거 같아.
나: 와, 진심이야? 너 안 뚱뚱해.
친구: 아냐, 나 뚱뚱해. 내 허벅지 좀 봐.
나: 내 허벅지 볼래?
친구: 야, 왜 이래. 넌 삐쩍 말랐잖아.
나: 너도 마찬가지야.

이 대화는 어떻게 끝날까? 우리는 모두 자신이 뚱뚱하다고 생각할 거고 상대편은 여전히 이에 동의하지 않을 것이다.

여기 다른 예가 있다.

친구: 아, 나 너무 뚱뚱한 거 같아.

나: 넌 뚱뚱한 거랑 완전 거리가 멀거든?

친구: 나 아침에 도넛 먹었잖아.

나: 괜찮아. 하나 정도는 가끔 먹어도 돼.

친구: 알아. 그런데 아마 나처럼 못생긴 사람도 없을 거야.

나: 아니야. 너 완전 예뻐.

친구: 그래, 뭐 그렇다 치자. 이 이야기는 그만하자.

나: 그래, 그만해. 그런데 진짜 너 하나도 안 뚱뚱해 보여.

이 대화는 어떻게 끝날까? 친구는 당신이 자신을 칭찬했기 때문에 기분이 상했다.

내가 이런 대화를 여학생들에게 보여줬을 때 이들은 그럴 줄 알았다는 듯 웃었다. 아마 이들도 팻 토크를 할 것이다. 이들도 "아니, 넌 하나도 안 뚱뚱해! 넌 예뻐."라고 말하는 친구였을 것이다. 친구가 그 말을 믿지 않을 것을 알면서도 말이다. 이 연구에 참여한 여성들은 이 대화가 서로에게 아무런 영양가가 없다는 것을 알고 있었다. 그리고 다수의 응답자가 둘 다 기분이 더 나빠졌을 것이라고 말했다.

이 연구는 여학생을 대상으로 했지만, 젊은 여성만이 팻 토크를 하는 것은 아니다. 우리 연구팀이 3,000명의 성인 여성을 대상으로 설문조사를 실시한 결과, 약 90퍼센트가 종종 팻 토크를 한다고 응답했다. 60세가 넘은 후에도 이 숫자는 크게 떨어지지 않아 83퍼센트에 이르렀다. 많은 여성이 이런 식의 보디 토크를 한다는 결과는 그다지 놀랍지 않다.

또한 우리 연구팀은 친한 동성 친구와 함께 있다는 가정 하에 여러 가지 시나리오를 제시하고 그 상황에서 친구와 나눴을 것 같은 대화를 실험 참여자에게 쓰게 했다. 시나리오 중에는 피팅룸에서 옷을 입어보는 것도 있었다. 실험 참여자 가운데 무려 76퍼센트가 자신의 외모에 대한 부정적인 대화를 써냈다. 반대로 생각하자면 실험 참여자 가운데 4분의 1도 안 되는 여성만이 외모에 대한 실망을 입 밖에 내지 않고 옷을 입어보는 상상을 한 것이다. 그녀들은 끊임없이 불만을 쏟아냈다.

"내 몸은 균형이 안 맞아."
"나는 뚱뚱한데 가슴이 납작해. 그래서 옷이 안 어울려."
"이 옷은 내 배를 더 나와 보이게 해."
"내 등살 좀 봐. 나도 내가 뚱뚱하지 않다는 걸 알아. 그런데 등살이 있다니까."
"내 다리는 꼭 닭다리 같아. 너무 삐쩍 말랐어."
"내 허벅지 살 좀 봐."
"이 옷은 안 살래. 끔찍해 보여. 나 너무 끔찍하다."

기억하자. 이 여성들은 실제로 피팅룸 안에 있는 것이 아니다. 그러나 그녀들은 대화가 어떻게 흘러갈지 예상할 수 있을 정도로 자주 이런 일을 겪었다. 옷을 입어보는 일은 트라우마의 연속이다. 우선, 계속 거울을 들여다봐야 한다. 두 번째로, 옷이 잘 맞지 않거나 마네킹만큼 자신에게 어울리지 않을 경우 몸이 잘못됐다는 느낌은 계속

남게 된다.

연구에 참여한 여성의 대부분은 자신의 외모에 대해 기분이 나아지고 싶어서 팻 토크를 했다. 자신의 몸 때문에 기분이 나쁜 유일한 사람이 아니란 것을 보여주기 때문이다. 다시 말해, 동변상련이라는 것이다. 그러나 팻 토크의 가장 큰 문제점은 그 대화가 실질적으로 여성의 기분을 나아지게 한다는 증거가 없다는 것이다. 오히려 그 대화가 기분을 더 나쁘게 한다는 증거는 많다.

팻 토크를 하거나 다른 사람들의 팻 토크를 들을수록 신체 혐오와 신체 감시, 섭식 장애가 발생할 가능성은 더욱 커진다. 19세의 학생은 팻 토크 연구를 마친 다음 이런 글을 남겼다. "팻 토크는 이야기하지 않았으면 몰랐을 다른 문제를 일깨워줘요."

팻 토크는 여성이 이미 느끼고 있는 신체 불만족을 반영만 하는 것이 아니다. 이를 심화시킨다. 무엇보다도 팻 토크의 가장 치명적인 문제는 그 이야기를 듣는 다른 여성에게까지 상처를 준다는 점이다. 당신이 일상적인 일을 하다가 다른 여성들의 팻 토크를 우연히 들었다고 상상해보자. 당신의 관심이 몸으로 옮겨가 신체 불만족이 작동할 것이다. 이런 방식으로 팻 토크는 전염된다.

팻 토크의 전염성을 확인해보기 위해 우리 연구팀은 여성들에게 다른 두 여성과 잡지 광고에 대해 이야기를 나누도록 했다. 두 여성은 내 조교인 메건Megan과 헤더Heather였다. 먼저 세 명의 여성이 이야기를 나눈 두 개의 광고는 어떤 모델도 등장하지 않는 무해한 내용이었다. 세 번째 광고에는 한 모델이 캘빈 클라인 비키니를 입고 묘한 포즈를 취하고 있었다. 우리는 메건과 헤더가 광고에 대해 먼저 생각을 밝히고 그 뒤에 실험 참여자가 이야기하도록 환경을 조성했다. 우선 메건이 모델을 보고 얼굴을 찌푸리며 "이 가는 허벅지 좀 봐. 내가 뚱뚱하게 느껴져."라고 이야기했다. 이어서 헤더가 "어, 나도 그래. 내 배가 이렇게 납작했으면 좋겠어."라고 덧붙인다. 당신이 이 연구에 참여했다면 무슨 말을 했을까.

메건이나 헤더가 팻 토크를 하지 않았을 경우 실험 참여자 가운데 팻 토크를 한 사람은 없었다. 단 한 명도 없었다. 그러나 메건과 헤더가 팻 토크를 시작하자 실험 참여자의 35퍼센트가 "저도 그래요."라는 말을 하거나 자신의 몸을 비하하는 발언을 하며 대화에 참여했다. 참고로 연구에 참여했던 여성들은 모두 메건과 헤더와는 안면이 없었고 비만도 지수도 비교적 낮았다. 게다가 그 대화에 참여하지 않은 사람도 이후 자신의 몸에 대해 부정적인 감정을 갖게 됐다.

첫 번째 팻 토크 연구를 실시한 후 우리 연구팀은 팻 토크 대신 '부정적 보디 토크Negative Body Talk'라는 용어를 사용하기 시작했다. 외모와 관련된 걱정은 몸무게에만 국한된 것이 아니기 때문이다. 다른 연구자들은 여성의 올드 토크Old Talk, 즉 노화에 따르는 외모 변화를 걱정하는 대화에 초점을 맞춰 연구했다. 그 결과 올드 토크는 평생에 걸쳐 이뤄지는 것으로 밝혀졌다.[61] 올드 토크는 대개 여성이 나이가 들어감에 따라 증가할 것이라고 예측하지만 18세에서 29세의 여성 가운데 50퍼센트는 이미 자신이 올드 토크를 하고 있다고 응답했다. 우리는 주름이 늘어나는 것이 마치 재앙인 양 불만을 늘어놓는다. 그리고 흰머리를 뽑는다. 나는 젊은 여성들에게 여성의 가치가 나이 들어감에 따라 감소한다는 메시지를 주고 싶지 않다. 여성은 이미 충분히 문화로부터 이런 메시지를 듣는다.

스테퍼니는 여자 식구들에게 노화에 대해, 비만에 대해, 못생김에 대해 온갖 이야기를 들었다. "왜 그들이 그런 식으로 이야기하는지 궁금하지 않았나요?" 나는 물었다.

"아뇨." 스테퍼니는 대답했다. "하지만 이젠 많이 생각하죠. 제 아이들이 있으니까요. 특히 제 딸 때문에요. 하지만 그 당시에는 별로 생각하지 않았어요. 솔직히 말하면 그게 평범한 건 줄 알았어요. 여자들이 모이기만 하면 그런 이야기를 하니까요."

넌 네가
예쁜 것 같니

심리학에서는 두 가지 다른 문화 규범에 대해 이야기한다. 첫 번째는 서술적 규범Descriptive Norm이다. 많은 여성이 자신의 몸에 대해 긍정적으로 느끼기 위해 고군분투한다고 이야기한다면 이는 서술적 규범이다. 서술적 규범이란 전형적인 대상을 단순히 서술하는 것이다. 두 번째 유형의 규범은 명령규범Injunctive Norm이다. 명령규범은 순응하지 않는 사람에 대한 사회적 거부나 처벌의 가능성을 수반한다. 부정적인 보디 토크를 자세히 살펴보면 여성의 신체 불만은 명령규범의 영역으로 흘러가곤 한다. 다시 말해, 어떤 여성은 자신의 모습을 부정적으로 '느껴야 하는 법'이라고 생각하는 것처럼 보인다. 마찬가지로, 부정적인 보디 토크에 참여하는 여성은 정말 그런 대화를 원해서

어떻게 외모 강박과 싸울 것인가

라기보다는 또래 집단에 끼고 싶어서 보디 토크에 참여하는 경향이
있다.

영화 〈퀸카로 살아남는 법Mean Girls〉을 생각해보자. 영화의 한 장
면에서 세 명의 못된 퀸카들이 거울 앞에 서서 자신들의 신체적 결함
에 대해 불평을 늘어놓는다. 엉덩이, 어깨, 발목, 손톱, 모공, 그 어떤
것도 만족스럽지 못하다. 이 영화에서 주인공 케이디는 이런 의식에
참여해야 한다는 압박을 느끼는 것이 분명하다. 그러나 케이디는 다
른 문화에서 성장했기 때문에 여기에 익숙하지 않다. 딱히 떠올릴 신
체적 결함이 없었던 케이디는 바보같이 아침에 나는 입 냄새를 자신
의 신체적 결함이라고 늘어놓았다가 친구들의 분노를 산다.

여성은 부정적인 보디 토크를 거부하는 여성을 배척한다는 사실
이 흥미로워진 우리 연구팀은 〈섹스 앤 더 시티〉의 장면을 사용한 연
구를 기획했다. 이 드라마를 본 적이 없다는(따라서 각 캐릭터에 선입견이
없는) 여성들에게 앞서 이야기했던 장면을 보여줬다. 그 후 여성들에
게 누가 상황을 잘 이끌어가고 있는지, 그 이유가 무엇인지 물었다.
여성들은 압도적으로 캐리의 방식을 지지했다. 캐리는 친구들을 지
지하고 그들에게 아름답다고 이야기해주었다. 그리고 불공평한 미의
기준에 대해 불만을 늘어놓으면서 동시에 자신의 외모를 비판하기도
했다. 반면 자신의 외모에 만족하는 서맨사에 대해서는, 많은 여성이
그녀를 거만하고 자만심이 강하며 우쭐댄다고 묘사했다.

〈퀸카로 살아남는 법〉역시 이런 유형의 시나리오를 완벽하게 담
아냈다. 못된 퀸카들 가운데 한 명이 케이디에게 예쁘다고 칭찬하자
케이디가 "고마워."라고 대답한다. 그러자 우두머리 퀸카가 "그러니

까 동의한다는 거지? 넌 네가 진짜로 예쁜 것 같니?"라고 기분 나쁘게 말한다.

최근 언론은 온라인에서 남성에게 원치 않은 외모 칭찬을 받았을 때 거기에 동조하는 반응을 보인 젊은 여성에 대해 다뤘다. 트위터, 틴더, 텀블러 등 어떤 플랫폼이든 간에 여성들은 칭찬에 공손하게 동의했다. 이에 대한 반응은 대부분 우리가 상상했던 대로다. 남성은 곧장 그 여성을 거만하다고 했다. 한 남성은 18세의 여성에게 예쁘다고 칭찬했는데 그녀가 "저도 알아요. 고마워요."라고 대답하자 그녀에게 '나쁜 X'라고 부르며 자만심이 강하면 안 된다고 비난했다.

이런 문화 속에서 여성은 신체 자신감에 대해 우스꽝스러운 메시지를 받는다. 네 몸을 사랑해! 하지만 너무 사랑해선 안 돼. 자신감을 가져! 하지만 겸손해야 해. 마음속으로 편안함을 느껴! 하지만 다른 누군가에게 그걸 드러내서는 안 돼. 우리는 신체 자신감을 설파하면서도 자신의 외모를 좋아하는 여성을 거만하고 심지어 여성스럽지 못하다고 취급하는 문화 속에서 살고 있다.

이런 모순적인 기준 탓에 여성은 칭찬을 받아들이는 것을 어색하게 여긴다. 이는 외모 강박의 대책으로써 여성에게 아름답다고 이야기하는 것은 결코 좋은 생각이 아니라는 주장의 근거가 된다. 이런 이중 잣대로 인해 여성은 외모에 대한 칭찬을 받아들이지 않고, 오히려 다른 여성에게 받아들여지기 위해 자신의 외모를 비하해야 한다고 느끼는 것이다.

표 적

어떤 여성은 다른 여성의 몸을 평가하고 언급하는 데 공개적인 적개심을 드러낸다. 여성은 남성뿐만 아니라 다른 여성으로부터도 외모에 대해 부정적 평가를 받는 일이 흔하다. 동성에 의한 신체 평가는 섭식 장애와 심리적 고통으로 이어질 가능성이 더 높다.

여성이 타인에게 듣는 부정적인 신체 발언은 주로 뚱뚱함에 한정될 것이라고 생각하지만, 사실 단 한 번도 다른 사람으로부터 외모에 대해 공격받지 않은 여성은 없다. 미네소타에서 약 5,000명의 성인을 대상으로 연구한 결과 과체중의 소녀가 가장 많은 신체 관련 놀림을 받았지만 저체중의 소녀들도 그다지 다르지 않은 것으로 나타났다.[62] 나는 이를 증명할 여성을 만났다.

서른아홉 살의 니크Nique*는 흑인 기혼 여성으로 샌프란시스코 베이 지역에서 살고 있다. 니크는 이메일을 통해 "척도상의 대척점에서" 해줄 말이 있다고 했다. 그녀는 거의 평생 너무 말랐다는 비판을 받았다.

나는 니크에게 사람들 가운데서 그녀를 찾아내려면 자신을 뭐라고 설명해주겠냐고 물었다. 니크는 즐겁게 대답했다. "발랄하고 작은 갈색 소녀라고 답할 거예요!" 그러더니 좀 더 구체적으로 이야기했다. "짙은 갈색이요. 허시 초콜릿 같은 갈색이요."

니크는 언제나 왜소했다. 어렸을 적 그녀의 어머니는 여름마다 하루에 세 번씩 그녀를 데리고 나가 커다란 밀크셰이크를 사줬다. 살을 찌우기 위해서였다. 니크가 대학에 입학했을 때 그녀는 살이 붙길 원하는 유일한 여성이었다. 그러나 그 살은 아직도 붙지 않았다. 니크는 자신이 할 수 있는 거의 모든 것을 다 해봤다고 말했다. "저는 엔슈어Ensure(환자용 영양식 - 옮긴이)도 마셔보고 단백질 보충제도 먹어봤어요. 그거 아세요? 저는 그냥 작은 사람이에요." 나는 니크의 목소리에서 방어적인 태도를 느꼈다. 그녀는 그럴 필요가 없음에도 다른 사람들에게 자신의 신체 사이즈를 변명하는 데 익숙해져 있었다.

외모 강박은 비만에 대한 모욕뿐만 아니라 '스키니 비치Skinny Bitches('날씬해서 얄미운 여성'이라는 의미 - 옮긴이)'라는 표현을 관용어구로 만들었다. 자신을 뚱뚱하다고 생각하는 여성은 마른 여성을 맹렬히 비난하는 것을 아무렇지 않게 여긴다. 자신이 뚱뚱해서 고통받는다고 느끼기 때문이다. 사실 모두가 똑같이 억압적인 환경 속에서 살고 있는데도 마치 마른 여성들이 대신 벌을 받아야 한다는 듯이 말이다. 〈섹스 앤 더 시티〉에서도 이런 모습을 볼 수 있었다. 미란다는 마른 모델들에게 억지로 돼지기름을 먹이고 싶다고 말한다. 그녀의 친구들은 그 말에 모두 웃는다.

니크는 어렸을 적부터 스키니 비치라는 잔학 행위의 표적이 됐다. 그녀는 "사람들은 직접 얼굴에 대고 '너는 너무 말랐어. 역겨워.' 아니면 '널 보니까 기분이 안 좋아. 가서 뭘 좀 먹어.'라고 말해도 된다고 생각해요. 제가 얼마나 역겨운지 이야기하면 제 자존감이 상처받는다고 생각하지 않는 것 같아요."라고 설명했다.

"사람들이 그렇게 이야기해요? 대놓고요?" 나는 숨이 턱 막혔다.

"네, 맞아요. 많은 사람이 거기에 놀라죠." 니크는 슬프게 대답했다. "제 말은, 대개는 그냥 농담으로 하는 말이에요. 하지만 그게 전혀 웃기지 않는다는 걸 모르죠."

"그런 이야기를 들으면 어떤가요?"

"상처가 돼요." 니크는 진지하게 대답했다. "정말 듣기 싫은 말이에요."

"그 사람들은 당신이 날씬하기 때문에 상관없다고 생각하는 것 같나요?" 나는 궁금했다.

"때론 그래요. 그리고 어떨 때는 사람들이 대놓고 못되게 구는 거예요." 니크는 약간의 불신을 드러내며 대답했다. 그녀는 왜 자신에게 이런 식으로 상처를 주는지 여전히 이해할 수 없었다.

니크의 어머니가 밀크셰이크를 사 먹였던 것은 니크의 체구를 걱정해서가 아니었다. 니크는 이렇게 설명했다. "엄마는 제 모습 그대로를 좋아했어요. 하지만 제가 얼마나 힘든지 알고 있었죠. 그래서 엄마가 할 수 있는 걸 하신 거예요."

"당신은 다른 사람들의 비난 탓에 당신의 신체 사이즈를 걱정한 건가요? 아니면 정말 당신의 몸이 달라 보이길 원했나요?" 나는 니크에게 물었다.

니크는 그 질문에 대해 잠깐 생각하더니 조용히 대답했다. "제 생각에 사람들이 그런 말을 하기 때문이었던 것 같아요. 저는 약간 남자 같은 구석이 있어서 전체적인 신체 이미지 같은 것에 휩쓸린 적이 없어요. 그저 제 일을 하고 즐겁게 지내느라 바빴어요. 그런데 사람들이 늘 저를 놀렸기 때문에 제 몸을 바꾸고 싶었던 거예요."

니크는 어린 시절 거리에서 두세 명의 사람들이 웃고 있는 모습을 볼 때마다 자신을 비웃는 것이라고 생각했다. "누군가 당신을 보고 끔찍해한다거나 비웃고 있다고 느끼는 건 정말 괴로운 일이에요."

표현이
문제다

니크는 여성의 신체에 대한 끊임없는 대화가 끝나는 날이 오길 바란다. 몸에 대한 다른 여성들의 공격은 니크에게 큰 상처가 됐다. 다른 소녀들은 그녀를 보고 거식증이나 폭식증 환자라고 부르고 흉측하다고 말했다. 여전히 잘 모르는 사람들은 "햄버거를 먹어라."라고 말한다. 사람들은 그게 얼마나 상처가 되는지 모른다.

인터뷰 막바지에 나는 니크에게 덧붙일 말이 있냐고 물었다. 그녀는 이 책의 독자들이 신체 혐오는 체중 스펙트럼의 양극단에서 모두 일어나고 있으며 그 어느 쪽도 괜찮지 않다는 것을 알아줬으면 좋겠다고 답했다. "무엇보다도 사람들이 이걸 알았으면 좋겠어요. 어린 소녀에게 몸에 대해 이야기하는 건 정말 큰 차이를 만들고 영향을 미친다는 것을요. 아마도 '세상에나, 넌 정말 말랐구나!'라고 말하면서 칭찬을 한다고 생각할 수도 있어요. 하지만 그 말을 듣는 사람은 자신이 말랐다는 걸 모를까요? 이미 자존감이 낮은 누군가는 그 한마디에 무너질 수도 있어요!"

이제 니크는 훨씬 나아진 상태다. 그녀는 다른 사람들이 자신의 몸에 대해 뭐라고 생각하는지 "전혀 신경 쓰이지 않는" 경지에 도달했다고 한다.

어떻게 외모 강박과 싸울 것인가

"어떻게 해서 그렇게 될 수 있었나요?" 나는 물었다.

니크는 대답하기 전에 잠시 말을 멈추고 생각했다. "우선 다른 사람들이 뭐라고 생각하든 다 내 잘못이라고 생각하는 걸 그만둬야 해요. 그리고 스스로 만족스러운 점을 찾아 거기에 초점을 맞추는 거예요. 저는 제 자그마한 몸이 좋아요. 초콜릿 같은 피부색도 좋고요. 저는 제 피부를 사랑하는 법을 배웠어요. 그리고 저에게 나쁜 말을 하는 사람들 역시 완벽하지 않다는 걸 깨달았어요. 저는 그저 사물을 다르게 바라보는 법을 배운 거예요."

"자신을 다르게 보는 법을 어떻게 배웠나요?" 나는 물었다.

"하루는 거울을 들여다보다가 제가 할머니의 뼈대를 물려받았다는 걸 깨달았어요. 전 할머니를 좋아했거든요. 그래서 저는 '그거 알아? 나는 할머니를 빼닮았어. 그리고 하느님이 나를 그렇게 만드신 거지. 그거면 된 거야. 그게 싫으면 그냥 안 보면 돼.'라고 생각했어요."

니크의 어머니 역시 중요한 교훈을 주었다. "엄마에게 중요한 건 내면이었어요. 사람의 모습을 만드는 건 내면이에요. 사람들을 친절하게 대하고 그들과 마음을 나눠야 아름다운 사람이 될 수 있어요. 저는 제 몸에 지나치게 초점을 맞추는 대신 누군가의 인생을 밝히는 데 초점을 맞추기로 했어요. 다른 사람들에 대해 더 많이 걱정하고 스스로에 대해서는 덜 걱정하는 거예요."

여성의 외모에 대한 우리 문화의 집착과 맞서 싸우는 니크는 스테퍼니와 같은 울림을 주었다. 스테퍼니는 자신의 딸 엘라Ella[*]에게 동일한 교훈을 주려고 노력하고 있다.

"엘라가 자기 몸에 대해 어떤 태도를 가졌으면 하나요?" 스테퍼니에게 물었다.

"엘라가 자기 몸에 대해 많이 생각하지 않았으면 좋겠어요. 엘라가 아직 접하지 않은 세계에 무관심해질 수 있을지 의구심이 들거든요. 저도 제 딸이 여기저기서 영향을 받으리란 걸 알 만큼 현실적이에요. 하지만 엘라에게 더 중요한 다른 일이 생겼으면 좋겠어요. 제가 그랬던 것처럼요. 어느 정도 몸에 대한 걱정을 덮어버릴 정도로 자기 시간과 흥미를 요구하는 다른 것이요."

나는 스테퍼니에게 엘라가 자신의 외모에 대해 불만을 가진 적이 있냐고 물었다. 스테퍼니는 엘라가 외모에 그다지 집착하지 않는 것처럼 보인다고 했다. 스테퍼니는 그게 자신의 덕인지 확신하지는 못했지만, 어쨌든 그 결과를 마음에 들어 했다.

스테퍼니는 "엘라 앞에서 외모에 대해 전혀 이야기하지 않아요. 그럴 필요도 없어요. 저는 엘라가 저와 같은 과정을 거치지 않길 원해요."라고 설명했다. 스테퍼니는 악순환의 고리를 끊으려 노력하고 있었다. 어머니와 외할머니에게 받은 영향을 전달하지 않기로 결심한 것이다. 스테퍼니는 자신의 어머니도 똑같은 마음이었을 것이라고 했다. 나는 그녀의 어머니가 여자 식구들의 만연한 보디 토크 가운데서 딸을 보호하려는 노력을 하지 않았다고 생각했다. 그러나 스테퍼니는 그렇지 않다고 설명했다.

"엄마의 보디 토크는 절대 저를 대상으로 하지 않았어요. 엄마는 어느 정도 아셨을 거예요. 그리고 제가 엄마와 같은 길을 걷길 원치 않으셨다고 생각해요."

어떻게 외모 강박과 싸울 것인가

스테퍼니는 자신의 어머니를 이해했다. "아마 엄마가 아셨다면 정말 마음 아파하셨을 거예요. 당신이나 다른 사람들의 외모에 대해 이야기하는 게 이런 부작용을 낳을 줄은 절대 모르셨을 테니까요. 물론 엄마는 여전하세요. 때론 엘라 앞에서 자신이 얼마나 뚱뚱한지 이야기하세요. 그러면 저는 엄마를 쳐다보고는 '그러지 마세요. 특히 엘라 앞에서는 안 돼요.'라고 말씀드려요."

나는 스테퍼니에게 엘라가 조금 더 나이를 먹은 어느 날 학교에서 돌아와 "난 뚱뚱해요. 난 못생겼어요."라고 말하면 어떻게 하겠냐고 물었다.

스테퍼니는 농담으로 대답을 시작했다. 짓궂은 목소리로 "'누가 그런 이야기를 했어?'라고 물은 다음에 '그 집으로 쳐들어가서…'" 그러더니 스테퍼니는 웃으면서 "아뇨, 그냥 농담이에요." 하고 덧붙였다. 스테퍼니는 아직 먼 일이라고 생각하면서도 언젠가 그런 순간이 올 것이라고 확신했다.

"엘라가 불가피하게 그런 일을 겪을 거라고 생각하는 건가요? 엘라가 자기 외모를 좋아하지 않게 되는 순간이 올 거라고?"

"네, 그래요." 스테퍼니는 동의했다. "제 생각에 그건 소녀가 겪는 평범한 일이에요. 그리고 요즘은 SNS 때문에 더 심해졌어요."

"그 상황을 어떻게 조절할 수 있을까요?"

"제 생각에는 해야 할 일이 두 가지 있어요." 스테퍼니는 진지하게 대답했다. 그녀는 공격적인 계획을 세웠다. "첫 번째는 이를 인지하는 거예요. '어머, 아니야. 넌 그렇지 않아. 넌 예뻐.'라고 말하고 싶지 않아요. 그런 감정이 어디서 비롯되었는지 어느 정도 이해하고 싶어요. 그리고 말해주는 거죠. '그래, 다른 사람들도 이런 과정을 거치기 마련이야.'라고요. 그리고 여기서 벗어나서 제 딸의 장점 쪽으로 좀 더 다가갈 거예요. 우선 딸의 감정을 이해한 다음에 딸이 강해지도록 하는 거죠."

스테퍼니는 또 다른 대책을 들었다. "제가 생각한 또 다른 방법도 중요해요. 저는 이렇게 말할 거예요. '너도 알겠지만 누군가에게 그렇게 말하는 건 좋지 않아.'" 스테퍼니는 좀 더 설명을 이어갔다. "모든 소녀가 서로에게 잔인해지죠. 하지만 엘라는 그러지 않았으면 좋겠어요. 그래서 딸이 그 어려움을 이겨내도록 도우면서도 누군가 다른 아이들에게 그러지 못하게 확실히 가르칠 거예요."

스테퍼니는 소녀가 성인 여성, 특히 어머니로부터 부정적인 보디 토크를 배운다고 확신했다. "어버이의 날을 3일 남기고 이런 이야기 하고 싶진 않지만…." 그녀는 웃었다. "'와! 어버이날 축하드려요! 그런데 당신 딸들이 외모 때문에 돌아버리게 만들지 마세요!'라고 말할래요. 어린아이들이 어디서 그런 이야기를 들었겠어요? 제가 그랬어요. 저는 식탁 주변에 있다가 가족으로부터 그런 이야기를 들었으니까요."

대 화 의 전 환

우리가 우리의 몸을 비하하는 것은 다른 이들에게 내 몸을 비하해도 좋다는 메시지를 보내는 것이 된다. 부정적인 보디 토크는 여성이 항상 외모에 대해 걱정해야 하고 자신의 몸을 싫어하는 것이 '평범한' 일이라는 메시지를 준다.

그러나 우리의 말은 우리 스스로 통제할 수 있다. 외모 강박적인 문화에 맞서는 가장 쉬운 방법의 하나는 외모에 대한 대화를 바꾸는 것이다. 이는 외모에 대해 생각하고 느끼는 방식을 개선하기 위한 첫 걸음이다. 가장 좋은 것은 주제를 완전히 바꿔버리는 것이다. 대화의 주제는 매우 많다. 굳이 우리가 어떻게 생겼는지에 대해 이야기할 필요는 없다.

다른 여성들이 부정적인 보디 토크를 하고 있다면 당신이 대화의 주제를 바꿔보라. 부정적인 보디 토크는 대부분 습관적인 것으로, 비교적 깨기 쉽다. 그러니 외모에 대해 부정적인 발언이 나오겠다는 느낌이 들면 "아니, 오늘 이런 얘기는 하지 않을래."라고 말할 수 있는 용기를 갖자.

우리가 자신의 몸에 대해 이야기하는 방식을 바꾸는 것만으로는 충분하지 않다. 여성의 외모를 소비하는 세상에서 신체 혐오는 거울 앞에서만 끝나는 것이 아니다. 수많은 잡지 화보, 방송 프로그램, 온라인 커뮤니티는 여성들이 어떻게 생겼고, 누가 옷을 가장 잘 입었으며, 누가 몸무게를 빼거나 늘려야 하는지, 누가 셀룰라이트를 가졌는지, 그리고 연령대와 몸매에 따라 어떻게 옷을 입어야 하는지에 대해 점수판을 만드는 데 일조한다. 이런 미디어 자료를 배제하고 여성의 외모보다 중요한 것에 대해 이야기하도록 노력하자.

말에는 무게와 의미가 있다. 때로 말은 우리의 상상보다 더 큰 힘을 가졌다. 외모 강박적인 문화를 향해 폭탄을 던지자. 당신이 정말

보디 토크를 멈춰라

중요하게 생각하는 것이 빛을 발하게 하자. 당신의 말을 통해 여성을 대상이 아닌, 세계를 바꿀 준비가 되어 있는, 능력 있는 인간으로 보는 문화의 흐름을 만들자.

겉모습
보다
기능

지난 몇 년간 젊은 여성과 이야기를 나누면서 내가 가장 많이 던진 질문은 "그렇다면 우리가 할 수 있는 일은 무엇일까?"와 "어떻게 하면 더 나아질까?"였다. 젊은 여성들도 외모 강박에 맞서 싸우는 방법을 알고 싶어 했다. 이들은 고통받는 소녀와 여성을 보호하고 싶어 했다. 그런데 하지 '말아야' 할 목록 이외에 제안할 것이 별로 없다는 것을 깨달았다.

하지 말아야 할 목록은 길다. 이상화되고 대상화된 여성의 이미지를 담은 미디어를 멀리할 것. 이런 이미지와 마주친다면 최대한 관심을 갖지 말 것. 자신을 미디어의 여성 이미지와 비교하지 말 것. 팻 토크를 하지 말 것. 심지어 그 주변에 있지도 말 것. 다른 여성의 부정적인 보디 토크를 부추기지 말 것. 다른 여성의 외모에 대해 말하지 말 것. 신체 모니터링을 요구하는 옷을 입지 말 것. 외모 위주의 SNS에 중독되지 말 것. 딸에게 몸무게로 압박주지 말 것. 하지 마.

하지 마. 하지 마.

최근까지 나는 "무엇을 해야 하죠?"라는 질문을 받으면 솔직히 "우리도 잘 몰라요. 지금 노력 중이에요. 외모 강박을 악화시키는 것들을 많이 발견했어요. 어떤 것들은 개선할 수 있을 거예요. 하지만 아직 더 나아질 수 있는 방법은 찾지 못했어요."라고 답했다.

몇 년 전 항상 낙천적이던 한 학생 덕분에 우리는 좀 더 긍정적인 길을 걷기 시작했다. 그 학생은 슬퍼지기만 하는 자료를 계속 생성해내는 연구를 더 이상 하고 싶지 않다고 했다. 그녀는 행복한 자료를 찾고 싶어 했다. 그녀는 세상을 더 나은 곳으로 만들 방법을 원했다. 그래서 우리는 연구실에 앉아 긍정적이고 적극적으로 시도해봐야 할 일이 떠오를 때까지 하지 말아야 할 목록에 대해 이야기를 나눴다.

여기에서는 현실적인 대안을 제시할 것이다. 놀라우리만큼 뛰어난 신체적 능력에 대해 다룰 예정이다. 겉모습보다 기능이 우선시되어야 한다는 사실을 다룰 예정이다.

우선 에이미Amy*에 대해 이야기하려 한다. 에이미는 그동안 연구를 위해 만났던 여성의 범주에서 조금 벗어난 인물이다. 그녀는 외모 강박과의 전투에서 아직 이기지 못했다고 시인한 첫 번째 여성이었다. 하지만 외모 강박을 커다란 벽돌담이라고 한다면, 그녀는 매일 그 벽돌을 내리치는 전사였다.

에이미는 마흔세 살의 백인 기혼 여성이다. 반짝이는 두 눈과 장난기 넘치는 미소가 사랑스럽다. 에이미는 시카고에서 살지만, 프리랜서 연구가로서 이곳저곳을 여행 다닌다. 그녀는 그녀의 몸이 옳지 않다고 이야기하는 문화 속에서 경험한 오르내림에 대해 이야기했다.

에이미는 LA에 있는 어머니의 집에서 그녀가 여덟, 아홉 살 즈음에 만들었던 학교 과제를 발견했다. 에이미와 친구들은 글을 쓰고 그림을 그렸다. 그리고 선생님은 이 작품을 모아 작은 책으로 묶어 집에 가져가게 했다. 에이미는 그 책에 쓴 자신의 글을 읽어봤다. 그녀가 선택한 주제는 무엇이었을까? "나는 안 뚱뚱했으면 좋겠다"

어린 시절 에이미는 자신이 '다른 아이들처럼 보이지 않는다'는 사실 때문에 항상 상처받았다고 한다. 그녀는 "그건 다름의 문제가 아니었어요. '틀림'의 문제였죠. 나도 그렇게 생겨야 하는데 그렇게 생기지 않은 거예요. 그래서 실망스러웠죠."라고 설명했다.

나는 에이미에게 "만약 2학년 소녀였던 당신이 뚱뚱하지 않았더라면 이 세상이 어떻게 보였을까요?"라고 물었다.

이 질문에 대해 곰곰이 생각하는 에이미가 슬퍼 보였다. "아마 사람들이 저를 더 좋아했을 거예요. 엄마는 더 행복했겠죠. 그리고 모든 게 더 쉬웠을 거예요." 이야기는 두 세대를 거슬러 올라가 에이미의 외조부모로부터 시작된다.

'영화배우처럼 잘생긴' 에이미의 외할아버지는 에이미의 외할머니와 사랑에 빠졌다. 에이미는 몰래 입맞춤을 하고 엉덩이를 두드리는 두 분의 애정 표현을 기억한다. "외할아버지는 외할머니에게 육체적이면서 정서적으로 푹 빠져 있었어요. 저에게는 무척 예쁘고 소중한 기억이에요." 그녀는 말했다. 에이미의 외할머니는 평생 뚱뚱했는데, 절대 다이어트를 하지 않았고 신체 사이즈도 걱정한 적이 없었다고 한다. 여기까지만 보면 뚱뚱한 여성은 사랑받으며 완벽하게 행복했다는 교훈을 떠올리게 된다. 그러나 이런 교훈은 외할머니에서 어머니로 이어지지 못했다.

외할아버지는 딸들에게는 완전히 다른 메시지를 줬다. "심지어 노골적이었어요. 글자 그대로 '네가 뚱뚱하면 아무도 널 사랑하지 않을 거야. 좋은 인생을 살고 싶다면 날씬해져야 해. 왜냐하면 뚱뚱한 사람들은 차별을 받거든. 직업을 찾기도 어렵고, 어떤 남자도 널 원하지 않을 거야.'였어요." 에이미는 이 말을 숨도 안 쉬고 강한 어조로 쏟아냈다.

에이미의 외할머니는 뚱뚱해도 행복해 보였지만 체중에 대한 집착은 가족의 전통이 되었다. 에이미는 "외할머니는 엄마의 몸무게에 정말 집착하셨어요. 그리고 엄마는 우리 몸무게에 똑같이 집착하셨고요."라고 설명했다. 그녀의 어머니는 '뚱뚱한 자녀를 가진 것이 매우 힘든 일임을 깨달았다'고 한다.

에이미가 신체 사이즈에 관해서만 압력을 받은 것이 아니었다. 그녀는 특히나 LA에서는 특정한 외모를 가졌다는 것이 사회적 지위를 증명한다는 점을 지적했다. "LA가 장려하는 미의 기준은 수많은 엘리트주의적인 기대를 포함해요." 그녀는 명확히 말했다. "당신이 어떤 특정한 외모를 가졌다면 다른 사람보다 우월한 위치에 오를 수 있어요. 오직 중산층부터 상류층까지만 가능한 이상적인 아름다움이죠."

"올바른 돈과 시간과 제품이 필요하다는 의미인가요?" 나는 물었다.

"맞아요." 에이미는 동의했다. "돈, 시간, 제품, 옷, 그리고 성형외과 의사들이죠. 외모를 갖춤으로써 신분과 가치 등을 과시할 수 있게 되는 거예요."

에이미의 어머니는 자신과 에이미 역시 그런 기준에 도달하길 원했다. 그러나 에이미는 전혀 그러지 못했다. 그녀는 "제가 기준에 부합한다고 느낀 적이 한 번도 없어요."라고 말했다. 에이미는 그녀의 외조부모가 중산층에 진입하기 위해 고군분투했다고 설명했다. 그들은 새로운 사회적 계급의 끄트머리에 아슬아슬하게 걸쳐진 느낌을 갖고 일생을 살았다. 에이미의 외할머니처럼 어머니도 LA에서 똑같은 싸움을 해나가야 했다.

"엄마는 날씬했어요. 하지만 항상 그걸로는 부족하다고 생각하셨어요." 에이미는 설명했다. "엄마는 언제나 자신을 중서부에서 온 작고 통통한 소녀처럼 느끼셨어요. LA는 모든 어머니가 놀라울 정도로 잘 차려입은 곳이죠." 에이미의 어머니는 스스로를 외부자라고 느꼈기 때문에 내부자의 외모를 갖추기 위해 힘들게 노력했다. 에이미의 어머니는 에이미에게 항상 "무언가가 되도록 자신을 몰아가는 것이 정상이고, 지불해야 할 대가다"라는 메시지를 전했다고 한다.

에이미와 두 여동생은 모두 선천적으로 육중한 몸매를 지니고 있다. 에이미는 "우린 모두 통통한 아기들이었어요. 통통한 어린이였고 뚱뚱한 10대 소녀였죠. 다른 아이들처럼 똑같이 먹었고 활동적이었어요."라고 설명했다.

에이미는 의자 등받이에 기대어 씩 웃었다. "저는 언제나 사람들하고 농담을 해요. 우리는 러시아의 얼어붙은 스텝 지대에서 허기진 남자를 따뜻하게 감싸주려고 태어났다고요. 저는 남자들과도 농담을 주고받곤 해요. '그래, 저 여자가 섹시해 보여? 하지만 흉년이 되면 그해가 다 가기도 전에 저 여자는 죽어버리고 내가 네 부인이 될걸?'

우리는 오래 살아남도록 만들어졌죠."

에이미가 자신의 신체 사이즈로 어떻게 농담해야 하는지 안다고 해서 모든 것이 희망차고 밝다고 생각하지는 말자. 에이미는 여전히 몸매 때문에 우리 사회에서 존중받지 못하는 경험을 겪고 있다.

"어떨 때는 정말 끔찍하게 좌절해요." 에이미는 살짝 한숨을 쉬었다. "예를 들어, 여러 사람들과의 배낭여행에서 돌아오면 그들은 '와, 내 바지가 헐렁해졌어!'라고 말해요. 왜냐하면 여행 중에 2킬로그램이 빠졌거든요. 그런데 저는 절대 살이 빠지지 않아요. 제 몸은 가장 효율이 좋은 엔진이라서 많이 먹을 필요도 없어요. 다시 기근이 찾아오면 좋겠어요. 전 마지막까지 살아남을 한 명이거든요."

"뭔가 정말 불공평해요. 그렇죠?" 나는 동의했다.

"아, 완전히 불공평하죠. 정말로 불공평해요." 에이미는 고개를 절레절레 흔들었다. "그건 정말 제 어린 시절을 지배한 주제였어요. 자신이 어찌할 수 없는 무언가로 판단받는 게 얼마나 불공평한지를 느끼는 거예요. 얼마나 열심히 노력하는지와는 상관없이 말이죠. 그런데 이게 다른 사람한테는 쉬운 일인 거예요."

에이미는 내가 아는 가장 건강한 사람 가운데 한 명이다. 그녀는 정말 활동적이다. 그리고 페스커테리언Pescetarian(생선은 먹는 부분 채식주의자—옮긴이)이다. 우리가 점심시간에 만났을 때 나는 아무 생각 없이 접시에 있는 음식을 모두 먹어치웠다. 하지만 에이미는 음식을 대부분 남겼다. 집에 싸가서 나중에 남편과 함께 저녁으로 먹을 거라고 했다. 에이미는 이런 불균형을 눈치채고 있었다. "저는 제 친구들과 그다지 다를 바 없이 먹었어요. 사실, 친구들보다 좋은 식습관을 가

어떻게 외모 강박과 싸울 것인가

졌죠. 그리고 친구들보다 운동도 더 열심히 해요. 하지만 여전히 뚱뚱하죠. 이제는 마음의 평화를 많이 얻었지만 여전히 괴로워요." 그녀는 말했다.

에이미는 찡그림과 미소 사이에서 묘한 표정을 지었다. "러네이, 난 당신이 마음에 들어요. 하지만 당신이 지난 두 달간 전혀 운동을 하지 않았는데도 그런 모습이라는 게 솔직히 너무 화나네요. 당신처럼 평범한 사람들은 먹으면서도 지금과 같은 몸매를 쉽게 유지하죠. 저는 비만도 지수가 하위 40퍼센트에만 든다면 죽어도 행복할 거예요."

에이미의 어머니는 에이미와 여동생들에게 다이어트를 계속하라고 종용했다. "영양사도 등장하고 비만 캠프도 등장하죠. 모든 게 다 등장했어요." 그녀는 회상했다.

"어머니가 강요하시지 않을 때도 다이어트를 계속했나요?" 나는 물었다.

에이미는 그렇다고 답했다. 하지만 동시에 머리를 내저었다. "주기적으로 저는 노력했어요. 그런데 다이어트를 하면 늘 허기졌어요. 그리고 항상 허기지다 보면 까칠해지죠. 딜레마였어요. 제 친구들은 제가 까칠하다고 불평했어요. 전 언제나 지독한 두통에 시달렸거든요. 그리고 저는 그게 불공평하다고 느꼈어요. 내게 요구되는 모습을 갖추기 위해 노력하는데, 어떤 응원도 받지 못했으니까요. 배고픔에 집중이 안 될때는 누구도 친절해질 수 없어요. 다들 성격 좋은 소녀일 때의 저를 좋아해요. 아주 상냥하고 재미있고 발랄할 때의 저를 좋아해요. 하지만 굶주리고 있는 상황에서 상냥하고 재미있고 발랄하기란 정말 어려워요." 에이미가 자신의 몸을 바꾸기 위해 노력할수록 상황은 더욱 어려워졌다. 몸을 개조하려는 그녀의 노력은 저항을 받았다.

에이미는 새 의사를 만나러 갔을 당시의 고통스러운 이야기를 들려주었다. 의사는 그녀의 피를 뽑고 몇몇 검사를 하면서도 에이미의 라이프스타일에 대해, 즉 그녀가 무엇을 먹고 얼마나 운동을 하는지는 전혀 물어보지 않았다. 의사는 그저 "살을 뺄 생각을 해봤나요?"라고 물었을 뿐이었다.

에이미는 여전히 그 순간을 떠올리며 움찔한다. "저는 그냥 그 의사를 쳐다보고 말했어요. '무슨 말씀 하시는 거예요. 저도 미국 여성이에요!'"

대 상 화 의   대 안

대상화의 핵심은 여성의 신체를 바라보아야 할 사물로 생각한다는 것이다. 가장 단순하게 설명하자면, 자기 대상화는 이런 인식을 자신에게 적용하는 것이다. 그러나 자기 대상화는 실제로 좀 더 복잡한 개념이다. 자신의 몸이 어떻게 보이는지의 관점에서만 생각할 뿐, 어떻게 기능하는지에 대해서는 생각하지 않기 때문이다. 몸을 장식적이고 수동적인 대상으로 생각할수록 기능에 대한 주관적인 감각은 떨어진다. 몸매에 너무 관심을 쏟다 보니 에너지나 스태미나와 같은 것에는 전혀 신경조차 쓰지 못하게 된다. '육체적 자원'으로서 자신

어떻게 외모 강박과 싸울 것인가

의 몸을 존중하지 않게 되는 것이다.[63]

이런 생각을 바탕으로 우리 연구팀은 여성에게 그들의 몸이 육체적 자원이라는 점을 상기시키고 몸으로 할 수 있는 일을 인식하고 자신의 몸에 감사하는 온라인 프로그램을 기획했다. 이를 통해 여성이 자신의 몸을 좀 더 긍정적으로 느낄 수 있기를 바랐다. 이 프로그램에는 18세부터 40세 사이의 여성 1,000여 명이 참여했다. 그들은 빈칸이 들어간 열 개의 문장을 완성해야 했다. 그 과정에서 그들은 자신의 몸에 대해 긍정적으로 생각할 기회를 부여받았다. 그러나 이런 긍정적인 생각은 다른 사람에게 자신의 몸이 어떻게 보일지의 관점에서 구성된 것이었다. 예를 들면 다음과 같다.

내 몸 가운데 가장 매력적인 부분은 (   )다.
내 몸 가운데 가장 섹시한 부분은 (   )다.
나는 내 신체 부위 가운데 (   )의 모양에 대해 칭찬을 듣는다.
나는 옷을 입었을 때 내 (   )가 돋보이면 기분이 좋다.
내 몸 전체에서 가장 보기 좋은 부위는 (   )다.

위의 문장들은 "당신은 아름다워요"의 확장판이다. 앞서 이야기한 내용을 기억한다면 "당신은 아름다워요"라는 문장이 신체 자신감에 전혀 도움이 되지 않는다는 것을 이미 알 것이다. 이런 활동은 두 가지 방식으로 역효과를 일으킨다. 첫 번째로, 만약 몸에 자신이 없다면 빈칸을 정직하게 채울 방법을 생각해내느라 머리를 싸매야 할 것이다. 그리고 이전보다 오히려 부정적인 기분을 느낄 수도 있다. 두

겉모습 보다 기능

번째로, 문장 완성에 아무런 어려움이 없다 하더라도 이 활동은 자신의 몸이 다른 사람들에게 어떻게 보이는지를 생각하고 모니터링하게 만든다. 이런 유형의 신체 모니터링은 대개 여성을 심리적 절벽 끄트머리에 아슬아슬하게 서게 한다. 절벽 밑에는 신체 혐오와 실망이 넘실대는 바다가 펼쳐져 있다.

이 연구에서 여성들은 또 다른 빈칸을 채우라는 과제도 부여받는다. 이 과제는 몸으로 무엇을 할 수 있는지를 생각해보게 했다. 그 예는 다음과 같다.

나는 (   )을 하기 위해 내 팔을 쓴다.
나는 몸으로 (   )을 할 수 있다.
나는 내 몸으로 (   )을 할 수 있어서 좋다.
나는 내 다리로 (   )을 할 수 있다.
내 몸은 (   )할 때 가장 강하게 느껴진다.

이 과제의 답은 우리 연구팀이 생긴 이래 가장 행복한 자료가 되었다. 그 대답을 읽는 것만으로도 외모 강박에 폭탄을 투여하는 느낌이었다. 그녀들은 타자를 치기 위해, 요리를 하기 위해, 가방을 들기 위해, 그림을 그리기 위해, 대화하기 위해 팔을 쓴다고 답했다. 또한, 몸으로 자신을 표현할 수 있고, 친구를 만들 수 있고, 성공할 수 있고, 강인함을 느낄 수 있고, 여행할 수 있고, 움직일 수 있다고 대답했다. 그리고 몸으로 춤을 추고, 달리고, 일하고, 원하는 곳으로 가고, 운동할 수 있어서 좋다고 이야기했다. 한 여성은 "나는 내 몸으

어떻게 외모 강박과 싸울 것인가

로 내가 언제나 꿈꿔오던 삶을 살 수 있어서 좋다"라고 문장을 완성했다.

문장을 완성하는 과제를 마친 후 몸의 기능에 초점을 맞췄던 여성들은 자신의 몸에 좀 더 만족하게 됐다. 몸이 무엇을 할 수 있는지에 초점을 맞추자 몸이 어떻게 보이는지에 대해서도 긍정적인 감정을 갖게 된 것이다. 앞서 만났던 에이미는 이런 교훈을 완벽히 구현하고 있었다. 에이미는 외모 강박을 온몸으로 공격했고 때로는 다른 사람이 자신의 몸에 제기하는 문제를 무시했다.

에이미는 사춘기에는 운동을 하지 않으려고 애썼다고 한다. 에이미는 "모든 사람이 제가 운동하길 바랐어요. 하지만 체육 수업에 가면 아무도 저를 도와주지 않아요. 그러니까 다들 트위터를 하면서 낄낄대는 거예요. 제가 운동을 못하는 이유는 해본 적이 없어서가 아니라 뚱뚱하기 때문이라고 생각하는 것 같아요."라고 설명했다.

에이미는 어릴 때는 운동을 꽤 잘했지만 사람들은 그녀의 운동 실력을 알아채지 못했다. 그들 눈에 에이미는 그저 뚱뚱한 소녀였던 것이다. 에이미는 이런 역학이 어떻게 작동하는지를 설명했다. "엄마는 야구를 하라고 저희를 공원에 데려가셨어요. 저는 야구를 꽤 잘했어요. 공도 잘 잡고 잘 치기도 했죠. 그런데도 팀을 나눌 때 저는 가장 마지막에 뽑혔어요. 바로 일주일 전에 제가 공을 치는 모습을 봤으면서도 말이에요. 시간이 지나도 늘 똑같았어요. 제가 야구를 잘한다는 걸 기억하는 게 너무 어려웠나 봐요."

시간이 흐르면서 에이미는 이런 태도를 내면화하게 됐다. 그녀는 자신이 겪어야 했던 육체적인 어려움을 다 신체 사이즈 탓으로 돌렸다. 에이미가 고등학생이었을 때 같은 반 친구들이 장애물경주에 참여해달라고 부탁했다. 그녀는 처음엔 "말도 안 돼!"라고 말했다. 하지만 출전 선수 명단에 빈 곳이 있으면 실격이었기 때문에 어쩔 수 없이 팀에 합류했다.

"저는 장애물경주에 참여했어요. 그리고 망쳐버렸죠. 저는 곧바로 탈의실로 가서 문을 잠가버리고는 울기 시작했어요. 왜냐하면 전교생 앞에서 스스로 창피를 주었으니까요."

에이미의 친구들은 에이미가 왜 우는지 이해하지 못했다. 그들이 보기에는 에이미가 잘 해줬던 것이다. 아무도 그녀를 비웃지 않았다. 그러나 에이미는 "뚱뚱하고 못생긴 제가 사람들은 얼마나 끔찍했을까 하는 생각이 들었어요. 저는 너무 짜증이 났어요."라고 말했다.

에이미는 어렸을 때 자전거 타는 법을 배웠다. 그러나 그녀는 몇 년간 자전거를 타지 않다가 어른이 되어 다시 자전거를 탔다. 그러고는 곧바로 가시덤불에 처박혀버렸다.

"가시덤불이요?" 나는 고개를 절레절레 흔들며 물었다.

"당연히 가시덤불이어야 하죠!" 에이미는 자조적으로 말했다.

"꼬박 하루 동안 제 귀와 머리에서 가시를 뽑아내야 했어요. 정말 화가 났어요. 당시 제 남자 친구는 제가 왜 그렇게 화가 났는지 이해하지 못했어요. 물론 아프지는 않았어요. 사람들은 처음 자전거를 타면 넘어지기 일쑤잖아요. 하지만 저는 제가 뚱뚱하기 때문에 자전거 타기가 힘든 거라고 확신했어요. 제가 뚱뚱하지 않았더라면 좀 더 우아했겠죠. 남자 친구 앞에서 창피하지도 않았을 테고요. 하지만 제가 뚱뚱하기 때문에 잘하지 못하는 일이 하나 늘었다고 느낄 수밖에 없었어요. 자전거를 타고 돌아다니는 뚱뚱보들이 한가득 있는데도 말이죠." 에이미는 이제 그 기억을 떠올리며 웃게 됐다.

마침내 에이미에게 변화가 시작된 것이다. 등산을 너무나 사랑하는 남자 친구가 도움이 되었다. 덕분에 에이미는 등산을 해볼 수밖에 없었다. 시작은 쉽지 않았다. 다시 한번 에이미는 그녀가 마주하는 모든 어려움을 신체 사이즈 탓이라고 생각했다.

"한번은 정말 땀에 흠뻑 젖었고 콘택트렌즈까지 잃어버린 거예요. 또다시 '그래, 내가 마르고 날씬했다면 이런 일이 벌어지지 않았을 거야.'라는 생각이 떠올랐죠. 이상한 일이에요. 이런 생각을 하면서도 제 이성은 그게 사실이 아니란 걸 알거든요. 그런데 너무 고질적이라서…."

시간이 흐르면서 에이미는 등산이 신체 사이즈와는 상관없이 여러 번 넘어질 수밖에 없다는 것을 배웠다. "제가 넘어지는 게 당연한 일로 보이기 시작했어요." 그러나 더욱 중요한 것은 에이미가 등산을 좋아하게 됐다는 점이다. 그리고 자신의 몸을 능력 있는 존재, 즐거움을 안겨주는 존재로 보기 시작했다.

"정말 즐거웠어요. 저는 제가 잘할 수 있다는 걸 알게 됐죠. 통나무 위를 뛸 수도 있고 산을 오를 수도 있고 이런 멋진 일들을 다 해낼 수 있었어요. 제가 이 공간을 누비며 몸을 움직일 수 있다는 것을 자랑스럽게 느끼는 시작점이 되었어요. 어쩌면 우아하거나 빠르지 않을지도 모르지만 제 몸으로 뭔가를 시도하고 그걸 해냈어요. 그리고 저를 여러 곳으로 데려갔어요. 시도하지 않았다면 가지 못했을 아름다운 장소들로요."

에이미가 몸이 할 수 있는 일에 집중하는 법을 배우면서 '모든 일에 강하다'는 느낌을 갖게 됐다. 그녀의 몸은 목표에서 멀어지게 하는 장애물이 아니었다. 몸은 그녀를 즐겁고 재미있는 활동으로 이끌어주는 동료가 되었다. 그녀는 과감해졌다.

에이미는 대학을 졸업한 뒤 샌프란시스코에서 일했다. 매일 출퇴근길에 주짓수 도장을 지나다녔다. 어느 날 오후 그녀는 그 도장 안에 머리를 들이밀었다. 도장 안의 남자가 첫 수업은 무료라며 그녀에게 수업에 참여하라고 손짓했다. 에이미는 그렇게 주짓수에 빠지게 됐다.

주짓수는 레슬링과 비슷했다. 서로 상대의 몸을 만지지 않고서는 주짓수를 할 수 없었다. "상대가 우연히 울룩불룩한 제 살을 훑게 될지도 모른다고 걱정할 틈도 없어요. 왜냐하면 너무 바쁘거든요. 내내 집중해야 해요." 에이미는 말했다.

"사람들이 당신을 만지는 게 바로 괜찮아졌나요?" 나는 물었다.

"괜찮았어요. 데이트할 때도 누군가 만지지 않았으면 하는 신체 부위가 있잖아요. 물컹하거나 울룩불룩하거나 바지 허리선 위로 삐져나와 있는 그런 부분이요. 그런데 이상하게도 주짓수는 정말 괜찮다고 느꼈어요. 그 사람들은 제가 뚱뚱하건 키가 작건 여자이건 신경 안 썼어요. 중요한 건 제가 열심히 하는 사람이라는 거예요."

주짓수를 시작했다고 해서 에이미는 이전에 자신에 대해 생각하던 방식을 모두 버리지는 못했다. 하지만 자신의 몸이 무엇을 할 수 있는지에 집중함으로써 여성의 신체 사이즈에 대한 집착을 떨쳐내기 위해 싸웠다. 그녀는 "저는 긍정적인 기분으로 더 건강해지는 데

어떻게 외모 강박과 싸울 것인가

초점을 맞추려고 노력해요. 제게 가능한 행동과 목표치가 있다는 걸 기쁘게 생각해요. 저는 그랜드캐니언을 등반했어요. 거의 직각으로 1,600미터 가량 솟아 있는 절벽을요! 정말 힘들었어요. 아주 마른 사람도 어려울 거예요. 저는 원더랜드 트레일Wonderland Trail(미국 북서부의 대표적인 산인 레이니어산을 한 바퀴 도는 코스 – 옮긴이)도 종주했어요. 열흘 동안 매일 약 150킬로미터를 걷고 해발 6,000미터를 오르내리는 코스예요."

"그걸 했다고요?" 나는 감탄했다.

"네! 배낭을 짊어지고요!" 에이미는 씩 웃으며 대답했다.

이 책을 위한 인터뷰를 진행하는 동안 텍사스에 사는 어느 여성이 내 테드 강연을 보고 이메일을 보내왔다. 그녀는 '용감한 소녀 연합Brave Girls Alliance'의 창립자 가운데 한 명인 사업가 조디 본디 노가드Jodi Bondi Norgaard*를 소개시켜주고 싶다고 했다. 그녀는 우리 둘이 나눌 이야기가 많을 거라고 했고 그녀의 말이 옳았다. 조디는 외모 강박과의 전투가 벌어지는 최전방에서 소녀에게 건강한 세계를 만들기 위해 헌신하고 있다.

조디는 두 가지 사건을 통해 소녀들이 몸으로 할 수 있는 일에 더 초점을 맞추고 외모에 덜 신경 쓰게 된다면 그녀들이 더 발전할 거란 사실을 실감하게 됐다고 한다. 첫 번째 사건은 긍정적인 것이었다. 조디가 '달리는 소녀들Girls on the Run'에 참여했을 때의 일이다. 이 프로그램은 소녀들에게 자신감을 심어주기 위한 활동으로, 성인 동료들과 함께 5킬로미터를 달리는 행사다. 조디는 이 프로그램의 일환으로 한 어린 소녀의 멘토를 맡았다. 그녀는 어린 파트너가 달리기를 마치면서 "이제 제가 뭐든 할 수 있다는 걸 알았어요."라고 말하는 순간, 어린 소녀들이 건강한 활동을 통해 도전을 경험하는 것이 스스로를 단단하게 만드는 데 도움이 된다는 것을 깨달았다. 소녀들을 위축시키고 대상화하는 메시지를 보내는 세상으로부터 말이다.

두 번째 사건은, 조디가 아홉 살이던 딸과 함께 장난감 가게에 갔을 때의 일이다. 진열대 사이를 오가가면서 인형을 구경하던 조디는 어린 소녀들을 위해 만들어진 인형의 모습이 극단적이라는 사실에 경악했다. 그녀는 '배꼽 피어싱, 짤막한 크롭 톱, 풍성한 머리, 과한 눈 화장, 하이힐, 큰 가슴'의 인형을 들고 상표를 살펴보았다. '사랑스러운 롤라Lovely Lola'라고 돼 있었다. 조디는 '세상에. 부모 가운데 자기 딸이 롤라처럼 보이길 원하는 사람이 있을까.'라고 생각했다. 그리고 화가 났다. "거기에 널린 이미지들은 정말 역겨웠어요. 여성을 대상화하고 소녀들에게 섹시해져야 한다고 이야기했거든요. 그건 건강하지 못해요." 조디는 말했다.

조디는 그 인형을 구입했다. 조디는 인형을 내버려두고 싶지 않았다. 문제점을 발견했으니 행동을 하고 싶었다. 2년 동안 스케치와 디자인을 거듭한 끝에 조디는 '고! 고! 스포츠 걸Go! Go! Sports Girls'이라는 이름의 새로운 인형을 만들어냈다. 건강하고 적극적인 소녀들을 격려하기 위해 이 인형을 디자인했다. 조디는 자신의 딸과 그 친구들의 신체 치수를 바탕으로 인형을 만들어 실제 소녀들과 비슷한 몸의 비율을 갖게 했다. 그녀는 첫 번째 인형에게 딸의 이름을 따서 그레이스Grace라는 이름을 붙였다.

동 기 부 여

대부분 체육관 광고를 보면 오직 식스팩을 가진 젊고 마른 여성만이 환영받을 것처럼 보인다. 운동 환경이 의도치 않게 자기 대상화를 부추기는 경우가 많다. 사방에 거울이 설치돼 있고 운동복은 딱 달라붙어 몸매를 그대로 드러낸다. 곁에서 운동하는 모든 사람과 몸매를 비교할 기회가 계속 주어진다. 그리고 무엇보다도 수많은 트레이너가 여성은 마르고 이상적인 몸매를 만들어야 한다는 점에 초점을 맞춘다. 트레이너는 여성에게 비키니를 입기 위해 운동해야 한다고 열심히 말한다. 그런 몸매만이 비키니를 입을 자격이 있다는 의미다.

이런 식의 대상화된 환경은 여성에게 문제가 된다. 수많은 연구 결과가 자기 대상화가 심한 여성일수록 운동을 지속할 가능성이 낮다는 것을 보여준다. 또한, 이들은 신체적 움직임에서 오는 즐거움에 몰두할 가능성도 가장 낮다.

트레이너는 종종 동기를 부여하기 위해 여성의 신체에 점수를 매기는 함정에 빠지곤 한다. 체육관에서 내가 가장 좋아하는 트레이너 중 한 명은 옆구리 살을 '러브 핸들Love Handle' 대신 '헤이트 핸들Hate Handle'이라 부르며 헤이트 핸들과 싸운다는 농담을 던지곤 한다. 나는 이 트레이너가 좋다. 그녀는 에너지가 넘치고 수업을 재미있게 끌어간다. 그러나 운동하는 동안 내 몸 어느 부위에든 '헤이트Hate (싫어함·증오)'라는 단어를 듣고 싶지 않다.

최근 우리 연구팀은 미국 전역에서 정기적으로 운동 수업을 듣는 300여 명의 여성을 대상으로 설문조사를 했다. 트레이너가 동기부여를 하기 위해 어떤 식의 코멘트를 하는지, 그리고 가장 좋아하는 코멘트와 가장 싫어하는 코멘트는 무엇인지 물었다. 그리고 미국 내 500명 이상의 트레이너를 대상으로 수업 중에 어떤 동기부여 코멘트를 사용하는지 조사했다.

우선, 트레이너로부터 외모 중심적인 코멘트(예를 들어 "셀룰라이트를 날려버립시다!"와 "비키니 입을 준비를 합시다!" 같은 코멘트)를 듣는다고 응답한 빈도수는 트레이너가 그런 코멘트를 한다고 응답한 빈도수보다 많았다. 절반 이상의 여성이 트레이너의 그런 코멘트가 고맙지 않다고 이야기했다.

어떤 여성은 체중 감량이 운동을 하는 유일한 이유이며 가치를 인정받을 하나뿐인 방법이라는 트레이너의 말이 듣기 싫었다고 썼다. 또 다른 여성은 "뱃살을 없애버립시다!"라는 말이 가장 듣기 싫은 말이라고 썼다. 그리고 "나에게는 언제나 뱃살이 있을 거예요. 하루에 10킬로미터씩 뛰고 잘 먹거든요. 여전히 배가 나왔죠. 그러면 어때요?"라고 덧붙였다.

우리는 또한 실험에 참여한 여성과 트레이너에게 '운동을 하는 이유'라는 제목의 측정지를 완성하게 했다.[64] 세 가지 유형, 즉 외모 향상, 건강·신체 단련, 즐거움 추구·기분 전환이라는 서로 다른 요인이 어느 정도 운동에 동기부여를 하는지 점수를 매기게 했다. 트레이너에게는 수업을 듣는 여성의 관점에서 점수를 매기게 했다. 여기서 다시 한번 주목할 만한 차이를 발견했다. 트레이너는 수업을 듣는 여성이 외모에 의해 동기부여된다에 높은 점수를 부여했고 건강에 의해 동기부여된다에는 낮은 점수를 줬다. 그런 믿음 때문에 그들은 외모 중심적 언어를 사용한 것이었다. 그러나 우리 문화가 여성에게 날씬해지길 기대한다는 점을 더 이상 상기시킬 필요는 없다. 이제는 운동을 통해 외모가 어떻게 바뀔지보다 느낌이 어떻게 달라질지에 초점을 맞춰야 한다.

당신의 몸을 보지 마라. 온전히 느껴라

등반가이자 주짓수 전사인 마흔세 살의 에이미 이야기로 돌아가보자. 나는 여성의 신체 사이즈에 대한 문화적 집착과 그에 대한 어머니의 강화에 성공적으로 맞서 싸운 에이미의 이야기를 듣는 것이 좋았다. 에이미는 자신의 몸이 어떻게 느끼는지에 초점을 맞춘 덕분에 이런 승리를 거둔 것으로 보인다. 대학을 졸업하고 2년이 지난 어느 날 에이미는 세일 제품이 쌓여 있는 상점 앞을 지나게 됐다. 그녀는 100퍼센트 순면이라는 여성 속옷에 주목했다. 전환점이라 말하기에는 이상한 장소였지만 중요한 순간은 언제 어디서 찾아올지 모르는 법이다. 그리고 그날은 그녀가 성인이 되어서 직접 속옷을 사본 적이 없다는 사실에 종식을 고하는 날이 되었다. 그동안은 그녀의 어머니가 속옷을 사 주셨다. "항상 잘못된 사이즈에 작고 불편한" 속옷이었다. 에이미는 순면 속옷을 두 장 구입했다. 그리고 회의에 들어가기 전에 그 속옷으로 갈아입었다. 그녀는 그 순간의 즐거움을 생생히 기억한다. "처음으로 저에게 맞는 커다란 할머니 속옷을 입었어요!"

"어떤 느낌이었나요?" 나는 그녀의 말에 희한하게 기쁜 마음이 들었다.

"정말 좋았어요! 정말 편안했거든요. 그동안 속옷이 불편해서 내가 까칠하게 굴었다는 걸 깨달았어요. 제 속옷은 언제나 약간 작았어요. 하지만 그 검은색 할머니 팬티를 입었더니 정말 편안했어요." 에이미는 그날을 떠올리며 쓰러질 정도로 웃었다.

"계속 그 속옷을 입었나요?" 나는 물었다.

"와, 당연하죠." 에이미가 대답했다. "계속 입어요. 그건 스스로에게 관대해지는 거였어요. 제 몸을 받아들이는 행위였죠. 다시는 제게 맞지 않는 옷에 제 몸을 억지로 끼워 넣지 않을 거예요."

우리 몸이 무엇을 하는지 생각하는 것은 있는 그대로의 몸을 온전히 느끼기 위한 첫걸음이다. 몸이 하는 일은 단순히 운동만을 의미하지 않는다. 그리고 신체적 능력에 감사하기 위해 완벽하게 튼튼한 몸을 가질 필요는 없다. 마라톤을 뛰거나 크로스핏CrossFit(고강도 근육 훈련 - 옮긴이)을 해낼 필요도 없다. 신체적 기능은 그게 전부가 아니다. 몸은 당신이 살아오면서 개발해온 모든 능력의 고향이다. 얼굴의 움직임은 마음속 깊은 감정을 표현해준다. 몸은 음식에서 영양분을 섭취하여 전 세계로 자신의 길을 만들어가도록 힘을 북돋아 준다.

이 모든 일을 해내는 몸이 어찌 혐오스럽거나 수치스러울 수 있는가. 이런 경이로움에 눈뜨지 못하는 것은 문화가 들려주는 대상화의 합창 때문이다.

우리 연구팀은 여성을 대상으로 자신의 몸에 편지를 쓰게 하는 프로젝트도 진행했다. 몸이 해주는 모든 일에 감사하는 편지였다. 참여

어떻게 외모 강박과 싸울 것인가

자들은 매일을 살아가게 해주는 무수히 많은 신체적 기능을 의기양양하게 훑었다. 다음은 내가 가장 좋아하는 편지 가운데 한 편이다. 이 편지를 쓴 여성은 열아홉 살이다

나의 몸에게

내가 인생에서 추구하던 모든 걸 이루도록 도와줘서 고마워. 너는 매일 아침 내가 완전히 정신을 차리기도 전에 침대에서 일어날 수 있게 도와주지.

고마워, 다리야. 정시에 도착했을 땐 걸어서, 늦었을 땐 뛰어서 교실로 들어가게 해줘서. 네가 없었다면 절대 춤을 추거나 농구를 하거나 등산을 가지 못했을 거야. 그리고 걱정 없이 어린아이처럼 뛰는 게 뭔지 몰랐을 거야.

고마워, 손아. 네 덕분에 나는 그림을 그리고 글을 쓰고 바로 지금 이 편지를 쓰고 있어. 네가 없었다면 내가 사랑하는 누군가의 손을 잡는 게 어떤 느낌인지 알 수 없었을 거야.

고마워, 눈아. 이 세상을 보게 해줘서, 좋은 것과 나쁜 것을 보게 해줘서 고마워. 네가 없었다면 부모님, 형제들, 그리고 친구들의 얼굴을 보지 못했을 거야. 그리고 해가 뜨는 광경이나 무지개, 또는 운 좋게 마주친 풍경도 볼 수 없었겠지.

내 몸이 없었다면 나는 기나긴 하루 끝에 침대에 푹 파묻히는 게 어떤 느낌인지 알지 못했을 거야. 또는 태양 아래 해변에 눕는 느낌도. 그리고 우리 엄마가 꼭 껴안아 주는 걸 경험하지 못했을 거야.

가끔은 널 너무 당연하게 생각해서 미안해. 최선을 다해 널 돌볼게.

그리고 매일 네 덕분에 할 수 있는 모든 것에 감사할게.

우리는 외모에 관심을 덜 갖되, 몸을 무시해서는 안 된다. 대신, 우리 몸에 대한 다른 사고방식이 필요하다. 그리하여 건강은 좋아지고 외모 강박은 줄어들어야 한다. 기능의 관점에서 몸을 생각하는 것은 우리를 치유해주며 우리에게 힘을 실어준다. 그리고 신체 혐오와 신체 불만에 맞서 싸워준다. 또한 몸을 돌보는 데 외모 외에 더 많은 동기를 부여하게 된다.

때때로 에이미는 장애물경주를 끝내고 울음을 터뜨렸던 고등학생 시절을 떠올린다.

"가끔 그 장면을 떠올려요." 그녀는 말했다. "그런데 이제는 재미로 19킬로미터의 장애물 코스를 통과하는 터프 머더Tough Mudder(약 20개의 군사용 장애물을 넘어 19킬로미터를 완주하는 익스트림 스포츠 – 옮긴이)를 해요. 이곳저곳을 등반하고 점프하는 순간을 즐겨요."

"거기에서 어떤 수치심이 느껴지나요? 아니면 어떤 걱정이라든지요?" 나는 물었다.

"아뇨." 에이미는 자신 있게 대답했다. "순수한 즐거움만을 느껴요. 만약 당신이 열여섯 살의 저에게 지금의 제가 재미로 장애물경주를 한다고 이야기한다면…."

"열여섯의 당신은 충격을 받을까요?" 나는 물었다.

"뒤로 나가떨어질 정도로 웃을 거예요! 그런 걸 재미로 한다는 건 상상조차 못 할 일이었을 테니까요." 에이미는 터프 머더 중에 비스듬히 기울어진 6미터 높이의 벽을 올라가야 한다는 이야기를 해줬

어떻게 외모 강박과 싸울 것인가

다. 그 벽은 에베레스트라고 불렸다.

"어떻게 올라가나요?" 나는 물었다.

에이미는 씩 웃으며 뒤로 기댔다. "우선 최대한 높이 벽 위로 뛰어올라가는 거예요. 그리고 벽 가장자리를 붙잡고 몸을 들어올리는 거죠. 그러면 위에 있는 사람들이 밧줄을 아래로 늘어뜨리고 팔을 내밀어요. 물론 그래도 넘기 어려운 장애물이라서 대부분의 사람들은 잘 못해요. 제가 처음 터프 머더에 도전했을 때도 친구들이 먼저 뛰어올라가서 몸을 내밀면 저는 간신히 그 벽을 타다가 누군가의 팔을 붙잡았어요. 그러면 사람들이 저를 확 끌어올려 줘서 꼭대기까지 오를 수 있었죠. 그때 그 기분은 뭐라고 표현할 수 없어요. 저는 꼭대기에서 고함을 질렀고 주먹을 내질렀어요. 제가 할 수 있다는 걸 깨달은 계기였거든요. 뚱뚱한데도 해냈죠."

"다른 사람이 될 필요가 없었던 거네요."

"그걸 하려고 다른 사람이 될 필요는 없었어요." 에이미는 대답했다. "저는 이상적인 몸을 가질 필요가 없었어요. 그리고 이제는 이상적인 몸을 갖고 싶지 않으니까 굳이 노력하지 않을 거예요. 마른 몸이 되기 위해 지불해야 할 대가가 너무나 커요."

에이미에게는 막 10대에 접어든 여자 조카가 있다. 나는 에이미에게 조카가 몸과 어떤 관계를 맺길 바라냐고 물었다.

"조카가 좋아하는 신체적 활동을 찾았으면 좋겠어요. 스스로 강해지는 방식으로 몸과 친해지는 즐거움을 알게 되도록 말이죠. 그리고 몸무게가 어떻든 간에 자신은 환상적인 사람이라는 걸 깨닫기를 바라요. 그게 가능할지는 모르겠지만요."

나는 그녀의 말을 이해한다. 이런 세상에서 몸이 어떻든 간에 받아들인다는 생각은 약간 허황되게 들린다. 에이미는 작게 한숨을 쉬었다. "적어도 가끔은 조카가 그런 느낌을 가졌으면 좋겠어요."

"조카에게 바랄 만한 아름다운 희망이네요." 나는 대답했다.

"저에게 바라는 점이기도 하고요." 에이미는 말했다.

자신의 몸을
사랑하는
법

몇 년 전 조교 중 한 명이 왜 우리는 자신의 몸을 사랑하는 여성에 대해서는 연구하지 않느냐고 물었다. 우리 연구팀은 신체 이미지를 연구하지만, 왜 그 대상이 항상 부정적인 신체 이미지여야 하는가. 조교가 중요한 부분을 지적한 셈이다. 우리는 잘못된 문화 속에서 건강하게 살아남기 위해 흐름을 거슬러 올라가는 여성들로부터 배울 것이 많다. 우리는 이런 여성들을 찾아내 인터뷰를 진행했다. 신체에 대한 불만이 적고 섭식 장애가 없는 여성과 이야기를 나누고 싶었다. 그러나 이들을 찾는 과정은 생각만큼 쉽지 않았다.

수백 명의 여성을 심사했지만 우리가 바라는 인물을 찾아낼 수 없었다. 설문조사 결과로는 건강해 보이는 여성이지만 인터뷰를 시작하면 "사실 제 몸을 좋아하지 않아요. 저는 그런 감정이 나쁘다는 걸알 뿐이에요."라고 고백했다.

되돌아보니 우리의 방식이 잘못되어 있었다. 자신의 몸을 좋게 생각하는 여성이 아니라 나쁘게 느끼지 않는 여성을 찾는 것이 문제였다. 자신의 몸을 미워하지 않는 것은 적극적으로 자기 몸의 가치를 인정하는 것과는 달랐다. 그리고 섭식 장애가 없다고 해서 자신의 몸을 잘 돌본다는 의미는 아니었다.

우리의 접근법에는 또 다른 문제점이 있었다. 전반적으로 몸의 가치를 인정하고 사랑하더라도 일부 측면에 대해서는 불만족스러울 수 있다는 점을 고려하지 않았던 것이다. 때론 우울함을 느끼지만 대개는 행복한 사람이 될 수 있는 것처럼 말이다. 우리는 여성이 더 이상 자신의 몸을 미워하지 않기를 원했다. 하지만 여성이 진정으로 자신의 몸을 즐기고 돌본다는 것이 무슨 의미인지 깊이 생각하지는 않았던 것이다.

긍정적인 신체 이미지와 부정적인 신체 이미지 사이에는 차이점이 있다. 부정적인 이미지에 초점을 맞추기가 훨씬 쉽다. 눈에 잘 띄고 걱정스럽기 때문이다. 또한 어떤 면에서는 좀 더 간단하기도 하다. 그러나 외모 강박과 싸우는 법을 알고 싶다면, 동전의 이면도 생각해봐야 한다. 여성이 어떻게 진정으로 긍정적인 신체 이미지를 갖게 되는지, 그리고 어떻게 이런 건강한 태도와 행동을 다른 이들에게 성공적으로 가르쳐줄지 생각해볼 필요가 있다. 우리가 소녀와 여성을 위해 더 나은 세계를 만들길 원한다면, 단순히 부정적인 목소리를 낮추는 것만으로는 부족하다. 긍정적인 목소리를 높여야 한다.

해나Hannah*를 한번 만나보자. 해나는 스물아홉 살의 백인 여성으로 덴버에서 고등학교 교사로 일한다. 해나는 몸과 음식, 운동에 대해 건강한 사고방식을 배운 덕에 행복하게 지내고 있다. 우리는 해나에게 많은 것을 배울 수 있다.

해나는 여기저기서 살았다. 뉴잉글랜드에 있는 대학을 졸업하고 예루살렘에서 1년간 5학년 학생들에게 영어를 가르쳤다. 석사 학위를 취득하기 위해 중서부에서 2년을 보낸 후 미시시피에서 처음으로 교직을 맡았다. 지금은 약혼자와 함께 덴버에 자리 잡았다.

나는 어느 늦은 오후 던킨 도넛에서 해나를 만났다. 나는 해나에게 외모에 대한 첫 기억을 이야기해달라고 했다. 곧바로 머리카락이 주제가 됐다.

해나는 미소를 띠고 과장된 손짓을 하며 말했다. "보시다시피, 제 머리는 진짜 곱슬머리예요." 그녀는 구불구불한 머리카락을 한 가닥 당기더니 튕겨 보였다.

어린 시절 해나는 엉망진창인 곱슬머리를 어떻게 해야 할지 몰랐다고 한다. 해나의 어머니 역시 곱슬머리였지만 쇼트커트였기 때문에 머리에는 그다지 신경 쓰지 않았다. 어린 해나는 머리카락을 곧게 펴려고 했지만 결과는 좋지 않았다. 해나가 7학년일 때 하루는 담임 선생님이 그녀를 옆으로 불러내더니 이렇게 말했다. "넌 곱슬머리구나. 어떻게 해야 할지 알려줄게."

"선생님이 곱슬머리에 대해 개인 지도를 해주신 건가요?" 나는 물었다.

"네!" 해나는 웃었다. "저에게 조언을 해주셨어요. 선생님은 '좋아 보이네. 이제 내일은 젤이나 무스를 발라보자.'라고 말씀하셨죠." 이 과정은 해나가 머리를 제대로 손질하기까지 일주일 혹은 그 이상 계속됐다.

해나는 이런 가르침을 애정 어린 것이었다고 기억하지만 나는 그녀의 말에 동의하기 힘들었다. 선생님이 해나의 머리에 대해 걱정하는 것은 뭔가 잘못돼 보였다.

그러나 해나는 내가 잘못 생각하고 있다고 말했다. 해나는 매우 작고 친밀한 유태인 학교에 다녔다. 학생들은 서로 매우 친하고 선생님들과도 가깝게 지냈다. 역시 곱슬머리였던 선생님은 해나가 머리카락을 펴기 위해 몇 시간을 보낸다는 이야기를 들었을 거라고 했다. 따라서 선생님의 개입을 친절한 행위로 보았던 것이다. 선생님은 해나에게 머리를 만지는 방법을 가르치려고 노력했다. 그래서 이제 해나는 머리 손질에 거의 시간이 들지 않는다.

곱슬머리를 손쉽게 손질하는 것은 해나에게 늘 쉽지 않았다. 어렸을 적에 봤던 온갖 종류의 샴푸 광고는 모두 모델의 머리를 '비단결 같이' 만들어주는 것처럼 보였다. 해나는 우리 문화에서는 생머리, 그것도 금발 생머리가 가장 아름답게 여겨진다는 것을 배웠다.

"제 머리는 절대 비단결이 될 수 없을 거예요." 해나는 말했다. "광고에서 여성 모델은 머리를 이리저리 찰랑거려요. 정말 부드러워 보였어요. 저는 아무렇지 않게 틀어올린 긴 생머리를 좋아했거든요."

선생님께서 곱슬머리 손질법을 알려주신 이후에도 해나는 특별한 날에는 머리카락을 곧게 폈다. 우리는 곱슬머리 여성들이 특별히 예뻐 보이고 싶은 날에 생머리를 하는 것과 반대로 직모인 여성들은 특별한 날에 머리에 컬을 넣는다는 이야기를 하며 웃었다. 그리고 예뻐 보이고 싶을 때는 평소와는 달라져야 한다고 요구하는 문화가 조금

어떻게 외모 강박과 싸울 것인가

이상하다는 것에 동의했다.

해나는 몇 달 후에 결혼을 한다. 그녀는 선천적인 곱슬머리를 잘 다루는 스타일리스트를 찾는 중이었다. 해나는 당연히 결혼식 날 가장 아름다워 보이고 싶다. 그러나 동시에 자신처럼 보이고 싶은 자기애의 행동이기도 했다. 그녀는 약혼자가 결혼식장에 입장해 낯선 여인이 서 있는 것을 보게 되길 원치 않았다. 그녀는 신부 역할을 '연기'하고 싶지 않았다.

해나는 지난 7년간 생머리를 한 적이 없었다. 그녀는 "저는 이제 생머리를 좋아하지 않아요. 저처럼 보이지 않거든요. 이젠 곱슬머리가 좋아요."라고 말했다. 그리고 웃으며 머리를 쓰다듬었다.

인상적이게도 해나가 외모에 대해 이야기하는 방식에서는 다정함이 느껴졌다. 그렇다고 거울 속에 있는 모든 것을 사랑한다는 의미는 아니다. 예를 들어, 해나는 2킬로그램 정도 살을 빼고 싶어 한다. 그러나 해나는 자신의 모습에 어떤 적의도 품지 않은 것 같았다. 그녀는 자신의 몸을 있는 그대로 인정했다.

해나는 성장하면서 미디어 이미지 속의 이상적인 아름다움이 자신의 외모와는 맞지 않는다는 것을 인식했다. 그러나 그녀에게는 이에 상처받지 않도록 막아주는 보호막이 있었다. 바로 가족이었다. 해나를 포함한 네 명의 자매는 모두 나이 차가 크지 않았다. 해나는 자신과 닮은 여성들로 둘러싸여 있었다. 그녀는 "미디어에선 모두가 구릿빛 피부에 마르고 금발이었지만 그건 현실에서 보는 모습이 아니었어요."라고 말했다. 해나가 자신의 외모에 의심을 품는 것은 자신과 닮은 여동생들과 어머니의 외모에 의문을 제기하는 것과 같았

자신의 몸을 사랑하는 법

다. 하지만 해나는 그녀들을 사랑했고 그들의 외모를 깎아내리고 싶지 않았다. 다른 사람에 대한 배려는 자신의 배려로 이어졌다.

해나는 얼마나 많은 소녀와 여성이 신체 이미지, 식습관, 그리고 외모 강박에 맞서 싸우고 있는지 생각했다. 그녀는 학생들로부터 이런 고통에 대해 자주 이야기를 들었다. 해나와 자매들 역시 그런 순간이 있었지만 다행히도 모두 '건강한 자존감'을 갖게 됐다고 한다. 그런 자존감의 원천이 무엇이냐고 묻자 그녀는 어머니에게 상당한 공을 돌렸다.

지난 몇 년간 연구자들은 몸과 건강한 관계를 맺는 것이 어떤 의미가 있는지를 본격적으로 탐구하기 시작했다. 긍정적인 신체 이미지는 다양한 태도와 행동으로 표현된다. 우선, 긍정적인 신체 이미지를 지닌 여성은 자신의 몸이 무엇을 할 수 있는지에 집중한다. 에이미처럼 기능에 초점을 맞추는 것이다. 이들은 신체가 성취하는 모든 과업을 인식하고 이를 감사히 받아들인다. 결론적으로, 이 여성들은 몸을 지속적인 다이어트와 극단적인 운동, 또는 잔인한 말로 굴복시킬 대상이 아닌 잘 돌봐야 할 것으로 바라본다.

식탁에 둘러앉기

해나는 음식을 적으로 보라고 배운 적이 없다. 그녀는 "엄마는 정말 좋은 본보기가 되어주셨어요. 엄마는 지나치게 말랐던 적이 없어요. 그리고 건강한 식습관의 모범을 보이셨죠. 그러면서도 때로는 저희

어떻게 외모 강박과 싸울 것인가

가 좋아하는 걸 아낌없이 사주셨어요. 엄마는 '나는 가족들과 이 음식을 즐겁게 먹을 거야. 칼로리 따위는 걱정하지 않아.'라고 말씀하셨어요. 그리고 폭식도 하지 않으셨죠."

"음식을 즐겨도 된다고 배운 거군요?" 나는 물었다.

"맞아요." 해나는 고개를 끄덕였다. "분명 엄마 덕분이에요. 음식에 대한 건강한 태도를 가르쳐주셨어요. 음식은 사람들을 한곳에 모으고 공동체를 만들어 따뜻하게 대접해주는 역할을 해요. 그래서 저는 사람들을 초대해서 요리해주는 걸 좋아해요."

"그게 사람들에게 마음을 표현하는 방식인가요?" 나는 물었다.

"네, 그래요." 해나는 동의했다. "그리고 친할머니와 외할머니도 요리를 하고 빵을 구워서 사랑을 전하셨어요."

해나는 중요한 부분을 짚어냈다. 다이어트를 하는 여성들은 만성적인 허기에 동반되는 감정적인 괴로움을 겪을 뿐만 아니라 음식을 나눠먹으며 강화되는 사회적 관계에서도 멀어진다.

긍정적인 신체 이미지를 지닌 여성들은 음식을 즐길 수 있는 능력을 지녔다. 심층 인터뷰 결과 그녀들은 '직관적인 식사Intuitive Eating'의 고수였다.[65] 직관적인 식사란 배고픔의 신호를 보내는 자신의 몸에 귀를 기울이고 무엇을 얼마만큼 먹을지 결정하는 것이다. 감정을 다스리기 위해서, 또는 주변 사람들에 이끌려서 먹는 것과는 다르다. 직관적인 식사에는 명상의 요소가 포함된다. 누구든 몸의 대화에 관심을 기울이고 이를 존중해야 한다.

해나는 그 용어를 사용하지는 않았지만 나에게 깨달음을 주었다. 그녀는 몸이 보내는 신호에 귀를 기울이며 민감하게 반응했다. 해나는 한 번도 몸무게를 잰 적이 없다고 한다. 하지만 앞서 해나는 최근 2킬로그램이 쪘다면서 빼고 싶다고 말했다.

"한 번도 몸무게를 재지 않았다면서 어떻게 2킬로그램이 쪘다는 걸 알죠?" 나는 물었다.

"왜냐하면 저는 제 몸을 알거든요." 해나는 대답했다. "몸이 어떻게 느껴지는지 알아요. 옷이 어떻게 맞는지 알고요. 칼로리를 계산하지 않고 몸무게도 재지 않지만요."

그러면 보통의 몸무게로 돌아가기 위해 어떻게 노력하냐고 물었다. 그녀는 "어떤 음식이 건강한지, 건강하지 않은지를 알아요. 그러니 굳이 도넛 하나의 칼로리를 알 필요가 없는 거죠."라고 대답했다. 나는 해나의 말을 듣고 내 오른편에 있는 도넛 진열장을 바라보며 크게 웃었다.

<h1 style="text-align:center">거 울 앞 에 선
가 족</h1>

신체 이미지, 식습관, 운동에 대한 소녀의 태도를 결정하는 수많은 요소가 있지만 그중 어머니가 가장 큰 영향력을 가질 수 있다. 젊은 여성이 부정적인 보디 토크를 잔인하게 쏟아 내는 경우 나는 어디서 그런 식으로 말하는 법을 배웠냐고 묻는다. 그러면 그들은 어머니가 자신의 몸에 대해 그렇게 말했다고 한다.

우리 연구팀의 연구 결과 신체 사이즈와 상관없이 어머니가 몸에

어떻게 외모 강박과 싸울 것인가

불만족스러워할수록 딸도 자신의 몸에 불만을 품을 가능성이 높았다. 어머니가 딸 앞에서 자신의 외모를 깎아내리면 딸은 신체 혐오가 여성이 되는 당연한 과정이라고 배우는 것이다.

유명작가인 제니퍼 와이너Jennifer Weiner는 최근 자신의 딸들을 외모에 신경 쓰지 않는 여성으로 키우고 싶지만 정작 자신이 외모 강박에서 벗어나지 못했다는 내용의 인지 부조화에 관한 칼럼을 《뉴욕타임스》에 실었다. 그녀는 "스팽스 때문에 숨도 제대로 쉬지 못하는 상황에서 어떻게 신체에 대해 긍정적인 조언을 하겠는가. 피부과 의자에 앉아 있으면서 어떻게 딸들에게 내면의 아름다움이 가장 중요하다고 이야기하겠는가"라고 묻는다.

해나의 어머니는 딸들 사이에서 긍정적인 신체 이미지를 강화하기 위해 중요한 일을 해냈다. 어머니는 자신의 몸을 받아들이는 모습을 보였을 뿐 아니라 몸무게에 대해 이야기하지 않았다.

해나의 동생 앨리사Alyssa*는 통통했던 시절이 있었다. 주변 사람들은 해나의 어머니에게 "앨리사에게 몸무게에 대해 이야기할 거냐?"라고 물었다. 어머니는 "절대 안 해요! 앨리사가 먼저 이야기를 꺼내기 전에는요. 그러면 그때 이야기할 거예요."라고 대답했다.

해나는 그런 결정을 진심으로 존경했다. 그녀는 그때를 떠올리며 "제 동생은 정말 행복한 아이였어요. 왜 엄마가 그런 얘길 꺼내야 할까요? 왜 그런 걸 엄마가 해야 할까요?"라고 말했다.

해나의 말은 몸무게를 둘러싼 부모와 자녀 간의 상호작용을 주제로 한 연구 결과와 일치한다. 자녀에게 건강한 식습관과 운동에 대해 가르치는 것은 좋지만 몸무게에 초점을 맞추는 것은 역효과를 낳는 경우가 많다. 건강한 습관으로 이어지기보다는 감정을 상하게 할 가능성이 높기 때문이다.

어머니와 딸의 관계에서는 말보다 행동이 더 큰 문제가 된다. 딸은 어머니의 행동을 재빠르게 관찰하고 모방한다. 펜실베이니아주립대학교와 워싱턴대학교 연구팀이 실시한 연구에 따르면 어머니가 다이어트를 하는 경우 딸은 몸무게와는 상관없이 11세 이전에 다이어트를 시작할 가능성이 높았다.[66]

이런 발견은 생각보다 훨씬 심각하다. 이른 시기에 시작된 다이어트는 우울증과 섭식 장애로 이어질 가능성이 높다. 그리고 결국 성인 비만으로 이어질 가능성도 훨씬 높다. 최근 핀란드의 연구팀은 다이어트가 훗날 몸무게 증가를 가져오는지 확인하기 위해 일란성 쌍둥이들을 조사했다.[67] 쌍둥이 가운데 한 명은 다이어트를 해봤고 다른 한 명은 해보지 않았다. 쌍둥이는 동일한 유전자를 가졌는데도 다이어트를 한 쪽이 그렇지 않은 쪽보다 몸무게가 늘어날 가능성이 높은 것으로 나타났다.

어머니는 어린 딸들에게 자신의 몸을 사랑하고 존중하라고 가르칠 수 있다. 애리조나주립대학교 연구팀은 151명의 어머니와 그 딸(5세에서 7세)을 대상으로 실험을 했다. 연구팀은 어머니와 딸을 각각 다른 방에 들여보낸 다음 전신거울 앞에 서서 머리부터 발끝까지 몸 전체를 바라보게 했다.[68] 그리고 어머니와 딸에게 마음에 드는 신체 부위와 그렇지 않은 부위를 이야기하게 했다. 개별 과제가 끝난 후 어머니와 딸은 같은 방에 들어가 동일한 과제를 다시 한번 수행했다. 단, 어머니가 딸보다 먼저 신체 부위를 이야기하도록 했다. 그러자 딸은 어머니의 반응에 맞춰 자신의 대답을 바꿨다. 예를 들어 배에 대해 긍정적으로 이야기했던 소녀는 어머니가 배 부위를 마음에 들지 않는다고 하자 자신도 배가 마음에 들지 않는다고 이야기했다.

나는 해나에게 어머니가 딸들의 긍정성을 키워주기 위해 의도적으로 그런 모습을 보였는지 아니면 그것이 자연스러운 어머니의 모습이었는지 물었다. 해나는 잠시 생각하더니 대답했다. "후자에 가깝다고 생각해요. 하지만 약간은 의도적이기도 했어요. 엄마는 모든 압박과 기대를 인지하시고는 우리가 본 모습 그대로를 긍정하길 원하셨어요."

해나는 가족 사이에서 전설처럼 내려오는, 긍정적인 신체 이미지가 발휘된 순간에 관해 들려줬다. 해나의 여동생 앨리사가 하루는 화가 나서 학교에서 돌아왔다. 같은 반 여자 친구들은 모두 말랐는데 자신만 다른 몸매를 가졌다고 느낀 것이다. 앨리사는 울면서 어머니에게 "나만 딴 애들이랑 달라요."라고 말했다. 앨리사는 평소에는 행복한 아이였다. 그녀가 괴로워하는 모습은 평소와 너무 달라서 걱정스러웠다.

어머니는 앨리사에게 말했다. "글쎄, 앨리사. 사람들은 자신을 좋아하는 이유를 한 가지쯤 가지고 있단다. 네가 너를 좋아하는 이유에는 뭐가 있을까?"

앨리사는 진지하게 대답했다. "저는 제 얼굴 전체가 좋아요!"

어머니는 밝게 대답했다. "얼굴 전체가 좋다고? 다른 여자애들은 자기 얼굴이 다 좋다고 말하지 못할걸? 있는 그대로 말이야!"

해나와 앨리사는 여전히 "나는 내 얼굴 전체가 좋아!"라고 말하며 미소를 짓는다고 한다. 이 말은 가족끼리만 통하는 농담이다.

나는 해나에게 물었다. "앨리사가 아직도 자기 얼굴 전체를 좋아하나요?"

"네! 그런 것 같아요." 해나는 행복하게 고개를 끄덕였다.

있 는 그 대 로
긍 정 하 다

해나는 어머니가 아름답다고 느꼈다. 어머니는 패션모델처럼 하늘하늘한 몸매를 가진 적도, 샴푸 광고에 나오는 길고 윤기 흐르는 머리를 가진 적도 없지만 말이다. 해나는 아버지로부터 아름다움에 대해 직접적인 메시지를 받은 적은 없지만 아버지가 어머니를 어떻게 대하는지 봐왔다. "아빠는 말보다 행동으로 표현하셨어요." 해나는 설명했다. "아빠는 엄마에게 푹 빠져 있었어요. 노골적이거나 언어적으로 표현하지 않더라도 긍정적인 피드백을 느낄 수 있었어요."

"자라면서 그런 모습을 보는 게 좋았겠네요." 나는 말했다.

"네, 맞아요." 해나는 답했다.

긍정적인 신체 이미지를 지닌 여성이 외모에 신경 쓰지 않는다는 뜻은 아니다. 이 여성들도 스스로 매력적이라고 느껴지는 순간을 즐긴다. 그저 다른 사람들이 자신을 매력적이라고 생각하는지 아닌지에 집착하지 않을 뿐이다. 이들은 화장이나 머리 손질을 하는 것을 '아름다운 여성'의 역할이 아니라 자신을 돌보는 방법이라고 생각한다. 또한, 이들의 패션은 편안함과 자기표현을 위한 선택이다.

이들은 자신의 몸을 사랑한다. 몸의 가치를 인정하는 것은 다른 사람들의 평가와는 상관없다. 이들은 부정적인 보디 토크를 피하고 긍정적인 신체 이미지를 제시하기 위해 노력한다. 이들은 몸의 장점에 초점을 맞추고 단점에는 거의 신경 쓰지 않는다.

오하이오주립대학교 연구팀은 '신체 호평Body Appreciation'이 긍정적인 신체 이미지의 주요 요소임을 발견했다.[69] 여성의 신체 호평을 측정하기 위해 연구팀은 여성에게 '나는 내 몸을 존중한다'와 '내 몸의 불완전성에도 불구하고 나는 내 몸이 좋다'와 같은 질문에 어느 정도 동의하는지 점수를 매기게 했다. 수백 명의 여성을 조사한 결과 자신의 몸을 긍정적으로 평가하는 능력은 수많은 긍정적인 결과로 이어진다는 사실이 밝혀졌다. 신체 호평은 자아 존중감, 낙천적인 성격, 타인에 대한 선행으로 이어진다. 또한 신체 불만과 섭식 장애를 감소시켰다.

신체 호평은 자신의 몸이 문화적 이상형과 일치하지 않음을 상기시키는 수많은 공격으로부터 여성을 보호하는 중요한 완충 역할을 한다. 긍정적인 신체 이미지를 지닌 여성들을 인터뷰한 결과 그들은 자신의 신체에 대한 부정적 평가를 차단하는 방법을 배웠다고 털어놓았다.[70] 그녀들은 분명 부정적 평가를 인지하고 있었지만 이를 걸러낼 거름망을 만들기 위해 노력했다. 긍정적인 메시지는 받아들이고 부정적인 메시지는 튕겨내는 데 집중한 것이다.

여성의 몸은 나이가 들수록 문화적 이상형으로부터 멀어진다. 그러나 연구자들은 여성이 나이가 들면서 신체 불만이 악화되기보다는 비교적 안정적으로 유지되는 경향이 있음을 확인했다. 즉 여성은 나이가 들면서 몸의 기능에 좀 더 가치를 두는 법을 배우는 것이다. 잡지에 실린 여성의 모습에서 멀어졌지만 몸이 해온 일들에 감탄하게 되는 것이다.

역설적으로 노화와 함께 신체적 기능을 잃어가면서 자신의 몸에 남아 있는 기능에 감사하는 마음을 가지게 된다.[71] 50세 이상 여성 2,000명을 대상으로 조사한 결과 이상적 아름다움을 강요하는 문화적 압력에도 불구하고 다수가 나이 듦과 함께 자유를 찾았다. 이 자유는 신체의 기능에 초점을 맞춤으로써 얻은 것이었다. 그들은 몸의 약점과 단점을 인식하면서도 긍정적인 평가를 했다. 그들 가운데 일부는 외모에 불만을 품고 살아온 젊은 시절에 슬픔을 표했다.

해나는 노화로 인해 바뀌어가는 몸을 감사하게 받아들이기 위한 투쟁을 계속하고 있다. 해나는 스물세 살부터 흰머리가 나기 시작했고 이 때문에 고민을 많이 했다고 한다. 젊은 나이에 흰머리가 생길 거라고는 예상하지 못했기 때문에 더욱 괴로웠다고 한다.

"머리를 염색할 건가요?" 나는 물었다.

"잘 모르겠어요." 해나는 어쩐지 슬픈 얼굴로 대답했다. "왜냐하면 전 행동에 나서기 전에 제 가치가 어디에 있는지를 고민하는 사람이거든요. 지금 제 가치는 머리를 염색하지 않는 거예요. 그런데 염색을 하고 싶은 마음도 있어요."

"어떤 가치 때문에 머리를 염색하고 싶지 않은 건가요?" 나는 물었다.

"나이 드는 것을 편안히 느끼고 싶어요. 다른 사람들이 한다고 해

어떻게 외모 강박과 싸울 것인가

서 저도 해야 한다고 생각하고 싶지 않거든요. 비싸기도 하고요. 매달 거기에 돈을 써야 하는지 잘 모르겠어요."

얼마 전 해나의 사촌이 거울로 흰머리를 살피는 해나를 보았다. 해나는 "그 사촌에겐 고등학교 시절 존경하던 선생님이 있어요. 클라인 박사님인데요. 사촌이 저에게 '해나! 흰머리는 그만 걱정해. 클라인 박사님처럼 보일 거야!'라고 말했어요."

"클라인 박사님처럼 보인다는 말, 어떻게 생각하세요?" 나는 물었다.

"클라인 박사님은 희끗희끗한 머리를 가지셨어요. 사실 나쁘지 않아요. 멋진 모습이죠. 기분이 좋았어요. 왜냐하면 그분은 제 사촌이 정말 선망하는 여성이거든요."

해나는 그 기억을 떠올리며 미소 지었다.

당신의 가치를 정의하는 모든 것

많은 부모가 본능적으로 딸들에게 아름답다고 이야기해줌으로써 기를 세워줘야 한다고 생각한다. 그러나 앞서 논의했듯, 외모에 대한 칭찬은 소녀와 여성이 자신의 외모를 긍정적으로 생각하는 데 도움이 되지 못한다. 오히려 외모가 중요하다는 것을 상기시킬 뿐이다. 시인 루피 카우르Rupi Kaur는 다음과 같은 시를 통해 이런 사실을 완벽하게 담아냈다.

자신의 몸을 사랑하는 법

이제껏 내가

똑똑하다는 말이나 용감하다는 말보다

예쁘다는 말부터 했던 모든 여자들에게

사과하고 싶어

미안하다고

타고난 걸 자랑할 수밖에 없다는 건

벽에 부딪치며 살아온

그녀들의 영혼에

모자란 말로 들렸을 테지

이제부터 이렇게 말할게

당신은 강인해

당신은 비범해

당신이 예쁘지 않아서가 아니라

당신이 그보다 더 가치 있다고 생각해서야

　　우리 연구팀은 TV에 나온 어떤 여성이 자신보다 날씬하거나 아름답다고 어머니에게 불평했던 적이 있냐고 여학생들에게 물었다. 그런 적이 있다고 대답한 여성들에게(대부분이 그런 기억을 떠올렸다) 그 이야기를 좀 더 들려달라고 했다. 우선, 우리는 그 상황에서 어머니가 어떻게 반응했는지 물었다. 두 번째로, 어머니가 어떻게 반응하길 바랐냐고 물었다. 그리고 그 차이를 살펴보았다.

　　대부분의 어머니는 딸의 지금 모습 그대로가 아름답다고 말했다고 한다. 우리 연구에 참여한 여학생들은 이를 끔찍한 대답이라고 생

어떻게 외모 강박과 싸울 것인가

각하지는 않았다. 그러나 그들은 어머니가 다르게 접근했으면 좋았을 것이라고 말했다. 아름다움 이외의 것들이 얼마나 중요한지 이야기해주길 바랐다.

우리 연구팀은 미래에 딸들이 똑같은 상황에 놓이면 뭐라고 말해주겠냐고 물었다. 그러자 그들은 "외모에만 집중하면 인생에서 중요한 것을 잃을 거라고 말해주겠다"와 같은 내용을 적어냈다. 어떤 여학생은 딸에게 "'진짜로 매력적이고 싶다면 자신의 몸을 받아들이고 돌봐야 하며 네 마음을 소중히 여기고 가꿔야 한단다. 그리고 다른 사람을 돌보고 지식을 얻기 위해 노력해야 해. 예쁜 외모가 전부는 아니야.'라고 이야기하겠다"고 썼다.

부모는 딸에게 미치는 광범위한 문화적 영향력에 해독제가 될 기회를 가졌다. 부모에게 주어진 과제는 사람들의 시선 이외의 것에 집중할 수 있는 환경을 조성하는 것이다. 소녀들은 외모보다 더 중요한 것에 집중함으로써 성장해야 한다. 소녀와 여성을 칭찬하고 싶다면 그녀가 실제로 통제하는 무언가를 칭찬하자. 열심히 노력하는 것, 집중하는 것, 배려하는 것, 창조적인 것, 너그러운 것. 그녀가 중요하게 여기는 것에 얼마나 많은 노력을 쏟았는지 알고 있다고 말하자. 그녀와 함께 있는 시간이 즐겁다고 말하자. 그녀가 당신에게 어떤 영감을 주는지 설명하자.

해나는 언젠가는 아이를 낳고 싶다고 했다. 나는 시간을 빠르게 감아 그녀에게 열두 살의 딸이 있고 그 딸이 학교에서 돌아와 "엄마, 난 너무 뚱뚱하고 못생겼어."라고 말하는 순간을 상상해보라고 했다.

"딸에게 뭐라고 말하겠어요?" 나는 물었다.

이 질문은 해나가 10대 시절 참여했던 여름 캠프에서의 일을 떠올리게 했다. 캠프에서 만난 친구 애비Abby*는 모든 사람이 '섹시'하다고 생각하는 소녀였다.

해나는 "애비가 한번은 이렇게 말하더군요. '정말 매력적이라고 해서 항상 즐거운 것만은 아니야. 나여서 나를 좋아하는 건지 알 수 없거든.'"이라고 말했다. 해나는 당시 자신의 대답을 떠올리며 웃었다. "저는 '어머, 애비!'라고 했어요." 해나의 관점에서는 애비의 모든 것이 쉬워 보였다.

"그녀의 말이 전혀 안 믿겼나요? 때론 정말 매력적이어서 어려운 일도 있다는 말이?" 나는 물었다.

"아뇨!" 해나는 대답했다. "완전히 새로운 개념이었어요. 사람들이 애비의 외모에 사로잡혀서 그녀의 모든 면을 보지 않을 수도 있다니! 전혀 생각하지도 못한 일이었거든요."

나는 사람들이 해나의 모든 면을 알고 있다고 느끼는지 물었다. 해나는 그렇다고 대답했다. 사람들은 해나를 비밀까지 털어놓을 수 있는 친구라고 생각했다. 해나를 성실하고 믿을 만하며 이해심 많은 사람이라고 봤기 때문이다. 그녀는 그런 면면이 자신의 핵심이라고 묘사했다. 해나는 성인이 되어 앞서 말한 그 캠프에서 상담사로 5년간 일했다. 그녀는 "여자애들이 계속 저를 찾아와서 '누군가가 저에게 관심을 가질까요? 누군가가 저를 사랑하게 될까요?'라고 물어요."라고 말했다.

"그러면 무슨 말을 해주나요?" 나는 물었다.

어떻게 외모 강박과 싸울 것인가

"저는 '네 모습을 모두 살펴봐! 네 모든 면을 봐봐!'라고 해요. 너 자신이 되라고 이야기하죠. 나이가 들면서 누군가를 매력적이라고 느낄 땐 그의 본래 모습 자체에서 편안함을 느끼거든요."

연 민 의 힘

몸의 가치를 인정하라고 말하기는 쉽다. 하지만 자기 회의를 느끼는 우울한 순간에 이를 실천하기는 쉽지 않다. 자기 연민은 심리학자들이 분노와 우울증의 치유 방법으로 제시하는 것으로 자신을 좀 더 긍정적으로 바라보기 위한 좋은 출발점이 된다. 자기 연민은 자신이 결점과 불완전성을 지닌 인간이라는 점을 인정하고 자신을 따스하고 친절하게 받아들이는 것이다.[72]

자기 연민을 실천하는 여성은 몸의 다양성과 개성의 가치를 인정한다. 일반적으로 다른 사람의 평가에 기반을 두는 자존감과 달리 자기 연민은 다른 사람의 인정이나 조언을 필요로 하지 않는다. 오직 실천만이 필요할 뿐이다. 해나는 먼 훗날 자녀와 어떻게 상호작용하고 싶은지에 대해 이야기하면서 이런 연민의 본보기를 보여줬다.

해나는 여러 번 코 수술을 받으라는 권유를 받았다. 그러나 언제나 이를 거절했고 그 결정을 긍정적으로 생각했다. 그래서 해나에게 어느 날 딸이 "엄마, 나 코 수술 받고 싶어요. 내 코가 싫어요."라고 말하면 뭐라고 대답하겠냐고 물었다.

해나는 이렇게 말하겠다고 했다. "엄마도 그런 생각을 했었단다!

하지만 내 코는 내 일부야. 그리고 난 그게 괜찮단다. 사람들은 누구나 다른 부위보다 더 좋아하는 부위가 있기 마련이야. 그래도 괜찮아." 이런 식의 자기 연민이 자신의 외모에 대한 생각을 바꿀 수 있을까? 조교 중 한 명이 실험해봤다.

우선 실험에 참여한 수백 명의 여성은 자신에게 편지를 써보라는 과제를 받았다. 즉 몸에 대한 자기 연민적 편지, 몸의 기능에 초점을 맞춘 편지, 자신을 묘사하는 중립적인 편지 가운데 하나를 쓰게 했다. 몸의 기능에 대해 쓴 사랑스러운 편지 한 통은 앞서 소개했었다. 이 실험에서 가장 흥미로운 부분은 몸에 대해 자기 연민적인 편지를 썼을 경우 어떤 잠재적 영향이 발생할까 하는 것이었다. 이 편지에 대한 지시문을 작성할 때 연구자 크리스틴 네프Kristin Neff의 웹 사이트self-compassion.org가 제공하는 연습 문제를 참고했다.

자기 연민적인 편지를 쓰는 여성들에게 "무조건적으로 당신을 사랑하는 상상의 친구"가 되어 몸에게 편지를 쓰라고 했다. 그리고 이 친구가 당신의 몸이 가치 있음을 보여주기 위해 뭐라고 말할지 쓰라고 했다.

그들의 편지는 감동적이었다. 우리는 편지를 함께 읽으며 할 말을 잃었다. 다음은 내가 가장 좋아하는 편지 가운데 하나다.

자, 친구여. 시작해보자.
너는 네 몸이 잘못됐고 결점투성이라고 떠들어대는 이미지와 미디어의 목소리를 들을 거야. 하지만 내 말을 들어주렴.
네 몸은 경이롭단다. 네 몸에서 너는 불완전성을 찾겠지만 나는 힘을 찾아. 나는 태초에 만들어진 의도 그대로 움직이는 근육을 봐. 울룩불룩하다고 해서, 아니면 매끈하다고 해서 그 가치가 달라지지 않지. 그리고 웃느라 들썩이는 배와 토닥이는 팔을 봐. 기댈 수 있는 부드러운 어깨와 음악을 만들어내는 우아한 손가락을, 이해심 가득한 두 눈과 공간을 밝혀주는 미소를 봐.

햇빛의 입맞춤을 받으면서도 타버리지 않는 살결을 봐. 태양 아래서 갖가지 색깔로 빛나지. 몸의 곡선은 흉한 게 아니라 놀랍도록 아름답고 유용해. 네 영혼이 담긴 이 그릇을 응징해선 안 돼. 잘 보살펴야 하는 거야.

  또 다른 여성은 다음과 같이 썼다.

나에게

나는 네가 외모 때문에 힘겨워한다는 걸 알아. 너는 언제나 그랬지. (솔직히 그러지 않은 사람이 있을까?) 거울과 체중계는 7학년 이후 가장 가까운 친구이자 적이 되었어. 너는 눈에 띄지도 않는 뱃살과 한 쌍의 다크서클, 발에 생긴 이상한 사마귀 따위를 트집 잡지. 하지만 그중 어떤 것도 너를 정의할 수는 없어. 어떤 것도 네 머릿속을 차지할 만큼 가치 있지 않아. 네 몸은 네가 인생을 헤쳐 나가게 도와줄 거야. 학위와 결혼 같은 것으로 이끌어줄 영원한 수단이 될 거야. 가능성은 정말 끝도 없지. 수척하든 날씬하든 풍만하든 통통하든 간에 모든 걸 헤쳐나가게 해줄 거야. 피부와 군살에 대한 미움, 감정적이고 신체적인 고통은 네 정신적 건강을 위해 불필요한 거란다. 네 눈에서 나는 생기를 발견해. 네가 사랑스럽다는 걸 너도 알아야 해. 이 세상의 모든 것은 스러지거나 죽게 되어 있지. 너도 예외는 아니야. 하지만 어떤 존재가 아름다운 이유는 유한한 시간 속에서 사랑하고 창조하기 때문이지. 왜 자신을 학대하느라 소중한 시간을 낭비하니? 네 영혼을 담은 껍질을 스스로 너그럽게 바라보아야 다른 사람들도 너그럽게 볼 수 있겠지. 비판은 조금만. 좀 더 감싸안으렴. 더 사랑하렴.

또 다른 여성은 고통스러운 투쟁에 대해 써내려갔다.

넌 네가 아름답지 않다고 느끼기 때문에 자해를 하곤 했지. 사회가 인정하는 아름다움의 기준에 맞지 않는다고 해서 분노 속에 보냈던 시간도 기억해. 이 편지로부터 아무것도 얻지 못한다 해도 내가 너를 언제나 사랑한다는 걸 기억해주렴. 네가 무엇을 하든, 무슨 말을 하든, 무엇이 되든 그 사실은 변하지 않아. 나는 언제나 무조건 너를 지지하고 돌볼 거야. 네가 날씬하지 않고 피부가 깨끗하지 않을지 몰라도 적어도 넌 너야. 모든 불완전성과 결점들도 너를 만들어주는 너의 일부야. 나는 네가 그렇게 되길 원하고, 느끼고, 믿기를 바라. 사회가 요구하는 모습의 복사본이 아니라. 자신을 사랑하는 걸 두려워하지 마. 그리고 다른 사람들로부터 사랑받는 걸 두려워하지 마.

사랑을 담아,

너를 정말 마음속 깊이 걱정하는 누군가로부터

중요한 것은 언어가 가진 힘이었다. 자기 연민의 편지를 쓴 여성들은 결국 더 높은 신체적 만족감과 긍정적인 기분을 갖게 된 것으로 나타났다.

우리는 외모 강박을 근절하기 위해 사랑하는 사람들로 이뤄진 공동체 안에서 노력해야 한다. 왜냐하면 사랑하는 사람들로부터 수용의 메시지를 받을 때 긍정적인 신체 이미지가 생겨나기 때문이다. 자기 연민은 부정적인 보디 토크에 대항하는 완벽한 방법이다. 몸에 대해서는 이런 식의 친절함과 이해심을 가지고 이야기하도록 하자.

우리가 스스로에게 보이는 연민은 다른 사람에게 받고 싶은 연민의 본보기이다. 자신의 몸에 대해 연민을 보일수록 우리는 더 쉽게 거울 앞에서 몸을 돌려 세상을 향할 수 있다.

거울로부터
고개를 돌려
세상과 마주하라

우리는 가끔 인생을 살아가면서 연기를 해야 한다는 부담감을 느낀다. 이는 우리의 감정, 필요, 욕망 대신 다른 사람의 반응을 감시하는 데 에너지를 쏟기 때문이다. 외모 강박은 우리 몸을 편안하게 느끼지 못하게 한다. 외모 강박은 우리 몸을 자신이 아닌 다른 사람을 위한 무언가로 보게 한다. 우리가 자신의 몸을 편안하게 느낄수록, '아름다움'을 연기해야 하는 일이 적어질 것이다. 그리고 연기를 그만둬야 비로소 정신적 자원을 다른 과업에 자유로이 쓸 수 있다.

외모 강박은 상처를 주기 때문에 문제가 된다. 그리고 우리가 몸과 피부, 머릿결, 의상을 바꾸느라 세상을 바꾸는 일에는 소홀해지기 때문에 문제가 된다. 옆구리 살, 셀룰라이트, 화장에 대해 걱정하느라 경제와 정치, 교육제도에 관여하기 어려워진다. 외모 강박은 이렇게 사회를 바꾸겠다는 목표에서 멀어지게 한다.

우리는 거울 앞에서 한 발짝 물러설 필요가 있다. 치마가 잘 맞는

어떻게 외모 강박과 싸울 것인가

지, 머리 스타일이 괜찮은지 걱정하느라 산만해지면 회의실을 장악할 수 없다. 체중이 몇 킬로그램 늘었다고 해서 스스로 가치 없다고 느낀다면 권력 구조에 도전할 수 없다. 못생기고 존재감이 없다는 느낌에 내면이 무너진다면 무엇이 옳은지 옹호하기가 쉽지 않다. 외모 강박에 시달릴 때 우리의 배터리는 방전 상태다.

콜린Colleen*의 이야기는 외모 강박을 극복함으로써 어떻게 이 세계에 족적을 남길 수 있는지를 보여주는 적합한 사례다. 지금의 콜린은 긍정적인 신체 이미지를 주변에 풍기는 사람이다. 그러나 콜린이 언제나 그랬던 것은 아니다. 여러 해 동안 콜린은 자신이 가진 모든 에너지를 러닝머신 위에서 거리를 계산하고 칼로리를 계산하는 데 쏟았다. 심지어 섭식 장애 때문에 모든 것을 잃기도 했다.

콜린은 스물네 살의 백인 여성이다. 지금은 워싱턴 DC에서 살지만 고향은 노스캐롤라이나다. 그녀는 캐롤라이나 블루Carolina Blue(노스캐롤라이나대학교의 학생을 뜻하는 말 – 옮긴이)의 피가 흐르고 있었다. 그리고 자신을 "타 힐Tar Heel(노스캐롤라이나의 주민을 뜻하는 말 – 옮긴이)로 태어나고 자라고 공부하고 죽다"라고 묘사했다. 그녀의 말에는 여전히 남부 사투리가 남아 있었고 특히 흥분하면 자주 사투리가 튀어나왔다.

콜린은 전략 커뮤니케이션을 전공한 대학원생이었다. 그녀는 나에게 신체 이미지에 대해 이야기를 나누고 싶다고 했다. 뿐만 아니라 신체 이미지 개선을 위해 무언가를 하고 싶어 했다.

콜린은 에너지와 열정의 집합체였다. 그녀는 숨 쉴 틈도 없이 강하게 말을 쏟아내고 두 손으로 탁자를 내려치기도 했다. 또한 웃음도

끊이지 않았다.

그녀는 어린 시절 몸에 대한 걱정에서 자유로웠다. 아주 뛰어나지는 않았지만 계절 스포츠도 했다. 그리고 원하는 대로 먹었다. 다른 사람에게 자신의 몸이 어떻게 보일지는 전혀 걱정하지 않았다. 어린 시절 그녀가 외모와 관련해서 유일하게 걱정한 것은 눈 색깔이었다. 콜린의 눈은 꿰뚫어보는 듯한 푸른색이었다. 내가 '캐롤라이나 블루'라고 표현하자 그녀는 활짝 웃었다.

"어렸을 때 저랑 언니는 파란 눈을 가진 게 짜증 났어요." 콜린은 설명했다. "사람들은 우리에게 항상 '와, 정말 아름다운 눈을 가졌구나!'라고 했어요. 정말 짜증 났죠."

"왜 짜증이 났죠?" 나는 물었다.

"그런 얘길 듣는 게 지겨웠어요. 저는 어렸을 적에 엄청 까부는 말괄량이였어요. '와, 넌 진짜 웃기다.' 아니면 '넌 정말 재미있어.' 아니면 '넌 아주 용감해.' 같은 말을 듣고 싶었어요."

소녀의 외모만 칭찬하는 것은 소녀의 다른 면면은 덜 중요하다는 메시지를 보내는 것과 같다. 어린 콜린은 사람들이 자신이 얼마나 용감하고 재미있는지를 몰라준다고 생각했다.

나는 콜린에게 "어렸을 적에 누군가가 '너는 네 몸이 좋니?'라고 물었다면 당신은 뭐라고 대답했을까요?"라고 물었다.

"저는 정말 그런 생각을 해본 적이 없어요." 콜린은 어깨를 으쓱했다. "말 그대로요. 정말 이상한 질문이라고 생각했을 거예요."

콜린은 사춘기가 지나면서 몸무게가 늘었다. 신체적 변화는 그녀에게 몸에 대해 새롭고 골치 아픈 인식을 가져다주었다. 고등학교를

어떻게 외모 강박과 싸울 것인가

졸업할 무렵, 콜린은 전혀 과체중이 아니었지만 인생에서 최대 몸무게를 기록했다. 콜린은 어린 시절과 달리 자신의 몸에 대해 편안하다는 느낌을 잃기 시작했다.

당시 콜린은 다른 학교 학생들과 함께 아웃워드 바운드Outward Bound(청소년에게 탐험과 생존 기술 등을 가르치는 비영리 교육기관-옮긴이) 여행을 떠나게 됐다. 여행 중 호수에서 수영하기로 하고 여학생들은 웃옷을 벗었다. 그러나 콜린은 그 자리에 얼어붙은 채 다른 소녀들이 물속에 들어가는 모습을 바라봤다.

"제 몸이 그 여자애들과 비교해서 비정상적이고 불편하게 느껴졌어요." 콜린은 당시 기억을 떠올렸다.

"무엇 때문에 불편했나요?" 나는 물었다.

"제 배 때문에요." 콜린은 확신에 차서 대답했다. "그 외엔 아무것도 신경 쓰지 않았어요. 배 때문이었어요. '그 누구에게도 이 뱃살을 보여주고 싶지 않아. 셔츠를 절대 벗지 않겠어.'라고 생각했던 게 기억나요."

당시 그녀의 배는 특별히 나온 것이 아니었고 그냥 손에 잡힐 정도였다고 한다. 그러나 그건 중요한 것이 아니었다. 더 중요한 것은 콜린이 그 당시를 '다른 사람들이 내 몸을 보는 게 걱정돼.'라고 느낀 첫 순간으로 기억했다는 점이다.

자신의 몸을 타인의 시선으로 보기 시작하면서 콜린은 자신의 몸을 대상으로 느끼기 시작했다. 이 책에서 소개한 여러 연구 결과와 마찬가지로, 다른 사람의 시선을 받는다는 느낌은 그녀의 생각과 행동을 방해하기 시작했다. 그녀는 현실에서 끌려나와 정신적인 거울

거울로부터 고개를 돌려 세상과 마주하라

앞에 꼼짝없이 잡혀버렸다.

콜린은 그날 계속 셔츠를 입고 있었다. 그날의 기념품을 지금도 간직하고 있다. 콜린은 "저 혼자 셔츠를 입고 있고 친구들은 모두 벗고 있는 정말 이상한 사진이에요."라고 설명했다.

"만약 그 순간의 어린 콜린으로 돌아갈 수 있다면, 그녀에게 뭐라고 말하고 싶나요?" 나는 물었다.

"당연히 '그 셔츠를 벗어!'라고 이야기할 거예요." 이 말을 하는 콜린의 목소리가 너무 커서 다른 동료 교수가 내 사무실에 들어와볼 정도였다.

"저는 이럴 거예요. '넌 인생을 바꿀 수 있는 경험을 하고 있어. 그냥 이 순간을 즐겨. 걱정 좀 그만해. 사람들은 네 몸에 관심조차 없다고. 네가 이번 여행에서 집중할 것은 바위를 오르는 기술을 연마하고 팀워크를 쌓는 것인데 배에나 집중하고 있다니. 정말이지 슬픈 일이야.'라고요."

이후 콜린은 대학생 때 두 번째 전환점을 맞이했다. 그녀는 '중급 달리기'라는 수업을 신청했다. 나는 그 말을 듣고 웃었다. 콜린의 학교인 노스캐롤라이나대학교에서는 적어도 한 개의 체육 수업을 의무적으로 들어야 했다.

달리기 수업에서는 주초에 몸무게를 재고 한 주간의 운동량과 식사량을 기록하며 섭취 칼로리와 소모 칼로리를 추정한 다음, 주말에 다시 몸무게를 재도록 했다. 당시 콜린은 극히 건강했는데도 그 수업의 강사는 그녀의 비만도 지수가 경계선상에 있다고 했다.

콜린은 '와, 세상에. 뭔가 잘못됐구나. 더 열심히 운동해야겠어.'라고 생각했다. 그리고 콜린은 열심히 노력했다. 수업 중에 제공받은 앱으로 각종 수치를 기록했다. "저는 가능한 한 많이 운동했고 가능한 한 적게 먹었어요. 섭취 칼로리보다 소모 칼로리가 많아져야 했거든요. 그 앱은 그래야 점수를 줬어요." 콜린은 설명했다. 어떤 때는 며칠 연속으로 섭취 칼로리보다 소모 칼로리가 많기도 했다. 이런 상황은 1년간 계속됐다. 심할 때는 하루에 여섯 시간을 체육관에서 보내기도 했다.

앞서 만난 수영선수 레베카의 경우처럼, 체육 지도자의 비만도 지수에 대한 잘못된 코멘트 때문에 콜린은 자신의 건강을 체계적으로 파괴하고 말았다. 콜린은 과제가 끝난 후에도 오랫동안 기록을 계속했다.

여름방학에 집에 돌아간 콜린은 온갖 찬사와 칭찬을 받았다. 사람들은 "어머, 세상에. 무슨 일이 벌어진 거야? 너 정말 예쁘다."라고 말했다. 그녀는 '와, 내가 옳은 일을 했구나.'라고 생각했다. 그래서 그녀는 더욱 몸무게에 매달렸다.

콜린과 나는 바로 이것이 여성에게 외모와 관련된 언급을 자제해야 하는 이유라는 점에 동의했다. 별거 아닌 칭찬도 부담이 될 수 있다. 체중 감량을 칭찬하면 그 전의 모습은 인정하지 않는다는 의미인가. 다른 뚱뚱한 여성들은 매력적이지 않다는 의미인가.

콜린이 몸무게가 줄었다고 칭찬을 받은 그해 여름, 초등학교, 중학교 시절 앙숙이었던 친구가 대학교에 가서 살이 쪘다는 사실을 알게 됐다. 콜린은 "전 진짜 그 애를 싫어했어요. 초등학교랑 중학교, 그리고 고등학교 때도 걔의 목표는 저를 괴롭히는 거였거든요."라고 설명했다.

"걔는 대학교에 가서 살이 엄청 쪘어요." 콜린은 계속 이야기했다. "사람들은 제 몸무게가 줄었다는 것에 감탄하는 동시에 걔를 놀렸죠."

"그래서 기분이 좀 좋았군요?" 나는 부드럽게 물었다.

콜린은 고개를 숙였다. "제 인생에서 가장 부끄러운 일이에요. 하지만 맞아요, 정말 신났죠. 그리고 제가 이겼고 그녀보다 낫다고 느꼈어요. 정말 부끄럽고 창피해요." 콜린의 지금 모습을 보면 누군가의 심리적 고통에 기뻐하는 모습을 상상하기 어렵다. 요즘 그녀는 다른 사람들을 성장시키는 일에 모든 관심이 쏠려 있기 때문이다.

그 기간 콜린은 병적인 생활에 힘을 쏟았다. 그녀는 "저는 모든 사교 생활을 거부하고 오직 체육관에서만 시간을 보냈어요. 아침에 일어나서 체육관에 가요. 수업이 끝나면 체육관에 가요. 저녁을 먹고 다시 체육관에 가요." 콜린은 운동하면서 전혀 즐겁지 않았다. 그녀는 엄격한 규칙에 따랐다.

콜린은 점점 더 고립되어갔다. 사교적인 행사는 견디기 힘들었다. 콜린은 자신이 먹을 수 있는 것과 없는 것에 관한 아주 엄격한 규율을 정해놨기 때문이었다. 그녀는 핑곗거리를 만들어냈다. 그녀에게는 당을 흡수·분해하지 못하는 유당불내증油瞳不耐症이 있어서 당을 섭취해선 안 된다고 말하고 다녔다. 지나친 음식 제한은 정신적 에너지를 앗아가고 중요한 것에서 멀어지게 한다. 모든 칼로리를 기록하고 계획하느라 다른 사람과 관계 맺기도 어려워진다.

"그런 모습의 당신을 정말 상상할 수 없어요." 나는 말했다.

어떻게 외모 강박과 싸울 것인가

콜린은 고개를 끄덕이며 말을 이어갔다. "잠을 이룰 수 없었던 어느 날 밤이 생각나요. 도저히 잠들 수가 없었어요. 그리고 깨달았죠. 배가 너무 고파서 잠이 오지 않는다는 걸요. 저는 일어나서 배 하나를 먹었고 금방 잠이 들었어요. 그 일을 계기로 제 몸과 감각이 서로 완전히 단절되었다는 걸 깨달았어요."

"몸이 무엇을 원하거나 필요로 하는지를 몰랐던 건가요?" 나는 물었다.

"전혀 몰랐죠." 콜린은 동의했다. "전혀 아무 생각이 없었어요."

콜린은 앞서 설명한 내부 감각 수용 인식에 대해 이야기하고 있었다. 내부 감각 수용 인식 덕분에 우리는 몸이 무엇을 필요로 하고 시시각각 어떻게 느끼는지에 대해 민감하게 반응할 수 있다. 그러나 콜린의 몸은 다른 사람에게 즐거움을 주는 역할 외에는 아무것도 못 하게 됐다. 그녀는 자신의 몸을 세계와 상호작용하는 수단이 아닌 연기하는 대상으로 취급했다. 몸이 대상화될수록 그녀는 몸의 욕구를 더욱 인지하지 못하게 됐다. 더욱 최악인 것은 콜린이 쇠약해졌을 때도 누군가가 그녀가 뚱뚱하다고 느끼게 했다는 것이다.

콜린은 이 병적인 생활을 하는 와중에 새로운 원피스를 한 벌 구입했다. 콜린의 말에 따르면 "아름답고, 아름답고, 아름다운" 원피스였다. 한 여성은 그 원피스를 입은 콜린에게 멋져 보인다고 말한 후에 "아무리 말랐어도 배는 나왔군요."라고 말했다. 콜린은 그 말이 자신을 파괴했다고 했다. 그 여성은 "아, 그건 당신이 정말 채소를 많이 먹어서 그런 거예요! 그냥 가스인 거죠!"라는 말로 수습하려 했지만 그 말은 콜린을 더욱 수치스럽게 했다.

거울로부터 고개를 돌려 세상과 마주하라

이 시기에 콜린은 한 체육관의 프런트 데스크에서 일했다. 그녀가 가장 좋아하는 트레이너가 체육관을 그만두면서 잠시 프런트 데스크에 들렀다. 그녀는 콜린의 눈을 바라보더니 "콜린, 자신을 잘 돌보도록 해요."라고 말했다.

그 말에 콜린은 치유되는 느낌을 받았다. 콜린은 "내가 들었어야할 모든 말이 아주 아주 짧은 순간에 연민이 담긴 방식으로 전달되는 듯했어요. 그 순간 저는 제게 문제가 있다는 걸 깨달았어요."라고 설명했다. 그 여성의 친절함에 더해 콜린의 아버지는 그녀가 이제 식사를 해야 한다고 강조했고 콜린의 가장 친한 친구 둘이 적절한 타이밍에 단호히 개입한 덕에 콜린은 도움을 받을 수 있었다.

여기엔 마법과도 같은 즉각적인 치유는 없었다. 콜린은 섭식 장애에서 벗어나려는 노력을 '극도로 고통스러운 등반'이라고 묘사했다. 그러나 그녀는 그 등반 과정에서 혼자가 아님을 깨달았다. 다른 여성들도 똑같은 산을 오르고 있었다. 그래서 콜린은 이 고통스러운 등반을 성공하면 앞으로 그녀와 같은 길을 걷는 사람들을 돕는 시스템을 구축해야겠다고 생각했다.

콜린은 몇몇 친구들과 모여 섭식 장애에 시달리는 사람들을 돕는 프로그램을 기획하기 시작했다. 누구도 그 계획을 어떻게 실행에 옮길지 몰랐지만 콜린은 포기하지 않았다. 결국 콜린과 친구들은 노스캐롤라이나대학교의 섭식 장애 전문 센터와 파트너가 되었다. 콜린이 이끄는 이 프로그램은 이제 '임바디Embody('구체화'라는 의미 - 옮긴이)'라고 불리며 미국 전역으로 확산될 조짐을 보이고 있다.

콜린은 신속히 회복하기 위해 임바디가 필요했다. 그녀는 "임바디는 제 상황에 책임감을 느끼게 했어요. 그리고 다른 사람들을 도울 수 있는 능력에 대해서도요. 저는 자신을 돌보는 게 얼마나 중요한지 깨달았어요. 이제 사람들에게 완전히 회복한 강인한 사람으로 보이고 싶어요."라고 설명했다.

외모 강박은 우리를 세상에서 멀어지게 하고 연민을 메마르게 한다. 거울에 비친 모습이 머릿속을 가득 채우게 한다. 악순환에서 벗어나는 가장 좋은 방법은 다른 사람에게 손을 내미는 것이다. 다른 사람을 위해 연민을 쌓으면 연민 가운데 일부는 우리 안에 머물면서 수치심과 자기 회의를 희망과 확신으로 바꿔놓는다.

콜린은 강인해지고 완전히 회복하기 위해 새로운 운동 방식을 찾았다. 그리고 그 방식을 가르치는 지도자가 되었다. 운동은 형벌이 아닌 즐거움이 되어야 했다. 병적인 생활을 부추기는 방식이 아닌 건강을 증진하는 계기가 되어야 했다. 그녀가 어떻게 신체에 대한 긍정적인 접근법을 장려하는 체육 지도자가 되었는지 묻자 그녀는 "좀 웃긴 이야기예요."라며 이야기를 들려줬다.

어느 날, 콜린과 같은 운동 수업을 듣는 친구가 줌바Zumba(라틴음악에 맞춰 춤을 추는 운동 - 옮긴이)를 해본 적이 있냐고 물었다. 그 친구는 "그건 라틴댄스인데 에어로빅이기도 해!"라고 말했다. 그 말을 듣고 콜린은 '재즈사이즈Jazzercise(재즈댄스가 가미된 에어로빅의 일종 - 옮긴이)처럼 들리긴 하는데 왠지 이상할 것 같아. 내가 그런 걸 뭐 하러 하겠어.'라고 생각했다. 그러나 친구를 사귀기에는 좋겠다는 생각에 콜린은 같이 해보자고 약속했다.

그런데 막상 줌바 수업을 들으니 걱정했던 것보다 훨씬 유익할 뿐만 아니라 즐거웠다. 운동을 하면서 거의 처음으로 즐거움을 느낀 순간이었다. 즐긴다는 것이 이런 것이구나! 그래서 갑작스럽게 콜린은 줌바 강사가 되겠다고 선언했다.

콜린은 처음에는 열정적인 만큼 겁이 나기도 했다. 그러나 그녀는 자신이 줌바를 가르치는 일을 좋아한다는 것을 깨달았다. 그녀는 다른 스타일의 수업을 포함해 레퍼토리를 늘리기 시작했고 동네 체육관에 취직했다. 그러나 콜린은 여전히 오래된 태도와 행동을 버리지 못하고 있었다.

콜린이 그 체육관에서 일하는 동안 모든 동료가 그녀에게 멜러니 Melanie* 선생님의 수업을 들어봐야 한다고 했다. 사람들이 모두 멜러니를 마치 여신처럼 이야기했기에 콜린은 그녀의 수업이 궁금했다. "수업에 참석해서 질리언 마이클스 Jillian Michaels(미국 유명 스포츠 트레이너 - 옮긴이)라도 있나 교실을 둘러봤어요. 혹독하게 수강생을 다룰 사나운 여성을 찾았죠." 콜린은 말을 이었다. "하지만 교실에는 아주 평범하게 생긴 사람들밖에 없었어요. 그런데 수업이 시작되자 곱슬곱슬한 머리에 안경을 쓴 뚱뚱한 여자, 그러니까 전혀 질리언 마이클스처럼 보이지 않는 여자가 교실 한가운데서 일어나 웃으면서 말했어요. '안녕, 저는 멜러니예요.' 전 '말도 안 돼, 이건 절대로 말이 안 돼.'라고 생각했어요. 그토록 순식간에 할 말을 잃은 건 난생처음이었어요." 콜린은 마지막엔 말을 천천히 끌었다. 마치 '난생처음'이라는 말에 특별한 억양을 넣는 것 같았다.

처음의 불안감과는 달리 수업이 끝나자 콜린은 멜러니를 "세상에서 가장 지독한 악녀"라고 했다. 멜러니는 콜린이 가졌던 비만 공포

어떻게 외모 강박과 싸울 것인가

증과 뚱뚱한 사람에 대한 편견에 맞서도록 했다. 콜린은 "처음에 멜러니를 보면 왜 사람들이 멜러니를 좋아하는지 이해하지 못할 거예요. 그런데 멜러니는 정말 놀라워요. 강인한 만큼 친절하고 자애롭죠. 제가 되고 싶은 모습이에요. 질리언 마이클스가 아니고요. 운동이 외모를 초월한 무언가를 위한 거라는 점을 보여주는 롤모델이었어요. 왜냐하면 다들 반대로 이야기하잖아요."

콜린은 우리가 흔히 보는 체육관과 운동 수업 광고는 오해의 여지가 있고 완전하지 못하다고 지적했다. "그 광고에서는 친절함을 찾아볼 수 없어요. 공동체의 형성이나 동기부여 같은 건 없죠. 우리 눈에는 눈부신 식스팩과 스포츠 브라와 섹시한 핫팬츠만 들어오죠. 그리고 그 광고에는 고된 노력과 투지가 향하는 이상형이 담겨 있어요." 콜린은 욕지거리라도 하듯 투덜거렸다.

콜린은 자신의 수업에 멜러니와 같은 방식을 쓰기 시작했다. "저는 수강생들에게 지나친 운동을 하지 말라고 했어요. 그리고 수분과 영양분을 충분히 섭취하고 있는지 확실히 살피라고 했죠. 절대 부정적인 보디 토크를 하지 않았어요." 마침내 콜린은 자신에 대해서도 마음가짐을 바꾸게 됐다. 다른 사람들을 치유하면서 자신도 치유받은 것이다.

처음 콜린을 만났을 때, 그녀가 원했던 것은 체육 지도자와 트레이너들이 수업 중에 외모에 초점을 덜 맞추도록 설득할 만한 자료였다. 나에겐 그런 자료가 없었지만 콜린의 도움으로 그런 자료를 얻을 방법을 찾았다. 우리는 두 가지 패턴의 운동 수업을 들을 200명 이상의 여성을 모집했고 수업 직전과 직후에 짧은 설문조사를 실시했다.

거울로부터 고개를 돌려 세상과 마주하라

우선 외모에 중점을 둔 수업에서 콜린은 운동을 통해 외모가 어떻게 바뀔지에 대해 이야기했다. 복부 운동을 하는 동안 콜린은 "이 동작은 지방을 날려버리고 당신의 숨은 식스팩을 드러나게 도와줍니다. 곧 비키니 몸매를 갖게 됩니다!"라고 말했다. 반면 기능에 중점을 둔 수업에서는 "이 근육은 당신이 하는 모든 행동에 꼭 필요한 거예요. 당신에게 힘을 주죠! 당신은 엄청나게 강인해집니다. 멋진 일을 아주 많이 할 수 있죠. 그러니 운동합시다!"라고 말했다.

콜린의 노력은 성공을 거뒀다. 우리는 그녀의 운동 접근법을 지지해주는 확실한 자료를 얻게 됐다. 외모 중심적 수업은 자기 대상화의 심화와 신체 만족도 저하를 가져왔다. 반면 기능 중심적 수업을 들은 여성들은 행복을 느끼면서 자신의 몸에 만족하게 됐다. 세 가지 단어로 수업을 묘사해보라고 하자 외모 중심 수업에 참여한 여성들은 '부끄러운, 슬픈, 뚱뚱한, 약한, 자의식이 강해지는' 등의 단어를 사용했다. 반면 기능 중심 수업에 참여한 여성들은 '의욕적인, 강한, 자랑스러운, 뛰어난, 열정적인' 등의 단어를 사용했다.

콜린은 이 자료를 이용해 체육 지도자를 위한 훈련 프로그램을 만들고 있다. 이 프로그램은 신체의 기능에 감사하는 것에 초점을 맞춘 비대상화 수업을 어떻게 가르칠 것이며, 왜 가르쳐야 하는지를 보여준다. 콜린은 "당신의 몸은 보이는 만큼의 가치만을 지닌다"라는 통념을 깨고 싶다고 했다. 그래야 비로소 인생은 더 건강해지고 자유로워지기 때문이다.

몸이 할 수 있는 일에 감사하기 위해서는 매일 체육관에서 시간을 보내야 한다는 뜻이 아니다. 우리가 때론 몸 때문에 의기소침해지더라도 몸이 우리에게 해줄 수 있는 수많은 것을 인식하는 것이 중요하다. 콜린은 자신의 어머니에 관한 아름다운 이야기를 해주었다.

"하루는 엄마와 제가 산을 오르고 있었어요. 그 산은 절대 걸어 올라가기에 쉬운 산이 아니었어요!" 콜린은 자랑스럽게 덧붙였다. "저는 노스캐롤라이나 애슈빌 출신이에요. 거긴 진짜 언덕이 많은 고장이라고요!"

콜린은 말을 이었다. "엄마는 '이제는 내가 하고 싶은 모든 걸 할 수 없다는 걸 잘 알아. 하지만 내 건강이 강아지와 함께 이 산을 걸어오르는 걸 허락한다면, 나는 그걸로 행복해.'라고 말씀하셨어요. 그리고 '언젠가는 산에 오를 수 없겠지. 걸음이 더 느려질 거야. 하지만 그 순간 내가 할 수 있는 게 있다면 뭐든 받아들일 거란다.'라고 하셨죠." 콜린은 미소 지었다.

"지금은 당신의 몸에 대해 어떻게 느끼나요?" 나는 물었다.

콜린은 대답하기 전에 잠시 말을 멈췄다. "안 좋은 날도 있냐고요? 실수도 하냐고요? 당연하죠. 미끄러지고 넘어질 때도 있어요. 하지만 두 가지 선택권이 있어요. 앞으로 나아갈 수도, 퇴보할 수도 있죠. 저는 앞으로 계속 나아갈 거예요."

* * *

외모 강박과 싸우는 것은 그렇게 앞으로 나아가는 것이다. 더 중요한 것은, 정신을 흐트러뜨리는 마음속 거울 없이 앞으로 나아가야 한다는 것이다. 우리는 그 거울을 좀 더 자주 엎어버려야 인생을 제대로 살아갈 수 있다.

외모 강박은 여성마다 다른 양상으로 나타난다. 누군가에게는 가벼운 감기처럼 나타날 수 있다. 거슬리긴 하지만 심각하지는 않다. 어떤 여성들은 외모 강박에 의해 인생 전체가 흔들리기도 한다. 콜린처럼 외모에 초점을 맞추느라 진짜 자기 모습을 헷갈리기도 한다.

한번은 한 학생 단체로부터 여학생들에게 조언을 해달라는 요청을 받았다. 여러 학생에게 유용하고 어울리는 조언을 고민하다가 주제를 바꾸기로 했다. 나는 조언을 하기보단 질문을 하는 것을 훨씬 좋아했다. 학생들에게 다음 질문에 대해 생각해보라고 했다. 어떤 사람이 되고 싶나요?

아주 광범위한 대답이 나올 것이다. 그러나 아무도 "나는 다른 사람들한테 예쁘다는 말을 듣는 사람이 되고 싶어요"라고 대답하지 않는다. 그 대신 다른 사람들에게 즐거움과 웃음을 주는 사람, 아픔을 치유해주는 사람, 두려움 없이 새로운 기술을 탐구하는 사람, 도움이 필요한 사람을 돌보는 사람, 영감을 주고 예술을 창조해내는 사람, 감동을 주는 글을 쓰는 사람, 약자 대신 싸워주는 사람이 되고 싶다고 이야기한다.

나는 또 다른 중요한 질문을 던졌다. 당신이 이 세상을 떠날 때 그 세상이 어떻게 달라져 있길 바라나요? 그러면 여성들은 지구 온난화나 빈곤이나 인종차별과 싸우겠다고 말한다. 이들은 이 세계를 처음보다 더 나은 모습으로 바꿔놓겠다고 말한다. 이 두 가지 질문에 대해 외모와 관련된 일을 하겠다는 대답을 내놓지는 않을 것이다.

이 두 가지 질문에 대한 당신의 대답은 거울을 움켜쥔 손아귀의 힘을 빼고 거울을 내려놓는 계기가 될 수 있다. 당신에게 무엇이 가장 중요한지를 결정하라. 당신이 사랑하는 것은 무엇인가? 한정된 시간과 돈을 어떻게 쓰겠는가? 당신의 감정적 에너지를 어디에 투자하고 싶은가? 이런 질문에 대답한 후 당신에게 더 중요한 것의 목소리를 키우기 위해 아름다움의 목소리를 낮추고 싶어진다면, 다음의 접근법을 고려해보자.

외 모 관 리 목 록 을
작 성 하 자

우선 말해둘 것이 있다. 나는 여성이 외모를 가꾸는 모든 행위를 하지 말아야 한다고 주장하는 것이 아니다. 그건 현실적이지 않으니까. 또한 대부분의 여성이 원하는 바도 아니고 말이다. 우리는 언제나 외모에 신경 쓸 것이다. 이것 자체는 문제가 아니다. 문제는 외모에 신경을 쓰느라 다른 중요한 목표에서 멀어질 때 발생한다. 이제는 외모에 신경을 쓰면서도 그에 맞춰진 눈금판을 조금 낮출 필요가 있다.

외모와 관련해 시간과 돈을 어떻게 쓸 것인지 신중히 결정하지 않으면 외모를 가꾸는 행위가 우리를 지배하게 될 것이다. 얼마나 많은 시간과 돈을 외모에 쓰는지 기록해보자. 일단 자료를 확보하면, 우리의 자원 일부를 재할당할지를 결정하자. 그리고 그렇게 했을 때 어떤 변화가 생기는지 실험해보자.

우리가 종종 간과하는 진실은 누구도 우리 자신만큼 우리의 외모에 신경 쓰지 않는다는 것이다. 그리고 외모 관리에 들이는 시간을 줄이더라도 우리의 세계가 그렇게 나쁘게 바뀌지는 않는다는 것이다. 실질적으로는 더 좋은 세계로 변할 수도 있다.

자 신 에 게
관 대 해 지 자

이 세계에서 여성은 몸에 대해 잔인한 말을 들을 수밖에 없다. 또한 어느 정도는 그런 목소리를 내면화할 수 밖에 없다. 그리고 당신이 충분히 날씬하지 않고 충분히 예쁘지 않으며 충분히 좋은 사람이 아니라는 말을 듣는 경우도 많을 것이다. 그런데 이런 말이 내면의 독백으로 이어진다면 우리의 건강이나 행복에 전혀 도움이 되지 않는다. 혼잣말을 멈추는 연습을 해보자.

우리의 몸을 더욱 잘 돌보는 방법은 몸에게 친절해지고 몸에 감사하는 법을 연습하는 것이다. 우리가 사랑하는 사람들을 잘 돌보는 것과 마찬가지로 우리는 연민을 연습함으로써 우리 몸을 잘 돌보는 방법을 배울 수 있다. 우리의 몸이 어떻게 보이는지를 살피고 미워하라는 세상의 말에는 귀를 기울이지 말자. 이는 모순이다. 그런 주장은 어떤 과학적인 데이터로도 뒷받침되지 않는다. 오직 불필요한 잔인함이나 독선에 대한 핑곗거리를 찾는 사람들의 주장일 뿐이다. 건강을 위해 노력하고 있는 여성을 돕고 싶다면, 그녀의 외모에 대해 아무 말도 하지 말자.

어떻게 외모 강박과 싸울 것인가

몸은 행동하는 존재라는 것을
명심하자

몇 년 전 한 연구 과제를 위해 여성 프로 롤러더비 스케이트 선수들과 인터뷰한 적이 있다. 내가 한 선수에게 몸에 대해 어떻게 생각하는지 묻자 그녀는 이렇게 답했다. "제 몸은 제가 사랑하는 걸 할 수 있게 해주는 용기容器예요." 우리 몸이 다른 사람들의 평가를 받기 위해 존재한다고 말하는 문화에서는 쉽게 떠올릴 수 없는 대답이었다.

이 '용기'라는 말을 적용할 수 있는 가장 확실한 상황은 운동할 때다. 운동할 때는 스트레스 감소, 건강 증진에 초점을 맞춰라. 그리고 무엇보다 즐길 수 있는 운동을 하라. 다이어트를 위한 운동은 꾸준히 이어가지 못할 가능성이 크다. 다이어트를 부추기는 체육관과 수업, 친구들을 피하라. 대신 콜린이나 멜러니 같은 지도자, 즉 강인함을 심어주는 지도자를 찾자. 그리고 우리가 하고 싶은 일을 위해 운동하자. 사람들이 원하는 모습을 갖추기 위해 운동해선 안 된다.

몸의 존재 가치를 지키는 또 다른 방법은 우리 일을 방해하지 않는 옷을 입는 것이다. 편하지 않은 옷은 우리 머릿속의 소중한 공간을 차지하고 일을 방해할 것이 분명하다.

스스로 최상의 모습이라 느끼게 해주는 옷을 구입하자. 하지만 계산대로 가져가기 전에 그 옷을 입고 편안히 움직일 수 있는지 생각해보자. 계속 신경 써야 하거나 숨을 참고 있어야 하거나 불편한 자세를 취해야 하는 옷이라면 구입하지 않겠다고 다짐하자.

몇 년 전 식당에서 마주쳤던 홈커밍 파티용 드레스를 입은 소녀들이 떠오른다. 대부분의 소녀에게는 옷을 차려입고 매력적으로 보이는 것이 학교 댄스파티에 가는 재미임을 나도 알고 있다. 그러나 기억하자. 소녀들이 입은 드레스는 너무 짧아서 편안히 저녁을 먹을 수조차 없었다는 것을. 옷이 단 몇 센티미터만 길어져도 뇌 공간의 상당한 부분을 되찾을 수 있고 소녀들도 예뻐 보일 수 있다. 분명 행복한 중간 지대가 존재한다. 우리가 매력적이라 느끼면서도 옷 때문에 집중력을 잃지 않을 수 있는 지점 말이다. 인생을 살다 보면 장애물을 넘어야 한다. 우리 삶을 온전히 살아가는 데 방해가 되는 옷을 굳이 선택함으로써 더 많은 난관을 만들 필요는 없다.

미 디 어 에   신 경   쓰 자

잡지에 실린 파괴적인 이미지나 기사 제목이 눈길을 사로잡는다면, 즉시 고개를 돌리거나 잡지를 엎어놓는 연습을 하자. 자신이 외모에 초점을 맞춘 방송 프로그램, 기사, 또는 웹 사이트에 빠져드는 것을 알아차렸다면, TV를 꺼버리거나 다른 것을 클릭하자. SNS에 사진을 올릴 때에는 왜 그 사진을 올리는지, 그것을 통해 무엇을 말하고 싶은지 자문하자. 포스팅하기 전에 질문에 대한 답에 수긍할 수 있는지 확인하자. SNS의 '좋아요' 숫자는 자신감 결핍에 바르는 형편없는 연고제다. 그리고 섹시한 사진도 낮은 자존감의 치료제가 될 수 없다.

대 화 를   살 피 자

어쩌면 당신은 외모와 관련된 습관을 전혀 바꾸고 싶지 않을 수도 있다. 어쩌면 외모에 시간과 돈을 쓰는 것을 즐길 수도 있다. 당신이 거기서 행복을 느낀다면 아무 문제도 없다. 그러나 나는 아직도 당신에게 외모 강박과 싸우기 위한 단 하나의 특별한 일을 해보라고 부탁하려 한다. 보디 토크를 피하고 외모 관련 대화를 줄임으로써 다른 소녀와 여성이 자신을 외모 이상의 의미를 지닌 존재로 느끼게 하자.

아마 벡델 테스트Bechdel Test에 대해 들어본 이들도 있을 것이다. 1985년에 앨리슨 벡델Alison Bechdel이 그린 만화에서 처음 등장한 벡델 테스트는 미디어(보통은 영화다)에 여성이 나오는지, 그리고 여성이 연애 이외의 것을 걱정하는지를 판단하는 세 가지 질문을 던진다. 우선, 영화에 적어도 두 명 이상의 여성이 등장하는지 묻는다. 그리고 이 여성들이 영화에서 서로 대화를 나누는지 살핀다. 마지막으로 이 여성들이 남성 이외의 다른 주제로 대화를 나누는지 묻는다.

나는 확장된 벡델 테스트를 여성 간의 대화에 제안하고 싶다. "외모 말고 다른 것에 대해 대화를 나누는가?" 패션이나 외모에 대해 이야기를 나누고 싶어 하는 여성을 부끄럽게 만들려는 것이 아니다. 그러나 미디어에서든 실제 생활에서든 우리 귀에 들리는 여성들의 이야기가 모두 외모에 관련된 것이라면 여성에게 외모보다 더 중요한 것은 없다는 메시지를 보내는 셈이 된다.

외모 위주의 대화를 우연히 듣는 여성은 필연적으로 자신의 외모에 대해 생각하게 된다. 다른 주제로 대화를 나눔으로써 당신과 함께

거울로부터 고개를 돌려 세상과 마주하라

시간을 보내는 여성들이 내면의 거울에서 탈출할 수 있도록 도와주자. 여성들이 외모에 대해 이야기를 나누는 것은 강력한 문화적 규범이다. 옷이나 머리 스타일에 대해 칭찬하는 것은 여성과 친밀해지는 신속하고 쉬운 방식이라는 것이다. 이는 깨기 힘든 습관일 수 있지만 시도해볼 가치는 있다. 당신에게 중요한 것들을 떠올려보자. 다른 여성들도 동일한 가치를 느끼고 있을 것이다. 여성의 외모에 대한 관심을 더 부추기는 대신 그 목록과 관련해 질문을 던지거나 칭찬을 해보도록 하자.

지갑으로 반대 의사를 표현하자

마케터들은 여성이 대부분의 구매 결정을 이끌고 있음을 이미 오래전부터 인식하고 있었다. 자신을 위한 구매뿐 아니라 다른 이들의 구매까지 말이다. 다시 말해 여성은 지갑을 닫아 반대 의사를 표현함으로써 변화를 끌어낼 수 있는 강력한 위치에 있다. 제품을 팔기 위해 소녀와 여성에 대한 파괴적인 이미지나 메시지를 사용하는 기업이나 브랜드는 거부하자. 그리고 여성에 대한 긍정적이고 건강한 메시지를 전하는 기업과 브랜드에는 보답하자.

여성에게 수치심을 안기거나 여성을 깎아내리는 광고를 막기 위해 SNS를 활용하자. 지난 몇 년간 여성이 SNS를 이용해 실제적인 변화를 끌어낸 사례는 차고 넘친다. 2013년 해러즈백화점은 장난감 코너에 진열해놓은 두 권의 책 때문에 트위터에서 논란의 중심이 되었다. 침대에서 느긋하게 쉬고 있는 소녀가 그려진 책의 제목은 『예뻐지는 법How to be gorgeous』이었고 시상대 위에 서 있는 의기양양한 소년이 그려진 책의 제목은 『똑똑해지는 법How to be clever』이었다. SNS에서의 적극적인 활동 덕에 해러즈 측은 이 책들을 진열대에서 치워버렸다.

웹 사이트 도메인 등록 전문 업체인 고대디는 이런 집단행동의 긍정적인 결과를 보여주는 또 다른 예다. 몇 년간 거의 벗은 여성들이 등장하는 선정적인 광고에 기대왔던 고대디는 여성 사업가들이 압력을 가하고 트위터에서 #불매#notbuyingit 태그를 단 수천 건의 트윗이 올라오자 굴복했다. 고대디는 대상화된 광고 캠페인을 중지했고 고대디의 CEO는 이제 공개적으로 성차별과 싸우겠다고 발표했다.

또한 어린 소녀에게 선물을 사줄 때 당신의 영향력은 두 배로 확대될 수 있다. 소녀에게 외모에 초점을 맞춘 선물을 주지 않는 것이다. 수많은 어린 소녀가 생일이나 명절에 외모 강박을 부추기는 선물에 둘러싸인다. 이제는 용기나 호기심을 가지라고 격려하는 선물을 찾아보자. 당신은 특별한 선물을 주는 사람으로 기억될 것이다.

앞 으 로 나 아 가 자

나는 콜린의 이야기로 이 책을 마무리 짓기로 했다. 한 여성이 몸매에 쏟던 에너지와 시간을 되찾는 과정을 바람직하게 보여주기 때문이다. 콜린은 여기서 더 나아가 어떻게 작은 발걸음이 모여 큰 전진을 만들 수 있을지를 이야기했다.

"당신은 세계를 바꾸고 싶은가요?" 이미 나는 대답을 알고 있으면서도 콜린에게 물었다.

"당연하죠." 콜린은 음절 하나하나를 정확히 발음하며 단언했다. "제가 할 수 있는 일이 그저 사람들에게 '당신의 꿈과 욕망이 사회가 당신에게 기대하는 모습보다 훨씬 더 중요해요.'라고 말하는 것뿐이라면, 그 자체로도 사회에 반기를 드는 급진적인 행동이 될 거예요. 그리고 정말 간단하면서 쉬운 일이기도 하고요."

콜린은 중요한 이야기를 했다. 보기에는 아주 사소한 사건들이 모여 더 크고 강력한 전체를 만들 수 있다. 콜린은 미디어 이미지를 예로 들었다. 단 하나의 잡지 화보가 소녀의 신체 이미지를 망가뜨리지는 않는다. 우연히 들은 단 한 번의 팻 토크가 섭식 장애를 불러일으키지는 않는다. 단 한 번의 SNS 포스팅이 당신의 인생 목표를 망가뜨리지는 않는다. 그러나 콜린의 말대로 "그런 것들이 수없이 축적되어 외모 강박을 탄생"시켰다.

외모 강박적인 문화가 수천 번 할퀴고 지나간 작은 상처가 소녀나 여성을 무너뜨릴 수 있듯 더 나은 세상을 향한 수천 번의 작은 걸음이 소녀와 여성을 일으켜 세울 수도 있다. 우리는 일상생활에서부터 여성의 외모에 집중하지 않는 자세를 갖추고 다른 이들도 이에 동참하도록 격려함으로써 의미 있는 문화적 변화를 이끌어낼 수 있다. 그리고 대상화하는 행동이나 광고에 앞장서는 조직을 저지함으로써 더 큰 변화를 이끌어낼 수 있다.

우리는 다르게 행동해야 한다. 자신을 느끼고 주체적으로 자신을 정의해야 한다. 우리의 돈과 시간을 다르게 써야 한다. 우리의 몸은 더 건강해져야 한다. 우울증과 분노가 흔한 것이 되어서도, 심각한 것이 되어서도 안 된다.

이제 여성은 시선을 받는 대상이 되는 것을 거부하고 멀리 내다보아야 한다. 저 넓은 세상에는 봐야 할 것이 아주 많다. 해야 할 일이 아주 많다.

감
사
의

말

많은 학생들, 동료들, 친구들, 그리고 가족의 배려와 응원이 없었다면 이 책을 쓰지 못했을 것이다. 특히 초기 원고를 읽고 피드백을 해준 이들─리즈 모리 캠벨과 데이비드 콘던, 콜린 데일리, 앨리스 이글리, 앰벌리 패네핀토, 그리고 제니퍼 피에몬트에게 감사하다. 또한 나의 동료들─통계와 예시에 도움을 준 빌 레벌과 조언을 구하는 내게 언제나 응답해준 댄 매캐덤스에게 감사하다.

책 작업에 필요한 시간과 공간과 지원을 아낌없이 제공해준 노스웨스턴대학교에 감사드린다.

내 노이로제에도 불구하고 나를 좋아해주는 '그림자 같은 학부생' 친구들에게 감사하다. 각 장을 때론 여러 번 고쳐준 괴짜 씨에게 나는 수많은 초콜릿과 영원한 고마움을 빚졌다.

노스웨스턴대학교의 보디 앤드 미디어 연구팀에서 지금까지 함께해준 수많은 능력 있는 팀원에게 감사하다. 우리 연구팀은 중요한 문제에 대해 매번 영감을 주었다. 로욜라대학교와 노스웨스턴대학교에서 내가 가르친 모든 학생에게도 감사하다. 학생들은 깨닫지 못했겠지만 나에게 많은 것을 가르쳐주었다. 늘 나를 깨어 있게 해줬고 덕분에 나는 그들을 더 밝은 미래로 선도하는 모습을 상상할 수 있었다.

매일 아침 운전 중에 화장했다는 사실을 알려도 좋다고 허락해준 어머니에게도 꼭 감사 인사를 드리고 싶다. 나는 한 번도 차 사고가 나지 않았다는 점에서 행운아였지만, 자주 웃음을 터뜨리는 엄마가 있다는 점에서는 더욱 행운아다.

셔먼과 클라크 지역 스타벅스의 모든 바리스타에게도 감사드린다. 그들은 내 이름과 주문 방식을 기억해주었을 뿐만 아니라 내가 가장 좋아하는 자리를 몇 시간이고 독차지해도 눈치를 주지 않았다.

초짜 작가에게 기회를 주고 과정을 잘 헤쳐 나갈 수 있도록 도와준 하퍼콜린스 출판사에 감사드린다. 특히나 리사 샤키, 앨리자 슈비머, 그리고 어맨다 펠레티어에게 감사하다.

폴리오 저작권 에이전시의 마시 포스너가 없었다면 이 책은 탄생하지 못했을 것이다. 마시는 내가 책을 쓰기 전부터 좋은 글이 나올 거라 믿어줬다. 내 수호천사가 되어줘서 고마워, 마시.

무엇보다도 나에게 이야기를 들려준, 용감했던 그녀들에게 감사드린다. 당신들의 이야기는 중요하니까요.

주

1   Damiano SR, Paxton SJ, Wertheim EH, McLean SA, Gregg KJ. Dietary restraint of
    5-year-old girls: Associations with internalization of the thin ideal and maternal, media,
    and peer influences. *Int J Eat Disorder.* 2015;48(8):1166-1169.

2   Bearman SK, Martinez E, Stice E, Presnell K. The Skinny on Body Dissatisfaction:
    A Longitudinal Study of Adolescent Girls and Boys. *Journal of youth and adolescence.*
    Apr 2006;35(2):217-229.

3   Rodin J, Silberstein L, Striegel-Moore R. Women and weight: a normative discontent.
    Paper presented at: Nebraska symposium on motivation1984.

4   Feingold A, Mazzella R. Gender differences in body image are increasing. *Psychological
    science.* 1998;9(3):190-195.

5   eds. IJea. Growing up unequal: Gender and socioeconomic differences in young
    people's health and well-being. *Health Behavior in School-aged Children study:
    International report from the 2013-2014 survey.* Vol 7. Copenhagen: WHO Regional
    Office for Europe; 2016.

6   Bearman SK, Presnell K, Martinez E, Stice E. The skinny on body dissatisfaction:
    A longitudinal study of adolescent girls and boys. *Journal of youth and adolescence.*
    2006;35(2):217-229.

7   Frederick DA, Peplau LA, Lever J. The swimsuit issue: Correlates of *body image* in a
    sample of 52,677 heterosexual adults. Body image. 2006;3(4):413-419.

8   Gabriel MT, Critelli JW, Ee JS. Narcissistic Illusions in Self-Evaluations of Intelligence and
    Attractiveness. *Journal of personality.* 1994;62(1):143-155.

9   Halliwell E, Dittmar H. A qualitative investigation of women's and men's body image
    concerns and their attitudes toward aging. *Sex Roles.* 2003;49(11-12):675-684.

10 Furnham A, Badmin N, Sneade I. Body image dissatisfaction: Gender differences in
    eating attitudes, self-esteem, and reasons for exercise. *The Journal of psychology.*
    2002;136(6):581-596.

11 Mulvey L. Visual pleasure and narrative cinema. *Screen.* 1975;16:6-8.

12 Fredrickson BL, Roberts TA. Objectification theory - Toward understanding women's

lived experiences and mental health risks. *Psychol Women Quart.* Jun 1997;21(2):173-206.

13 Laforce M. Unpopular Opinion: Gimme More Blurred Lines. *Thought Catalog*2013.

14 Quinn DM, Kallen RW, Cathey C. Body on my mind: The lingering effect of state self-objectification. *Sex Roles.* Dec 2006;55(11-12):869-874.

15 Quinn DM, Kallen RW, Twenge JM, Fredrickson BL. The disruptive effect of self-objectification on performance. *Psychol Women Quart.* Mar 2006;30(1):59-64.

16 Martin KA. Becoming a gendered body: Practices of preschools. *Am Sociol Rev.* Aug 1998;63(4):494-511.

17 Myers TA, Crowther JH. Is self-objectification related to interoceptive awareness? An examination of potential mediating pathways to disordered eating attitudes. *Psychol Women Quart.* 2008;32(2):172-180.

18 Grabe S, Hyde JS, Lindberg SM. Body objectification and depression in adolescents: The role of gender, shame, and rumination. *Psychol Women Quart.* Jun 2007;31(2):164-175.

19 Monro F, Huon G. Media-portrayed idealized images, body shame, and appearance anxiety. *Int J Eat Disorder.* 2005;38(1):85-90.

20 Cramer P, Steinwert T. Thin is good, fat is bad: How early does it begin? *Journal of applied developmental psychology.* 1998;19(3):429-451.

21 Laberg JC, Wilson GT, Eldredge K, Nordby H. Effects of mood on heart rate reactivity in bulimia nervosa. *Int J Eat Disorder.* 1991;10(2):169-178.

22 Bazzini DG, Pepper A, Swofford R, Cochran K. How Healthy are Health Magazines? A Comparative Content Analysis of Cover Captions and Images of Women's and Men's Health Magazine. *Sex Roles.* 2015;72(5-6):198-210.

23 Brausch AM, & Muehlenkamp, J J. *Body image* and suicidal ideation in adolescents. Body image. 2007;4(2):207-212.

24 YWCA. Beauty at any cost. 2008; http://www.ywca.org/atf/cf/%7B711d5519-9e3c-4362-b753-ad138b5d352c%7D/BEAUTY-AT-ANY-COST.PDF.

25 News A. 2012; http://abcnews.go.com/Health/100-million-dieters-20-billion-weight-loss-industry/story?id=16297197.

26 Banksy. *Cut it out,* Weapons of Mass Disruption; 2004.

27 Fouts G, Burggraf K. Television situation comedies: Female body images and verbal reinforcements. *Sex Roles.* 1999;40(5-6):473-481.

28 Greenberg BS, Eastin M, Hofshire L, Lachlan K, Brownell KD. Portrayals of overweight and obese individuals on commercial television. *American journal of public health.* 2003;93(8):1342-1348.

29 Stice E, Shaw HE. Adverse effects of the media portrayed thin-ideal on women and linkages to bulimic symptomatology. *J Soc Clin Psychol*. 1994;13(3):288-308.

30 Wasylkiw L, Emms A, Meuse R, Poirier K. Are all models created equal? A content analysis of women in advertisements of fitness versus fashion magazines. *Body image*. 2009;6(2):137-140.

31 Groesz LM, Levine MP, Murnen SK. The effect of experimental presentation of thin media images on body satisfaction: A meta-analytic review. *Int J Eat Disorder*. 2002;31(1):1-16.

32 Becker AE. Television, disordered eating, and young women in Fiji: Negotiating body image and identity during rapid social change. *Culture, medicine and psychiatry*. 2004;28(4):533-559.

33 Becker AE, Hamburg P. Culture, the media, and eating disorders. *Harvard Review of Psychiatry*. 1996;4(3):163-167.

34 Goffman E. Gender Advertisements. New York: Harper and Row; 1979.

35 Copeland GA. Face-ism and primetime television. *Journal of Broadcasting & Electronic Media*. 1989;33(2):209-214.

36 Archer D, Iritani B, Kimes DD, Barrios M. Face-ism: Five studies of sex differences in facial prominence. *J Pers Soc Psychol*. 1983;45(4):725.

37 Smith LR, Cooley SC. International faces: An analysis of self-inflicted face-ism in online profile pictures. *Journal of Intercultural Communication Research*. 2012;41(3):279-296.

38 Bernard P, Gervais SJ, Allen J, Campomizzi S, Klein O. Integrating Sexual Objectification With Object Versus Person Recognition The Sexualized-Body-Inversion Hypothesis. *Psychological science*. 2012;23(5):469-471.

39 Milburn MA, Mather R, Conrad SD. The effects of viewing R-rated movie scenes that objectify women on perceptions of date rape. *Sex Roles*. 2000;43(9-10):645-664.

40 Yao MZ, Mahood C, Linz D. Sexual priming, gender stereotyping, and likelihood to sexually harass: Examining the cognitive effects of playing a sexually-explicit video game. *Sex Roles*. 2010;62(1-2):77-88.

41 Heflick NA, Goldenberg JL. Objectifying Sarah Palin: Evidence that objectification causes women to be perceived as less competent and less fully human. *J Exp Soc Psychol*. 2009;45(3):598-601.

42 Greenberg BS, Eastin M, Hofschire L, Lachlan K, Brownell KD. Portrayals of overweight and obese individuals on commercial television. *American journal of public health*. 2003;93(8):1342-1348.

43 Fouts G, Burggraf K. Television situation comedies: Female weight, male negative comments, and audience reactions. *Sex Roles*. 2000;42(9-10):925-932.

44 Slater A, Tiggemann M, Hawkins K, Werchon D. Just one click: A content analysis of advertisements on teen web sites. *J Adolescent Health*. 2012;50(4):339-345.

45 Boepple L, Thompson JK. A content analytic comparison of fitspiration and thinspiration websites. *Int J Eat Disorder*. 2016;49(1):98-101.

46 Custers K, Van den Bulck J. Viewership of pro-anorexia websites in seventh, ninth and eleventh graders. *European Eating Disorders Review*. 2009;17(3):214-219.

47 Chua THH, Chang L. Follow me and like my beautiful selfies: Singapore teenage girls' engagement in self-presentation and peer comparison on social media. *Computers in Human Behavior*. 2016;55:190-197.

48 Berne S, Frisén A, Kling J. Appearance-related cyberbullying: A qualitative investigation of characteristics, content, reasons, and effects. *Body image*. 2014;11(4):527-533.

49 Lydecker JA, Cotter EW, Palmberg AA, et al. Does this Tweet make me look fat? A content analysis of weight stigma on Twitter. *Eating and Weight Disorders-Studies on Anorexia, Bulimia and Obesity*. 2016:1-7.

50 Buckels EE, Trapnell PD, Paulhus DL. Trolls just want to have fun. *Pers Indiv Differ*. 2014;67:97-102.

51 Fardouly J, Diedrichs PC, Vartanian LR, Halliwell E. Social comparisons on social media: The impact of Facebook on young women's *body image* concerns and mood. Body image. 2015;13:38-45.

52 Manago AM, Ward LM, Lemm KM, Reed L, Seabrook R. Facebook involvement, objectified body consciousness, body shame, and sexual assertiveness in college women and men. *Sex Roles*. 2015;72(1-2):1-14.

53 Paraskeva N, Lewis-Smith H, Diedrichs PC. Consumer opinion on social policy approaches to promoting positive body image: Airbrushed media images and disclaimer labels. *Journal of health psychology*. 2015:1359105315597052.

54 Murnen SK, Smolak L. Are feminist women protected from body image problems? A meta-analytic review of relevant research. *Sex Roles*. 2009;60(3-4):186-197.

55 Langlois JH, Kalakanis L, Rubenstein AJ, Larson A, Hallam M, Smoot M. Maxims or myths of beauty? A meta-analytic and theoretical review. *Psychol Bull*. 2000;126(3):390.

56 Langlois JH, Ritter JM, Roggman LA, Vaughn LS. Facial diversity and infant preferences for attractive faces. *Developmental psychology*. 1991;27(1):79.

57 Rhodes G, Yoshikawa S, Palermo R, et al. Perceived health contributes to the attractiveness of facial symmetry, averageness, and sexual dimorphism. *Perception*. 2007;36(8):1244-1252.

58 Nedelec JL, Beaver KM. Physical attractiveness as a phenotypic marker of health:

an assessment using a nationally representative sample of American adults. *Evolution and Human Behavior*. 2014;35(6):456-463.

59 Diener E, Seligman ME. Very happy people. *Psychological science*. 2002;13(1):81-84.

60 Stice E, Rohde P, Shaw H. *The Body Project: A Dissonance-based eating disorder prevention intervention*. Oxford University Press; 2012.

61 Becker CB, Diedrichs PC, Jankowski G, Werchan C. I'm not just fat, I'm old: has the study of body image overlooked "old talk"? *Journal of eating disorders*. 2013;1(1):1.

62 Neumark-Sztainer D, Falkner N, Story M, Perry C, Hannan PJ. Weight-teasing among adolescents: correlations with weight status and disordered eating behaviors. *International Journal of Obesity & Related Metabolic Disorders*. 2002;26(1).

63 Noll SM, Fredrickson BL. A mediational model linking self-objectification, body shame, and disordered eating. *Psychol Women Quart*. 1998;22(4):623-636.

64 Silberstein LR, Striegel-Moore RH, Timko C, Rodin J. Behavioral and psychological implications of body dissatisfaction: Do men and women differ? *Sex Roles*. 1988;19(3-4):219-232.

65 Wood-Barcalow NL, Tylka TL, Augustus-Horvath CL. "But I like my body": Positive *body image* characteristics and a holistic model for young-adult women. Body image. 2010;7(2):106-116.

66 Coffman DL, Balantekin KN, Savage JS. Using Propensity Score Methods To Assess Causal Effects of Mothers' Dieting Behavior on Daughters' Early Dieting Behavior. *Childhood Obesity*. 2016.

67 Pietiläinen K, Saarni S, Kaprio J, Rissanen A. Does dieting make you fat&quest: A twin study. *International journal of obesity*. 2012;36(3):456-464.

68 Perez M, Kroon Van Diest AM, Smith H, Sladek MR. Body Dissatisfaction and Its Correlates in 5-to 7-Year-Old Girls: A Social Learning Experiment. *Journal of Clinical Child & Adolescent Psychology*. 2016:1-13.

69 Avalos L, Tylka TL, Wood-Barcalow N. The Body Appreciation Scale: development and psychometric evaluation. *Body image*. 2005;2(3):285-297.

70 Wood-Barcalow NL, Tylka TL, Augustus-Horvath CL. "But I like my body": Positive *body image* characteristics and a holistic model for young-adult women. Body image. 2010;7(2):106-116.

71 Hofmeier SM, Runfola CD, Sala M, Gagne DA, Brownley KA, Bulik CM. Body image, aging, and identity in women over 50: The Gender and Body Image (GABI) study. *Journal of Women & Aging*. 2016:1-12.

72 Neff K. Self-compassion. *Handbook of individual differences in social behavior*. 2009.

거울 앞에서 너무 많은 시간을 보냈다

초판 1쇄 발행 2017년 10월 27일
초판 14쇄 발행 2022년 4월 18일

지은이 러네이 엥겔른 **옮긴이** 김문주

발행인 이재진 **단행본사업본부장** 신동해
편집장 김예원 **디자인** 캠프 **교정교열** 윤정숙
마케팅 최혜진 **홍보** 최새롬
국제업무 김은정 **제작** 정석훈

브랜드 웅진지식하우스
주소 경기도 파주시 회동길 20
문의전화 031-956-7361(편집) 031-956-7567(마케팅)
홈페이지 www.wjbooks.co.kr
페이스북 www.facebook.com/wjbook
포스트 post.naver.com/wj_booking

발행처 ㈜웅진씽크빅
출판신고 1980년 3월 29일 제406-2007-000046호

한국어판 출판권 ⓒ ㈜웅진씽크빅, 2017
ISBN 978-89-01-21957-8 03180